गृह प्रबन्ध एवं बजट
HOME MANAGEMENT & BUDGET

गृह प्रबन्ध एवं बजट

HOME MANAGEMENT & BUDGET

लेखक
डॉ० विमलेश कुमारी

डिस्कवरी पब्लिशींग हाउस
नई दिल्ली–110 002

प्रथम संस्करणः 2006
पुनर्मुद्रणः 2023

ISBN: 978-81-8356-144-0

गृह प्रबन्ध एवं बजट

प्रकाशकः
डिस्कवरी पब्लिशिंग हाऊस प्राइवेट लिमिटेड
4383/4B, अन्सारी रोड, दरियागंज
नई दिल्ली - 110 002
दूरभाष—+91-11-23279245, 23253475, 43596065
+91 9811179893 / +91 9871656464
E-mail: discoverybooksindia@gmail.com
orderdphbooks@gmail.com
namitwasan9@gmail.com
web: www.discoverypublishinggroup.com

Printed at:
Infinity Imaging Systems
Delhi

प्रस्तावना

प्रत्येक व्यक्ति के जीवन में शुरू से ही गृह का अत्यंत महत्त्व रहा है। चूँकि गृह से ही गृहस्थी शब्द जुड़ा हुआ है, जिसके लिए हम सभी दिनों-रात मेहनत करते हैं। लेकिन गृहस्थी की गाड़ी को किस तरह चलाया जाय यह हर व्यक्ति नहीं जानता है। इसका परिणाम होता है फिजुलखर्ची एवं घर में सदैव तनाव। प्रस्तुत पुस्तक ऐसी ही अनेक प्रकार की समस्याओं की समाधान को ध्यान में रखकर लिखी गई है। इस पुस्तक में गृह प्रबन्ध से संबंधित अनेकों पहलू का विस्तृत रूप में चर्चा की गई है।

सामान्य तौर पर देखने में आ रहा है कि घरेलू खर्चे को लेकर लोग काफी परेशान हो रहे हैं। लेकिन इस बात की तरफ ध्यान देने की कोशिश नहीं करते हैं, या यों कहें कि ध्यान देना नहीं चाहते हैं कि इस समस्या का समाधान उन्हीं के पास है। और समाधान यह है कि अपने गृह प्रबंध की समस्या को पहचानें एवं एक निश्चित बजट बनाएँ। इस संदर्भ में महिलाओं की भूमिका अत्यंत महत्त्वपूर्ण साबित होगी।

इस पुस्तक में गृह का प्रबन्ध किस प्रकार से किया जाय, पारिवारिक जीवन की आवश्यकताएँ क्या हैं, हमारे प्राप्त साधन क्या हैं एवं उनका किस प्रकार से उपयोग किया जाए, आर्थिक समस्याएं कौन-कौन सी प्रकार की होती हैं, पारिवारिक संरचना कैसी हो, परिवार के प्रत्येक सदस्य की किस प्रकार की जिम्मेवारी हो, घर में प्रत्येक माह कितने पैसे आ रहे हैं एवं इनका किस प्रकार व्यय किया जाए, हर माह के लिए घरेलू बजट बनाना, बचत करना आदि-आदि ऐसे अनेक विषय हैं जिनका इस पुस्तक में वृहत स्तर पर वर्णन किया गया है।

इस पुस्तक के प्रति एक ध्यान देने योग्य बात यह है कि उपर्युक्त सभी उल्लेखित चीजों की जिम्मेवारी गृहिणी पर डाली गई है एवं इस बात का सविस्तार उल्लेख किया गया है कि कोई भी घरेलू महिला किस प्रकार से एक सफल गृहिणी बन सकती है।

घरेलू उपकरण प्रबन्ध, घरेलू कार्य प्रबन्ध, घर की सजावट आदि का भी इस पुस्तक में सविस्तार वर्णन किया गया है।

एक पृथक् विशेषता पुस्तक की यह है कि इसमें अति साधारण भाषा का प्रयोग किया गया है ताकि हर स्तर की गृहिणियां इससे फायदा उठा सकें।

धन्यवाद।

—**लेखिका**

अनुक्रम

1

गृह प्रबन्ध

'गृह प्रबन्ध' दो शब्दों के मेल से बना है 'गृह' और 'प्रबन्ध'। गृह प्रबन्ध के अर्थ को समझने से पहले हमें घर के अर्थ को समझ लेना चाहिए। सामान्य रूप से घर के समानार्थक शब्द के रूप में मकान का प्रयोग किया जाता है, लेकिन दोनों शब्दों में बहुत अन्तर है। मकान का अर्थ उस आश्रय स्थल से होता है जो ईंट, पत्थर तथा सीमेंट का बना होता है, लेकिन घर का तात्पर्य उस भावनात्मक स्थल से है जहाँ परिवार के सभी सदस्य स्नेह और सहानुभूति से रहकर अपनी सभी जरूरतों को पूरा करते हैं। इस तरह घर का तात्पर्य परिवार से होता है। परिवार का समाज में सबसे महत्त्व होता है। गृह तथा परिवार में रहकर ही व्यक्ति अपने जीवन की अधिकांश जरूरतों को पूरा करता है एवं अपना विकास करता है। परिवार को एक अत्यन्त प्राचीन संस्था के रूप में माना जाता है। पुराने समय में परिवार की व्यवस्था बहुत ही सरल थी। लेकिन वर्तमान समय में बढ़ती आवश्यकताओं, नये आविष्कारों, भौतिक साधनों पर बढ़ती निर्भरता तथा प्रतिस्पर्धा पूर्ण जीवन होने के कारण एक व्यक्ति का समुचित विकास तभी हो सकता है जबकि उसके गृह का प्रबन्ध उत्तम कोटि का तथा वैज्ञानिक हो। वैसे तो गृह प्रबन्ध में सभी सदस्यों का योगदान होता है लेकिन सबसे अधिक प्रमुखता गृहिणी की होती है। इसलिए जिस गृहिणी का गृह प्रबन्ध सबसे अच्छा होता है वह सुगृहिणी मानी जाती है।

गृह का मतलब घर। घर का संबंध परिवार से होता है। हम सभी जानते हैं कि परिवार से ही समय का निर्माण होता है। अतः परिवार का समाज में काफी महत्त्वपूर्ण स्थान है। व्यक्ति अपने जीवन की ज्यादा से ज्यादा जरूरतें घर तथा परिवार में ही रहकर पूरा करता है। गृह प्रबन्ध में गृहिणी का सबसे महत्त्वपूर्ण स्थान होता है।

गृह प्रबन्ध का तात्पर्य

गृह प्रबन्ध का शाब्दिक अर्थ है—'घर का प्रबन्ध तथा व्यवस्था'। जिस प्रकार किसी भी औद्योगिक संस्थान की सफलता के लिए उत्तम प्रबन्ध आवश्यक है। ठीक

उसी प्रकार घर तथा परिवार की सफलता के लिए उत्तम गृह प्रबन्ध और भी ज्यादा जरूरी है। व्यवस्था अपने आप में वह कला है जिसके द्वारा किसी भी संस्था (उद्योग, संस्थान, परिवार आदि) के सदस्यों एवं माल तथा क्रियाओं को नियन्त्रित किया जाता है एवं इसके लिए आर्थिक सिद्धान्तों की मदद ली जाती है। साधारणतया प्रबन्ध कार्यकारी नेतृत्व का कार्य है। यह प्रमुख मानसिक क्रिया है एवं यह कार्य के नियोजन, संगठन तथा सामूहिक लक्ष्यों की पूर्ति के लिए अन्य व्यक्तियों के कार्यों के नियन्त्रण से सम्बन्धित होता है।

परिभाषाएँ

घर के सभी काम को उचित तरीके से करने एवं निश्चित साधनों से अधिक से अधिक सफलता प्राप्त करने की कला को गृह व्यवस्था कहते हैं या गृह प्रबन्ध पारिवारिक जीवन को सुचारु रूप से चलाने की वह क्रिया है जिसके अन्तर्गत मनुष्य भिन्न-भिन्न प्रक्रियाओं को कार्यान्वित करने के लिए निर्णय लेने में सफल होता है। मूलरूप से यह एक मानसिक क्रिया है जिसमें व्यक्ति गृहस्थी के काम को वैज्ञानिक रीति से सम्पादित करने के लिए, पहले से ही सोच-विचार कर अपने उद्देश्यों की प्राप्ति के हरसम्भव सफल होने का प्रयास करता है।

गुडइयर एवं क्लोहर के शब्दों में–"प्रभावशाली व्यवस्था मूल्यों को समझने एवं मानवीय और भौतिक साधनों से लक्ष्यों को प्राप्त करने में सहायता प्रदान करती है।"

इरीन ऑपहीम के विचार में–"गृह व्यवस्था संस्कृति की जड़ होती है। भिन्न-भिन्न संस्कृतियों में गृह उत्तरदायित्वों की व्यवस्था में भिन्नता होती है। स्वयं संस्कृति में भी पर्याप्त भिन्नता होती है।"

कोटजिन के अनुसार–"गृह व्यवस्था एक व्यावहारिक विज्ञान है।"

गुड जॉन्सन के शब्दों में–"गृह-व्यवस्था सभी देशों में पायी जाती है। यह सबसे अधिक सर्वव्यापी व्यवसाय है, जिसमें अधिकांश व्यक्ति लगे रहते हैं, इसमें अधिकांश धन व्यय होता है और यह व्यक्ति के स्वास्थ्य की दृष्टि से आधारभूत महत्त्वपूर्ण प्रक्रिया है।"

ग्रास एवं क्रेण्डल के शब्दों में–"सरल व संक्षिप्त अर्थों में व्यवस्था अर्थात् हमारे पास जो उपलब्ध है उसका उपयोग हम जो चाहते हैं उसे प्राप्त करने हेतु है।"

ग्रॉस, क्रेण्डल एवं नॉल के शब्दों में–"सबसे सरल अर्थों में, गृह प्रबन्ध उद्देश्यपूर्ण व्यवहार होता है जिसमें पारिवारिक लक्ष्यों को प्राप्त करने हेतु साधनों का उपयोग एवं उसकी रचना सम्मिलित होती है।"

निकल एवं डॉरसी के शब्दानुसार–"गृह प्रबन्ध का अर्थ अपने उपलब्ध साधनों के अधिकाधिक प्रयोग से अपने इच्छित लक्ष्यों की प्राप्ति के लिए साधनों के उपयोग की प्रक्रिया आती है। यह एक ऐसा मुख्य साधन है जिसके द्वारा परिवार अपने सम्पूर्ण पारिवारिक जीवन चक्र में जो कुछ चाहता है उसे पारिवारिक साधनों के उपयोग के जरिए प्राप्त करने का प्रयास करता है। गृह प्रबन्ध पारिवारिक जीवन के सूत्र का एक अंग है। इसके सभी सूत्र एक दूसरे से सम्बन्धित होते हैं, क्योंकि जब साधनों के प्रयोग का निर्णय लिया जाता है तब यह नहीं देखा जाता है कि वह परिवार कार्य में संलग्न है अथवा खेल में।"

राजपाल पी. देवदास के शब्दों में–"गृह व्यवस्था में पारिवारिक लक्ष्यों को प्राप्त करने के लिए पारिवारिक साधनों के उपयोग से सम्बन्धित निर्णयों को सम्मिलित किया जाता है।"

गृह प्रबन्ध की विभिन्न अवधारणाएँ

किसी भी विषय के सही अर्थ को समझना बहुत ही जरूरी होता है। वरना उसका सही ढंग से प्रयोग करना मुश्किल हो जाता है। गृह प्रबन्ध का महत्त्व दिनों दिन बढ़ता जा रहा है लेकिन कुछ ऐसी गलत धारणाएँ हैं जो कि गृह प्रबन्ध के सुधार में गृहिणी के समक्ष उत्पन्न होती है। ये गलत धारणाएँ अग्रलिखित हैं–

1. प्रशिक्षण से ही एक अच्छे प्रबन्धक का निर्माण होता है–गृहिणियों में यह सामान्य धारणा रहती है कि अच्छे प्रबन्धक जन्म से ही होते हैं यह धारणा सच नहीं है। क्योंकि प्रशिक्षण तथा अनुभव ही किसी व्यक्ति को एक अच्छा एवं दक्ष प्रबन्धक बना सकता है। क्योंकि प्रायः देखा जाता है कि जो गृहिणियाँ अधिक शिक्षित नहीं होती हैं वे भी गृह कार्यों में प्रवीण होती हैं। इसका कारण यह है कि उनका अधिक अभ्यास ही उनके प्रशिक्षण का बन जाता है और वे एक सफल प्रबन्धक बन जाती हैं। जैसे कि यदि कोई गृहिणी सिलाई-कढ़ाई में प्रवीण है, तो इसका मतलब यह नहीं है कि वह जन्म से ही इस काम में निपुण अभ्यास तथा प्रशिक्षण के माध्यम से वह इस कार्य को करने में प्रवीण हुई है।

2. प्रबन्ध गृह प्रधान तक ही सिर्फ सीमित नहीं है–यह माना जाता है कि गृह काम से सम्बन्धित जो भी प्रबन्ध किया जाता है उसका उत्तरदायित्व परिवार के मुखिया की ही होती है। यह धारणा सही नहीं है। यदि गृहिणी गृह कार्यों के सम्बन्ध में प्रबन्ध करती है, तो परिवार के सभी सदस्यों को अपनी योग्यता के अनुसार इसमें सहयोग करना चाहिए जिससे गृह प्रबन्ध के कार्य में वे अपनी स्वयं की भी कुछ

जिम्मेदारी महसूस कर सकें क्योंकि प्रबन्ध के कार्यों में अनेक साधनों तथा जानकारी की जरूरत होती है। अतः कार्य तथा समय के अनुसार किसी सदस्य विशेष को उस कार्य विशेष के लिए प्रमुख की भूमिका निभानी पड़ सकती है जो कि गृहिणी की तुलना में ज्यादा दक्षता से यह कार्य कर सकता है। कहने का मतलब यह है कि गृह के प्रबन्ध सामूहिक उत्तरदायित्त्व की भावना की धारणा पर आधारित है।

3. काम को करना मात्र ही प्रबन्ध नहीं—गृह प्रबन्ध में यह मान लिया जाता है कि कार्य को करने का तरीका ही गृह प्रबन्ध है। घरों में स्त्रियाँ यह सोच कर अपना काम समाप्त कर लेती हैं कि समय और परिश्रम की बचत हो, लेकिन इस प्रकार की धारणा गलत है क्योंकि यदि कार्य को गृह प्रबन्ध की प्रक्रियाओं को ध्यान में रखते हुए और उनका उपयोग करते हुए पूर्ण किया जाए तो उससे और भी ज्यादा समय, धन तथा परिश्रम की बचत हो सकती है। इसके लिए काम को करने से पूर्व योजना बनाना तथा नियन्त्रण की खास बातों को ध्यान में रखकर प्रबन्ध करना चाहिए, जिससे कि भविष्य में अच्छे परिणाम प्राप्त हो सकें। भारतीय परिवारों में मुखिया ही प्रबन्धक होता है इसलिए उसको इस गलत धारणा से बचकर ही व्यवस्था करना चाहिए।

4. लक्ष्यों को प्राप्त करना ही प्रबन्ध नहीं होता है—कुछ लोगों का यह विचार है कि किसी एक उद्देश्य को प्राप्त कर लेना ही गृह प्रबन्ध है वास्तव में यह धारणा गलत है। गृह प्रबन्ध में एक उद्देश्य के साथ-साथ अन्य लक्ष्यों को भी पूरा किया जाना चाहिए। इस कार्य के लिए किसी पर भी पाबन्दी नहीं होनी चाहिए बल्कि सभी लोगों को किसी भी काम को पूरा करने के लिए स्वभाविक कोशिश करते रहना चाहिए। जैसे कि यदि घर में एक व्यक्ति बीमार है, तो निश्चय ही उसकी देखभाल करना बहुत आवश्यक है। लेकिन इसके साथ-साथ घर के अन्य कार्यों को भी पूर्ण करना उतना ही आवश्यक है जो कि घर के सभी सदस्यों के स्वाभाविक रूप से कार्य करने पर ही सम्भव है।

5. पारिवारिक लक्ष्यों का प्रबन्ध माँग होने पर ही नहीं होना चाहिए—किसी भी घर का प्रबन्ध इस तरह का हो जिससे अचानक किसी वस्तु की माँग होने पर तथा जरूरत होने पर उसकी पूर्ति की जा सके। इसके अलावा किसी एक लक्ष्य की प्राप्ति के लिए ही सब कुछ नहीं त्याग देना चाहिए।

इस तरह गृह प्रबन्ध बहुत ही सूक्ष्म तथा कुशलतापूर्वक बनायी जाने वाली वह योजना है, जो परिवार में सभी साधनों का अधिकतम लाभ के लिए उपयोग करती है अतः उपरोक्त सभी गलत धारणाओं से बचते हुए एक के बाद दूसरे

आयोजन को सिद्ध करते हुए गृहप्रबन्ध किया जाना ही गृह प्रबन्ध की वास्तविक धारणा है।

गृह प्रबन्ध के घटक

गृह प्रबन्ध के मुख्य रूप से चार घटक होते हैं–

1. आयोजन
2. संगठन
3. नियन्त्रण
4. मूल्यांकन

उपरोक्त चारों घटकों की प्रक्रिया जब तक पूरी नहीं हो जाती है किसी भी लक्ष्य की प्राप्ति के बारे में निश्चित रूप से कुछ भी नहीं कहा जा सकता है।

आयोजन के अन्तर्गत प्रबन्धक निर्धारित उद्देश्यों की प्राप्ति के हेतु कार्य करने की योजना बनाता है। योजना बनाने के साथ-साथ यह ध्यान रखना भी आवश्यक है कि कार्य करने के समय, संगठन एवं उन पर नियन्त्रण किस प्रकार से रखा जायेगा। आयोजनों को क्रियान्वित करते समय घर के सम्पूर्ण सदस्यों का सहयोग बहुत ही अनिवार्य होता है। अतः प्रबन्धक को चाहिए कि वह एक-दूसरे का मार्ग दर्शन करते हुए सही प्रबन्ध करे। आखिर में किसी भी योजना को कार्य रूप देने के बाद परिवार के उद्देश्यों को ध्यान में रखते हुए उसके परिणामों के मूल्यांकन की आवश्यकता होती है।

गृह प्रबन्ध के उद्देश्य

हर परिवार के कुछ लक्ष्य होते हैं जिन्हें सूझ-बूझ अपने सीमित साधनों को ध्यान में रखकर निर्धारित किया जाता है। इन उद्देश्यों को प्राप्त करने के लिए गृह प्रबन्ध बहुत जरूरी होता है। अतः गृह प्रबन्धक के मुख्य उद्देश्य निम्नलिखित हैं–

1. परिवार के सभी सदस्यों की जरूरतों की पूर्ति–हर परिवार के सभी सदस्यों की कुछ सामान्य एवं कुछ विशिष्ट जरूरत होती है, जैसे कि रोटी, कपड़ा और मकान अनिवार्य आवश्यकताएँ इसके अलावा शिक्षा, विशेष प्रकार के भोजन आदि सुविधात्मक आवश्यकताओं तथा कार, स्कूटर, टी.वी. आदि विशेष आवश्यकताएँ हैं। व्यवस्थित घर में इन सभी आवश्यकताएं की समुचित रूप से पूर्ति होना आवश्यक होता है। इसलिए गृह प्रबन्ध का उद्देश्य इन आवश्यकताओं को पूरा करना होता है।

2. पारिवारिक आय का उपयुक्त ढंग से खर्च करना—सभी तरह की भौतिक आवश्यकताओं को पूरा करने के लिए धन की जरूरत होती है लेकिन परिवार की आय सीमित होती है अतः व्यवस्था इस प्रकार से करना चाहिए कि सीमित आय में ही सभी जरूरतों को एक साथ सन्तुष्ट किया जा सके। इसके लिए पारिवारिक बजट बनाना तथा उसके अनुसार आय-व्यय का सन्तुलन बनाए रखना, साथ ही भविष्य की आकस्मिक आवश्यकताओं के लिए बचत करना आदि। इस प्रकार गृह प्रबन्ध का एक उद्देश्य पारिवारिक आय को नियोजित ढंग से उपयोग में लाना होता है।

3. स्वच्छ पारिवारिक वातावरण रखना—गृह प्रबन्ध का एक उद्देश्य पारिवारिक वातावरण को स्वच्छ तथा सौहार्दपूर्ण बनाए रखना भी होता है। इसके लिए परिवार के सदस्यों के आपसी सम्बन्धों अनुशासन तथा पारिवारिक मूल्यों को स्थापित करना भी गृह प्रबन्ध का उद्देश्य होता है।

4. पारिवारिक स्तर को बनाए रखना—हर परिवार के रहन-सहन का निर्धारित स्तर होता है अतः गृह प्रबन्ध का उद्देश्य होता है कि वह पारिवारिक साधनों के आधार पर इस स्तर को बनाए रखे और सम्भव हो सके तो उसे उठाने की कोशिश करे तथा परिवार का धार्मिक, सामाजिक, आर्थिक तथा दार्शनिक आदि हर स्तर से परिवार का उत्थान करे।

महत्त्व

गृह प्रबन्ध का हर परिवार के लिए बहुत ही ज्यादा महत्त्व है। इसकी कमी से कोई भी परिवार न तो किसी प्रकार की उन्नति ही कर सकता है और न ही ठीक प्रकार से चल सकता है।

परिवार के हर सदस्य के लिए गृह प्रबन्ध का महत्त्व है। अगर कोई परिवार उचित गृह प्रबन्ध द्वारा संचालित नहीं होता है तो प्रचुर आय एवं साधन होते हुए भी परिवार में कमी की स्थिति पैदा हो सकती है एवं ज्यादातार आवश्यकताएँ असन्तुष्ट ही रह सकती हैं। आवश्यकताएँ पूरी नहीं होने पर परिवार का माहौल खराब हो सकता है एवं सदस्यों में कलहपूर्ण स्थिति उत्पन्न हो सकती है। कलहपूर्ण अवस्था में परिवार के बच्चों के पालन-पोषण तथा उनके विकास में बाधाएँ उत्पन्न हो जायेंगी।

निष्कर्ष रूप में कहा जा सकता है कि गृह प्रबंध पारिवारिक जीवन का मूलभूत आधार है चूँकि परिवार के सभी सदस्यों की जरूरतों को ठीक ढंग से पूरा किया जा सकता है।

भविष्य

गृह प्रबन्ध के प्रसार को देखने से स्पष्ट हो रहा है कि इसका भविष्य अच्छा है। वर्तमान समय में व्यावसायिक क्षेत्र में इसको विकसित करने के लिए प्रत्यक्ष और परोक्ष रूप से कार्य किये जा रहे हैं। विशेष कोर्स द्वारा भी इसका प्रसार किया जा रहा है। इसके सिद्धान्तों को ध्यान में रखकर पाठ्यक्रम बनाये जा रहे हैं। चूँकि गृह प्रबन्ध के अन्तर्गत भौतिक तथा मानवीय साधनों का प्रबन्ध ही मुख्य चुनौती होती है। अतः वर्तमान में कई विश्वविद्यालयों और महाविद्यालयों में इसे 'पारिवारिक संसाधन प्रबन्ध' विषय का नाम दिया गया। ऐसी आशा की जा रही है कि व्यावसायिक क्षेत्रों में इसका विकास होगा और गृहिणियाँ भी प्रबन्ध के महत्त्व की ओर अधिक ध्यान देने लगेंगी।

2

पारिवारिक जीवन की आवश्यकताएँ

धन का आज के युग में अत्यंत महत्त्व है। अगर इसे अर्थ युग कहा जाए तो कोई अतिश्योक्ति नहीं होगी। हम सभी को इसका अध्ययन अनेक उद्देश्यों से जरूरी है।

गृहिणी को अर्थशास्त्र के अध्ययन से इस बात की जानकारी मिलती है कि वे अपनी सीमित आय से किस तरह ज्यादा से ज्यादा सन्तुलन की स्थिति बनाए रख सकती हैं। एक गृहिणी अपने पारिवारिक बजट का निर्माण किस तरह से करे जिससे वह अपने परिवार की सभी आवश्यकताएँ तथा भावी खर्चों में तालमेल बैठाकर आवश्यक बचत भी कर सके।

हमारी आवश्यकताएँ

हमारी इच्छाएँ अनन्त हैं और हम अपनी सभी इच्छाओं को कभी पूरा करने के विषय में सोच भी नहीं सकते हैं। लेकिन इनमें से कुछ इच्छाएँ ऐसी होती हैं जिनको उसे हर स्थिति में पूरा करना आवश्यक हो जाता है, इन्हें ही आवश्यकता की संज्ञा दी जाती है। इसके लिए हम आवश्यक इच्छाशक्ति और साधन भी जुटाते हैं। इस तरह इच्छा एवं आवश्यकता में अन्तर होता है जिसे हम निम्नलिखित परिभाषा के द्वारा ज्यादा अच्छी तरह समझ सकते हैं।

इच्छा का आशय—सामान्य रूप से इच्छा को चाह भी कह सकते हैं। यह किसी वस्तु की प्राप्ति के प्रति लालसा है, जिसकी पूर्ति के लिए साधन तथा तत्परता का होना जरूरी नहीं है।

आवश्यकता का आशय—आवश्यकता भी एक तरह की इच्छा ही है लेकिन इसको पूरा करने के लिए जरूरी है कि साधन और तत्परता का होना आवश्यक होता है।

पेन्सन के विचार में जरूरतें मनुष्य की उस इच्छा को कहते हैं, जिसकी पूर्ति के लिए उसके पास पर्याप्त साधन और शक्ति विद्यमान हो और वह उन्हें उस इच्छा पूर्ति के लिए लगाने को तत्पर हो।”

इस तरह से आवश्यकता में अग्र बातों का समावेश होता है—(1) किसी वस्तु की इच्छा का होना, (2) इच्छा की पूर्ति के लिए पर्याप्त साधन और शक्ति का होना और (3) साधनों को व्यय करने की तत्परता का होना।

आवश्यकताओं के प्रकार

1. अनिवार्य आवश्यकताएँ
2. सुविधात्मक आवश्यकताएँ
3. विलासात्मक आवश्यकताएँ

1. अनिवार्य आवश्यकताएँ—कुछ आवश्यकताएँ ऐसी होती हैं जिनकी पूर्ति नितांत ही आवश्यक होती है। ये ऐसी आवश्यकताएँ होती हैं जिन्हें पूरा किये बिना मानव जीवन चल नहीं सकता। जैसे—भोजन की आवश्यकता, वस्त्र की आवश्यकता, आवास की आवश्यकता आदि। ये आवश्यकताएँ ऐसी होती हैं जिन्हें पूरा करने के लिए व्यक्ति के द्वारा खर्च की गई रकम की तुलना में मिलने वाली सन्तुष्टि अधिक होती है। इन्हें ही आनिवार्य आवश्यकता की संज्ञा दी जाती है। ये मनुष्य की मूल आवश्यकताएँ हैं।

अनिवार्य आवश्यकताओं को तीन वर्गों में विभक्त किया जा सकता है—

(i) जीवन रक्षक अनिवार्य आवश्यकताएँ,

(ii) कार्यक्षमता रक्षक अनिवार्य आवश्यकताएँ,

(iii) प्रतिष्ठा रक्षक अनिवार्य आवश्यकताएँ।

(i) जीवन रक्षक अनिवार्य आवश्यकताएँ—ये वे आवश्यकताएँ हैं जिन्हें जीने के लिए पूरा करना परम आवश्यक है, इनके बिना मनुष्य का जीवित रहना असंभव है। उदाहरण के लिए भोजन, कपड़ा, मकान आदि।

(ii) कार्यक्षमता रक्षक अनिवार्य आवश्यकताएँ—ये वे आवश्यकताएँ हैं जिनको पूरा करने से व्यक्ति की उचित कार्यक्षमता बनी रहती है। जैसे कि केवल भूख मिटाने के लिए एवं जीवित रहने के लिए रूखा-सूखा एवं कम मात्रा में भोजन पाना तो एक जीवन रक्षक आवश्यकता है। इसी तरह हवादार, साफ-सुथरा और रोशनी युक्त घर होना भी एक कार्यक्षमता रक्षक अनिवार्य आवश्यकता है।

(iii) प्रतिष्ठा रक्षक अनिवार्य आवश्यकताएँ—ये वे आवश्यकताएँ हैं जिनको पूरा करने से मनुष्य की सामाजिक प्रतिष्ठा में बढ़ोत्तरी होती है। जैसे कि घर आए मेहमान का शानदार स्वागत करना। ऐसी वस्तुएँ खरीदना जैसे कि कार खरीदना मनुष्य की सामाजिक प्रतिष्ठा में बढ़ोत्तरी करता है आदि जरूरतें प्रतिष्ठा रक्षक आवश्यकताएँ कहलाती हैं।

2. सुविधात्मक आवश्यकताएँ—सुविधात्मक आवश्यकताएँ वे हैं जिनको पूरा करने के लिए खर्च की गई राशि से मिलने वाली सन्तुष्टि या तो खर्च की गई राशि के बराबर होगी अन्यथा कुछ अधिक होती है लेकिन कम किसी भी अवस्था में नहीं होती है। जैसे कि रसोईघर में उपयोग में आने वाले आधुनिक उपकरण गृहिणी को सुविधा प्रदान करते हैं अतः ऐसी जरूरतें सुविधात्मक आवश्यकताएँ कहलाती हैं।

3. विलासात्मक आवश्यकताएँ—ये वे आवश्यकताएँ हैं जिन्हें पूरा करने से मिलने वाली सन्तुष्टि इन पर खर्च की गई रकम से अपेक्षाकृत कम होती है।

विलासात्मक आवश्यकताओं के पूरा न होने से किसी तरह का दुःख प्राप्त नहीं होता बल्कि इनकी पूर्ति होने पर पलभर की खुशी होती है एवं इन जरूरतों के पूरा होने से व्यक्ति की कार्यक्षमता में कमी नहीं आती है। कार, टेलीविजन, फ्रिज आदि भारतीय वातावरण में विलासितापूर्ण आवश्यकता है क्योंकि इन पर खर्च किए धन की तुलना में प्राप्त होने वाली सन्तुष्टि कम होती है।

विलासात्मक आवश्यकताओं को तीन वर्गों में विभाजित किया गया है—

(अ) हानिरहित विलासात्मक आवश्यकताएँ

(ब) हानिकारक विलासात्मक आवश्यकताएँ

(स) सुरक्षात्मक विलासात्मक आवश्यकताएँ

(अ) हानिरहित विलासात्मक आवश्यकताएँ—ये वे आवश्यकताएँ हैं, जिन्हें पूरा करने से शारीरिक नुकसान नहीं होता है। जैसे कि कीमती गहने, कीमती कपड़े, आलीशान कार आदि।

(ब) हानिकारक विलासात्मक आवश्यकताएँ—ये वे आवश्यकताएँ हैं, जिन्हें पूरा करने से शारीरिक नुकसान होता है एवं कार्यक्षमता में कमी आती है। जैसे कि शराब, सिगरेट एवं ड्रग्स का सेवन करना।

(स) सुरक्षात्मक विलासात्मक आवश्यकताएँ—ये वे आवश्यकताएँ हैं जिन्हें पूरा करने से मनुष्य स्वयं को सुरक्षित महसूस करता है। जैसे कि कीमती सोने के गहने खरीदना या सम्पत्ति को खरीदना। ये वस्तुएँ ऐसी हैं जो मनुष्य में एक तरह की सुरक्षा की भावना उत्पन्न करती हैं इनके पास होने से वह विचार करता है कि जब भी जरूरत हो तो इनको बेचकर पुनः धन को हासिल कर लेगा।

विलासात्मक आवश्यकताओं का मूल्यांकन—कुछ अर्थशास्त्री विलासात्मक आवश्यकताओं की उपयोगिता के समर्थन में अपना विचार रखते हैं तो कुछ अर्थशास्त्री इसे उपयोगी नहीं मानते हैं। जो लोग इसके समर्थन में अपना विचार रखते हैं उनका कहना है—

(1) विलासात्मक आवश्यकताओं के अनुरूप खरीदी गई वस्तुएँ कीमती होती हैं परिणामस्वरूप संकट के समय में इन्हें बेचने पर मनुष्य को आर्थिक मदद मिलती है।

(2) विलासात्मक आवश्यकताएँ व्यक्ति को प्रेरित करती हैं कि वे अधिक धन कमायें तथा प्रगति के महत्तम स्थिति को प्राप्त करें। इस तरह ये अर्थव्यवस्था में प्रबल प्रेरक का कार्य करती हैं। व्यक्ति इनसे प्रेरित होकर अधिक परिश्रम तथा पुरुषार्थ करता है जिससे व्यक्ति, समाज तथा अन्ततोगत्वा देश को लाभ मिलता है एवं अर्थव्यवस्था प्रगति की ओर अग्रसर होती है।

(3) विलासात्मक आवश्यकताओं को पूरा करने के लिए विलासात्मक वस्तुओं का उत्पादन होना जरूरी है। परिणामस्वरूप बड़े पैमाने पर उद्योग तथा कारखानों की स्थापना की जाती है जिससे बड़े स्तर पर लोगों को रोजगार के अवसर मिलते हैं।

(4) विलासात्मक आवश्यकताएँ समाज में नाना प्रकार के आविष्कारों की जननी है। परिणामस्वरूप उन्नत प्रकार के उपकरण तैयार किए जाते हैं और व्यक्तियों में सौन्दर्य-बोध का विकास होता है।

जो लोग इसके विपथ में हैं उनका कहना है—

(1) विलासात्मक वस्तुओं के उपभोग से व्यक्ति में आलस और निकम्मापन का समावेश होता है।

(2) विलासात्मक वस्तुओं के उपभोग के बढ़ने से व्यक्ति सन्तुष्ट नहीं हो पाता है बल्कि उसकी लालसा और भी ज्यादा बढ़ने लग जाती है जो कि व्यक्ति के विकास के लिए उचित नहीं है।

(3) विलासात्मक आवश्यकताओं को पूरा करने के चक्कर में व्यक्ति गलत तरीकों का उपयोग करने लग जाता है, परिणामस्वरूप सारे समाज की संरचना डाँवाडोल होने लगती है।

(4) विलासात्मक आवश्यकताओं को पूरा करने से व्यक्ति का चारित्रिक, नैतिक तथा शारीरिक पतन होता है।

आवश्यकताओं की विशेषताएँ

मनुष्यों की आवश्यकताओं की अग्रलिखित विशेषताएँ होती हैं—

(1) **आवश्यकताएँ आदत में बदल जाती हैं**—कुछ जरूरतें ऐसी होती हैं जो लगातार पूरा करते रहने के कारण आदत का रूप धारण कर लेती हैं जैसे कि किसी रोग विशेष के लिए उपयोग की जाने वाली दवा।

(2) **किसी आवश्यकता विशेष को पूरा किया जा सकता है**—वैसे तो जरूरतें असीम होती हैं फिर भी कुछ आवश्यकताएँ ऐसी होती हैं जिन्हें कि पूरी तरह एक के बाद एक रोटी देकर तृप्त किया जा सकता है क्योंकि एक के बाद एक रोटी खाते रहने के बाद एक स्थिति ऐसी आएगी कि उसकी भूख खत्म हो जाएगी एवं उसे अन्य रोटी की बिल्कुल भी जरूरत नहीं रहेगी। इस तरह जरूरी वस्तु की कुछ इकाइयों का उपयोग करने के बाद उस आवश्यकता विशेष को सन्तुष्ट किया जा सकता है।

(3) **आवश्यकताएँ पूरक भी होती हैं**—कुछ आवश्यकताएं ऐसी होती हैं कि जिनकी पूर्ति सामूहिक अथवा आपसी रूप से की जा सकती है। समूह की केवल एक वस्तु आवश्यकता को पूरी तरह से संतुष्ट नहीं कर सकती है, उसकी संतुष्टि के लिए समूह की सभी वस्तुओं का पूरी तरह उपभोग जरूरी होता है। बिना दूध की चाय, बिना पेट्रोल की कार आदि, यहाँ पर दूध तथा पेट्रोल पूरक आवश्यक हैं।

(4) **आवश्यकताओं में वैकल्पिकता होती है**—कुछ जरूरतें ऐसी होती हैं जिनकी पूर्ति एक से अधिक वस्तुओं से लगभग समान रूप से की जा सकती है। जैसे कि चाय की जरूरत को कॉफी से सन्तुष्ट किया जा सकता है, रात में रोशनी के लिए लैम्प, मोमबत्ती, बिजली आदि का उपयोग करके जरूरतों को पूरा किया जा सकता है।

(5) **आवश्यकताओं में पुनरावृत्ति होती है**—मानवीय आवश्यकताओं की एक सामान्य विशेषता यह है कि इनमें पुनरावृत्ति की प्रवृत्ति पाई जाती है। किसी एक आवश्यकता के एक बार सन्तुष्ट हो जाने के बाद कुछ समय के बाद वह पुनः प्रबल हो जाती है। जैसे कि सुबह भोजन कर लेने के बाद शाम को दुबारा भोजन की जरूरत होती है। यह बात मनुष्य की आवश्यकताएँ पर भी लागू होती हैं।

(6) **आवश्यकताएँ प्रतियोगी होती हैं**—मनुष्य की आवश्यकताएं असीम होती हैं और इन सभी को वह एक साथ पूरा नहीं कर सकता है परिणामस्वरूप सभी जरूरतें अपनी प्रबलता के साथ प्रस्तुत होती हैं लेकिन मनुष्य सबसे पहले सबसे अधिक प्रबल आवश्यकता को पूरा करेगा एवं कम महत्त्वपूर्ण आवश्यकता को बाद में पूरा करेगा। जैसे कि विश्वविद्यालय परीक्षा की फीस को जमा कराना अथवा

साइकिल खरीदना चूँकि साइकिल खरीदना तो कुछ समय के लिए टाला जा सकता है लेकिन परीक्षा में बैठने के लिए फीस जमा कराना बहुत आवश्यक है।

(7) आवश्यकताओं की अलग-अलग तीव्रता होती है—हर मनुष्य की आवश्यकता असीम होती है लेकिन उनकी तीव्रता अलग-अलग व्यक्तियों के लिए अलग-अलग होती है। अपने सीमित साधन से मनुष्य उन्हीं आवश्यकताओं की पूर्ति करता है जिनकी तीव्रता सबसे अधिक होती है।

(8) आवश्यकताएँ अनन्त होती हैं—मानवीय आवश्यकताएँ असीम हैं क्योंकि आवश्यकताओं का सम्बन्ध व्यक्ति की इच्छाओं पर निर्भर होता है तथा इच्छाएँ मुक्त और कल्पनाओं से प्रेरित होती हैं। इस वजह से मानव की आवश्यकताएँ असीम होती हैं। **प्रो. मार्शल** के विचारानुसार मानवीय आवश्यकताएँ अनगिनत एवं अनेक तरह की होती हैं। मनुष्य की जरूरतों का जन्म उसकी इच्छाओं से होता है। एक प्रभावशाली इच्छा पूर्ण हो जाती है तो दूसरी इच्छा प्रभावशाली बनकर आवश्यकता का जगह ले लेती है और यह क्रम लगातार चलता रहता है।

(9) वर्तमान आवश्यकताएँ, भविष्य की आवश्यकताओं से ज्यादा तीव्र होती हैं—आधुनिक समय में भविष्य अनिश्चित होता है। इस वजह से मनुष्य भविष्य की आवश्यकताओं की तुलना में वर्तमान आवश्यकताओं को पहले पूरा करता है। जैसे कि बेटी की शादी एवं मकान का निर्माण। अतः बेटी की शादी की आवश्यकता की तीव्रता मकान निर्माण से अधिक है।

(10) आवश्यकताओं पर फैशन एवं रीति-रिवाज का प्रभाव—मनुष्य की आवश्यकताएँ उस वातावरण एवं परिस्थितियों से बहुत प्रभावित होती हैं जिसमें कि वह रह रहा होता है। जैसे कि एक जैन धर्मावलम्बी व्यक्ति चाह कर भी माँसहारी इच्छा होने पर भी भोजन नहीं करेगा क्योंकि ऐसा भोजन जैन समाज में बुरा माना जाता है। इसी तरह व्यक्तियों की आवश्यकताओं पर फैशन का भी प्रभाव पड़ता है।

(11) विज्ञापन का आवश्यकताओं पर प्रभाव—आज का युग विज्ञापन का युग है और उसमें भी सबसे अधिक सशक्त टेलीविजन विज्ञापन है। टेलीविजन विज्ञापन से वह प्रभावित होता है। परिणामस्वरूप वह विज्ञापित वस्तुओं की आवश्यकता महसूस करने लगता है।

(12) ज्ञान वृद्धि से आवश्यकताओं में वृद्धि—विज्ञान के द्वारा जैसे-जैसे नई-नई वस्तुओं, यन्त्रों का आविष्कार होता जाता है एवं उसकी जानकारी जब मनुष्य को हो जाती है तो उसकी जरूरतें बढ़ती जाती हैं। जैसे—रसोईघर में प्रयुक्त होने वाले आधुनिकतम उपकरण प्रेशर कुकर, फ्रिज आदि।

आवश्यकताओं को प्रभावित करने वाले कारक

आवश्यकताओं को प्रभावित करने वाले कारक निम्न हैं–

(1) जैविक दृष्टिकोण–व्यक्ति का अपने जीवन के प्रति नजरिया अलग होता है। कुछ व्यक्ति भौतिकवादी होते हैं, कुछ आध्यात्मिक होते हैं। भौतिकवादी व्यक्ति जीवन का सुख भौतिक वस्तुओं में खोजता है परिणामस्वरूप उसके घर में सुन्दर सोफा, टेबिल, फ्रिज, टी. वी. आदि का होना अनिवार्य आवश्यकता हो जाती है। जबकि आध्यात्मिक व्यक्ति सुख के लिए धार्मिक सभाओं एवं तीर्थ यात्रा पर जाना पसन्द करेगा जिससे धार्मिक कार्य उसकी आवश्यकता बन जाएगी।

(2) आदतों की बाध्यता–मनुष्य की कुछ जरूरतें आदतों के जरिए भी नियन्त्रित एवं निर्धारित होती हैं। उदाहरण के तौर पर बहुत से व्यक्ति बेड-टी लेते हैं तभी अपना दैनिक कार्य आरंभ करते हैं। इस प्रकार चाय की आवश्यकता उनकी आदत का प्रतिफल है।

(3) दिखावा–दिखावा मनुष्य की एक स्वाभाविक प्रकृति है। हर मनुष्य अपने कार्यकलापों का निर्धारण इस प्रकार से करता है जिससे वह समाज का ध्यान अपनी ओर आकर्षित कर सके तथा अपने-आपको दूसरों की अपेक्षा में श्रेष्ठ सिद्ध कर सके। परिणामस्वरूप बहुमूल्य वस्त्रों को धारण करना, दावतों का आयोजन करना एवं लीक से हटकर कार्य करने से मनुष्य की जरूरतें प्रभावित होती हैं।

(4) आर्थिक कारक–आर्थिक कारक वह साधन है जो किसी इच्छा की आवश्यकता के रूप में स्थापित करने में मुख्य भूमिका निभाता है। अन्य सभी कारक समान होते हुए भी आर्थिक भिन्नता होने पर व्यक्ति की जरूरतें अलग-अलग हो ज़ाती हैं। जैसे कि दो व्यक्ति समान सामाजिक वातावरण में रह रहे हैं परन्तु राम को 10, 000 रु. प्रतिमास वेतन प्राप्त होता है तथा श्याम को 2000 रु. वेतन प्राप्त होता है तो राम को कार की जरूरत हो सकती है जबकि श्याम कार के बारे में सोच भी नहीं सकता है चूँकि उसको मिलने वाले वेतन में कार खरीदना सम्भव भी नहीं है।

(5) स्वास्थ्य सम्बन्धी कारक–मनुष्य की आवश्यकताएँ उसके स्वास्थ्य तथा शरीर-रचना से भी बहुत प्रभावित होती हैं। जैसे कि कमजोर नजर वाले व्यक्ति के लिए चश्मा एक अनिवार्य आवश्यकता होती है जबकि सही नजर वाले के लिए चश्मा केवल एक दिखावे की वस्तु मात्र है। इसी तरह एक पहलवान के लिए भोजन की जरूरत, कमजोर व्यक्ति के भोजन की जरूरत से ज्यादा होगी।

(6) भौगोलिक कारक—मानवीय आवश्यकताएँ भौगोलिक वातावरण से भी बहुत प्रभावित होती हैं क्योंकि मनुष्य की जरूरतें भौगोलिक वातावरण पर निर्भर होती हैं। जैसे कि ठण्डे प्रदेशों में रहने वाले व्यक्तियों के लिए गरम कपड़ों की प्रबल जरूरत होती है इसी तरह अधिक वर्षा वाले क्षेत्रों में छाता एक अनिवार्य आवश्यकता होती है।

(7) सामाजिक कारक—व्यक्ति जिस समाज में रहता है उस समाज के मूल्यों, नियमों आदि का उसे ध्यान रखना होता है। परिणामस्वरूप मनुष्य की आवश्यकताएँ सामाजिक रीति-रिवाजों से प्रभावित होती हैं जैसे कि बेटी के विवाह पर होने वाले खर्चे अलग-अलग समाज में अलग-अलग के होते हैं।

निष्कर्ष रूप में कहा जा सकता है कि मनुष्य की आवश्यकताएँ कई कारकों से प्रभावित होती हैं।

3

प्राप्त साधन और उसका उपयोग

प्राप्त साधनों को परिवार में किस प्रकार से प्रयोग किया जाए इसकी जानकारी हमें गृह प्रबन्ध से प्राप्त होती है। यह बताता है कि जल्दी से जल्दी निर्धारित लक्ष्यों एवं मूल्यों को कैसे परिवार में प्राप्त किया जा सके। यह भी गृह प्रबन्ध बतलाता है कि परिवार के सभी सदस्यों के बीच सामंजस्य स्थापित कर किस प्रकार उनकी आवश्यकताओं को पूरा किया जा सकता है।

पारिवारिक साधनों के प्रकार

परिवार के उपलब्ध साधनों को दो भागों में विभाजित कर सकते हैं—

(1) मानवीय साधन

(2) भौतिक साधन

(1) मानवीय साधन—मानवीय साधन के अन्तर्गत ऐसे परिवार के सदस्यों की विशेष तथा सामान्य योग्यताएँ, रुचियों तथा समाज के द्वारा प्राप्त शैक्षणिक एवं स्वास्थ्य सम्बन्धी सुविधाएँ आती हैं। परिवार के सदस्यों की रुचियों के अलावा उनका अनुभव तथा उनका शारीरिक परिश्रम, मानवीय साधनों के अन्तर्गत आता है। परिवार के सदस्यों की रुचियाँ उन्हें अनेक कार्यों के करने के लिए प्रेरणा एवं उत्साह देती हैं बल्कि उनका अनुभव उन्हें विभिन्न क्रियाओं को आयोजन तथा क्रियान्वयन में मदद देती है। परिवार के सदस्यों की विशेष योग्यताएँ, परिवार के खास कार्यों का कुशलतापूर्वक सम्पादन के साथ-साथ परिवार की सम्पूर्ण आमदनी में भी सहायता मिलती है।

(2) भौतिक साधन—भौतिक साधन के अन्तर्गत धन, धन से मिलने वाली सभी सुविधाएँ, समय, परिवार के अनेक कार्यों पर खर्च किया जाने वाला समय, परिवार की चल एवं अचल सम्पत्ति जैसे कि मकान, कार, गहने एवं वस्त्र आदि तथा सामुदायिक सुविधाएँ जैसे कि सभी जगह पार्क, पुस्तकालय आदि समुदाय द्वारा प्राप्त यातायात, स्वास्थ्य और शिक्षा की सुविधाएँ इसके तहत आती हैं।

होम इकोनॉमिक्स सेमिनार के मतानुसार परिवार में उपलब्ध साधनों को तीन वर्गों में विभक्त किया जा सकता है।

(1) **शिल्प विज्ञान सम्बन्धी साधन**—इन साधनों के तहत विभिन्न तरह के उपकरण और यन्त्र आते हैं चाहे वे प्राकृतिक हों अथवा मनुष्य द्वारा निर्माण।

(2) **सामाजिक साधन**—इन साधनों के तहत परिवार के सदस्यों तथा समाज द्वारा प्राप्त अन्य सुविधाएँ आती हैं।

(3) **व्यक्तिगत साधन**—इन साधनों के तहत मनुष्य की योग्यताएँ, रुचियाँ, भावनाएँ, मानवीय गुण, संवेग तथा व्यक्तियों के पारस्परिक सम्बन्ध आते हैं।

हकीकत में देखा जाए तो मानवीय एवं भौतिक साधनों को भी उनके गुणों के आधार पर उपरोक्त तरह से वर्गीकृत कर सकते हैं।

पारिवारिक साधनों का व्यापक महत्त्व

परिवार के साधनों का एक गृह प्रबन्धक के लिए बहुत महत्त्व होता है चूँकि परिवार के मूल्यों को प्राप्त करने के लिए विभिन्न पारिवारिक साधनों की जानकारी एवं उपभोग की जानकारी होना बहुत ही आवश्यक है। साधनों का उचित प्रयोग न होने से साधनों तथा समय का अपव्यय होता है एवं परिवार के निर्धारित उद्देश्य भी समय पर पूरे नहीं किए जा सकते हैं।

एक कहावत परिवार के सदस्यों के लिए प्रसिद्ध है कि 'घर की मुर्गी दाल बराबर' एक गृह प्रबन्धक परिवार के सदस्यों की योग्यताओं तथा रुचियों का सही मूल्यांकन नहीं कर उन्हें एक साधन के रूप में ग्रहण कर पाता है। हकीकत में परिवार के सदस्यों की योग्यता एक साधन है। जैसे कि एक परिवार की लड़कियों में सिलाई- कढ़ाई के प्रति खास रुचि तथा योग्यता है तो उनकी वह योग्यता परिवार के सदस्यों के तथा अन्य जरूरी कपड़ों की सिलाई में मददगार होती है तथा घर में सिलाई हो जाने से दर्जी से सिलवाने की जो सिलाई देनी पड़ती उसकी बचत हो जाती है। इसी तरह लड़की की इस खास योग्यता तथा रुचि का लाभ पाकर अन्य लोगों का काम करके पारिवारिक आमदनी में बढ़ोत्तरी भी की जा सकती है।

परिवार के सदस्यों के अनुभव का भी साधन के रूप में उपभोग किया जा सकता है। जैसे कि यदि घर का कोई सदस्य पढ़ा-लिखा है तो वह घर के बच्चों को पढ़ा कर उनको योग्य व्यक्ति बना सकता है तथा उनकी कमजोरी को दूर कर

सकता है। इस तरह ज्ञान रूपी साधन के उपभोग से परिवार ट्यूटर का शुल्क बचा सकता है। इसी प्रकार जिस व्यक्ति को बाजार के तुलनात्मक रूप से कम मूल्य पर वस्तुएँ बेचने वाली दुकानों का पता होता है वह इनका प्रयोग करके धन की बचत कर सकता है जैसे कि जयपुर में किशनपोल बाजार में स्थिर ईश्वर स्टोर एवं जौहरी बाजार के कुन्दीगरों के रास्ते में स्थित साबुन वालों की दुकानों पर पायी जाने वाली वस्तुएँ बाजार की अन्य दूकानों से सस्ती मिलती हैं।

परिवार के सदस्यों की शक्ति भी परिवार का साधन है। यदि परिवार के सभी सदस्य कमजोर हैं, बीमार रहते हैं, किसी काम को करने के लिए उनमें शारीरिक शक्ति नहीं है, तो उस परिवार का खर्च दुगुना हो जाता है चूँकि एक तो परिवार के सदस्यों के स्वास्थ्य को बनाये रखने हेतु अतिरिक्त खर्च करना पड़ता है तथा परिवार के सदस्यों में शारीरिक शक्ति की कमी होने के कारण ये घर का कार्य नहीं कर पाते हैं जिससे इन कार्यों को करने के लिए नौकर की व्यवस्था करनी पड़ती है और इस तरह नौकर को दिया जाने वाला वेतन परिवार के लिए एक अतिरिक्त खर्च सिद्ध होता है।

वर्तमान समय की बढ़ती महँगाई में परिवारों के लिए भौतिक साधनों का व्यवस्थापन करना कठिन हो गया है। औद्योगीकरण के कारण शहरों में छोटे-छोटे घर होते हैं जहाँ पर वस्तुओं को इकट्ठा करके रखना एक मुश्किल होती है इसके अतिरिंक्त आज धनोपार्जन साधन न होकर साध्य हो गया है। आज हर व्यक्ति धनोपार्जन में लगा हुआ है जिस वजह से अपने पास उपलब्ध भौतिक साधनों का वह समुचित तरह से उपयोग, सुरक्षा एवं देखभाल नहीं कर पा रहा है।

परिवार के प्रबन्ध में काम आने वाले साधनों का जो विश्लेषण किया गया है वह उनके गुणों एवं प्रयोग करने की विभिन्नता पर किया गया है। इन साधनों के गुण, रूप एवं उपयोग करने की विभिन्नता में अन्तर होने के बावजूद इन सब साधनों का एक ही उद्देश्य होता है कि गृह-प्रबन्ध इस तरह से किया जाए कि परिवार को उसकी लक्ष्य-प्राप्ति में सहायता मिल सके। जहाँ तक विभिन्न साधनों को अलग-अलग महत्त्व देने का प्रश्न उठता है वहाँ पर जिस साधन के विषय में हम जितना अधिक जानते हैं उसका उतना ही अधिक महत्त्व है। कई साधन जो सही में बहुत ज्यादा महत्त्वपूर्ण होते हैं उसकी हमें कई बार जानकारी ही नहीं होती है।

गृह प्रबंध में पारिवारिक साधनों की विशेषताएँ

पारिवारिक साधनों की गृह प्रबंध में अग्रलिखित विशेषताएँ होती हैं—

(1) समस्त साधन उपयोगी होते हैं,
(2) समस्त साधन सीमित होते हैं,
(3) अनियोजित ढंग से साधनों का प्रयोग सम्भव नहीं है,
(4) साधानों के समुचित प्रयोग पर जीवन का स्तर निर्भर करता है।

(1) समस्त साधन उपयोगी होते हैं—कोई साधन किसी परिवार के लिए कितना उपयोगी है यह उस परिवार की आवश्यकताओं एवं उस परिवार के लक्ष्यों पर आश्रित होता है। इसके अलावा किसी साधन के प्रति हमारा ज्ञान जितना बढ़ता जायेगा उसकी उपयोगिता उतनी ही अधिक होगी। कहने का तात्पर्य यह है कि सभी साधन उपयोगी होते हैं लेकिन कौन-सा साधन किसके लिए कितना उपयोगी है यह उस परिवार के सदस्यों की रुचियों, समस्याओं तथा उसे साधन के प्रति कितनी जानकारी है इस पर निर्भर होता है।

(2) समस्त साधन सीमित होते हैं—मानव-जीवन में आदिकाल से चुनाव की समस्या रही है क्योंकि मनुष्य की आवश्यकताओं में हमेशा प्रतियोगिता रही है। मनुष्य की असीम इच्छाओं में से केवल कुछ इच्छाएँ ही जरूरत का रूप धारण कर पाती हैं। ऐसा इसलिए होता है क्योंकि मनुष्य के साधन सीमित होते हैं। हर मनुष्य के पास मानवीय एवं भौतिक साधन सीमित होते हैं। अतः उसे इनकी सीमाओं में रहकर ही अपनी जरूरतों को तृप्त करना होता है। किसी परिवार में समायोजन की समस्या भी सीमित साधनों के कारण ही पैदा होती है। अगर साधन असीम हों तो परिवार में प्रबन्ध की कठिनाई ही उत्पन्न नहीं हो सकती। जैसे कि समय साधन को ही लें, तो हम जानते हैं कि एक दिन में 24 घण्टे होते हैं अतः हर परिवार अपने नाना तरह के कार्यों को इस तरह विभाजित करता है कि ये सभी एक निर्धारित समय में पूरे हो जायें।

(अ) मात्रा सम्बन्धी सीमा—मात्रा सम्बन्धी सीमा का सबसे अच्छा उदाहरण हर दिन का समय है। जो कि 24 घण्टे के बराबर है या 1440 मिनट के बराबर है। अब यदि हम किसी घण्टे के मिनट बढ़ाना चाहें तो यह सम्भव नहीं है। इसी तरह सीमित साधन का दूसरा उदाहरण धन है। प्रत्येक व्यक्ति के लिए धन की सीमित मात्रा भिन्न-भिन्न होती है। कोई भी व्यक्ति अपने प्रयासों द्वारा जितना धन प्राप्त करता है वह उसका खर्च एक सीमित मात्रा में ही कर सकता है।

सीमित साधनों में तीसरा मुख्य साधन परिवार के व्यक्तियों की योग्यता है जिन्हें हम मानवीय साधन कहते हैं। हर व्यक्ति की शारीरिक शक्ति सीमित होती है, उस शक्ति से अधिक कार्य करने पर गलत परिणाम सामने आ सकते हैं। परिवार

के सदस्यों में योग्यताएँ जन्म के समय से होती हैं अतः जितनी योग्यताएँ परिवार के सदस्यों में होती हैं वे उसी के बराबर काम कर सकते हैं।

किसी भी परिवार के जीवन स्तर में वृद्धि करने में उस परिवार में मौजूद धन, समय एवं शक्ति ये तीनों साधन ही आधार होते हैं हर परिवार के पास इन तीनों साधनों की भिन्न-भिन्न सीमा होती है। अतः जो परिवार अपने सीमित साधनों का ज्यादा उपयोग कर पाता है उसका स्तर उसी हिसाब से ऊँचा होता चला जायेगा। किसी परिवार के पास कोई साधन कितनी मात्रा में उपलब्ध होगा, इसे हर परिवार का प्रकार, सदस्यों की आयु, उनकी रुचि तथा आर्थिक, सामाजिक एवं भौतिक पृष्ठभूमि प्रभावित करती है। साधनों की सीमा पारिवारिक समायोजन को प्रभावित करती है।

(ब) गुणात्मक सीमा—परिवार के समायोजन में जहाँ साधनों की सीमा असर डालती है। ठीक उसी तरह वस्तुओं के गुणों की भिन्नता उन साधनों के परिवार-व्यवस्थापन पर प्रभाव डालती है। परिवार के मानवीय साधनों में गुणों की अलग-अलग और उसके प्रभाव स्पष्ट नजर आते हैं। जैसे कि गृहिणी की मितव्ययता का गुण परिवार के स्तर को प्रभावित करता है।

परिवार में उपलब्ध मानवीय और भौतिक साधनों को पृथक्-पृथक् करके मापना बहुत मुश्किल है, क्योंकि ये सभी साधन एक-दूसरे से घनिष्ठ रूप से सम्बन्ध बनाए रखते हैं। परिवार के विभिन्न कार्यों के लिए जरूरी साधनों का चुनाव करते समय उन साधनों का उपयोग हमारी अन्य क्रियाओं को कितना प्रभावित करेगा, इस बात का ध्यान रखना बहुत आवश्यक है उस साधन का उचित उपयोग नहीं हो पाता है।

परिवार के साधनों को खर्च करते समय प्रतिस्थापन के नियम का ध्यान रखना चाहिए। किस तरह कार्य की पूर्ति के लिए साधनों में बदलाव करके कम साधन खर्च कर अधिक तृप्ति पायी जा सकती है वे आवश्यकताएँ और कार्य जिनकी पूर्ति सीमित मात्रा वाले साधनों की अपेक्षा में किसी अन्य साधन का उपयोग करके की जा सकती है उसके लिए साधनों का प्रतिस्थापन कर लेना चाहिए जिससे सीमित साधन में अधिक जरूरतें पूरी की जा सकें।

गृह-प्रबन्ध में समुचित समायोजन एवं साधनों के पूर्ण उपयोग के लिए साधनों को आपस में सम्बन्धित कर तब उनका उपयोग करना चाहिए। यदि साधनों में बिना सम्बन्ध बनाए ही एक विशेष साधन का प्रयोग किया जाता है तो न तो उस विशेष साधन का और न ही अन्य साधनों का समुचित प्रयोग हो पाता है। वर्तमान समय में परिवार के विभिन्न कार्यों के लिए जिन भौतिक कार्यों एवं साधनों

की खोज हो रही है वे सभी साधन बहु-प्रयोजनीय हैं और वे परिवार जो इनका समुचित प्रयोग के बारे में नहीं जानते हैं उनके लिए उन साधनों का समुचित प्रयोग असम्भव होता है। इन बहुयोजनीय साधनों के उचित प्रयोग एवं इन साधनों का अन्य साधनों के साथ मिलकर उद्देश्य की प्राप्ति में सहायक होना तभी सम्भव हो सकता है जब इन साधनों के समुचित प्रयोग की शिक्षा दी जाए।

(3) अनियोजित ढंग से साधनों का प्रयोग सम्भव नहीं है—परिवार में प्राप्त साधनों को विभाजित कर उन्हें तीन श्रेणियों के आधार पर विभाजित किया जा सकता है। धन, समय तथा शक्ति उपरोक्त तीनों ही साधन सीमित होते हैं। यह सीमा या तो मात्रात्मक होती है अथवा गुणात्मक होती है। अतः साधनों की सीमा निर्धारित होने की वजह से ही परिवार के अलग-अलग कार्यों में इन साधनों का समुचित प्रयोग तभी हो पाता है, बल्कि इन साधनों को व्यवस्थित रूप से उपयोग किया जाए। इसके लिए गृहिणी को गृह प्रबन्ध का सही अनुभव होना बहुत जरूरी है।

(4) साधानों के समुचित प्रयोग पर जीवन का स्तर निर्भर करता है—कौन-सा साधन किसी व्यक्ति विशेष के लिए कितना अधिक उपयोगी है यह इस बात से स्पष्ट होता है कि वह व्यक्ति विशेष उस साधन का उपयोग किस तरह करता है। जिस तरह साधन का प्रयोग होगा उसी पर उसके जीवन के रहन-सहन का स्तर आश्रित करेगा। जैसे कि कैलाश एवं विशाल दो आदमी हैं तथा दोनों की प्रतिमाह आय 1000 रु. है। कैलाश अपनी आय की योजना बनाकर विवेकपूर्ण ढंग से खर्च करता है जबकि दूसरा व्यक्ति विशाल बिना योजना के एवं बिना सोचे-समझे खर्च करता है तो ऐसी अवस्था में कैलाश का स्तर विशाल से कई गुना ऊँचा होगा। इस प्रकार यह सिद्ध होता है कि योजनाबद्ध खर्च जीवन के स्तर को ऊँचा उठाते हैं।

साधनों के स्तर एवं उद्देश्यों के निर्धारक तत्त्व

साधनों के स्तर तथा उद्देश्य को निश्चित करने वाले तत्त्व अग्रलिखित हैं—

(1) उपलब्ध साधनों की जानकारी,

(2) विकल्पात्मक प्रयोग का ज्ञान,

(3) उपयोगिता में वृद्धि एवं रुचियों में विस्तार,

(4) विकल्पों का साधनों के साथ सन्तुलन।

(1) उपलब्ध साधनों की जानकारी—परिवार को अपने उपलब्ध साधनों में बढ़ोत्तरी करने के लिए उसे अपनी सम्पूर्ण सम्पत्ति के बारे में पूरा अनुभव होना बहुत

आवश्यक है, क्योंकि परिवार के लक्ष्यों को समस्त उपलब्ध साधनों का प्रयोग करके सरलता से प्राप्त किया जा सकता है। इन लक्ष्यों को थोड़े से साधनों का प्रयोग करके प्राप्त करना अधिक मुश्किल होता है। उदाहरण के लिए बच्चों को पढ़ाने के लिए ट्यूटर की व्यवस्था की जाती है तो निश्चित रूप से पारिवारिक खर्च में बढ़ोत्तरी हो जायेगी यदि इसके स्थान पर घर का ही कोई पढ़ा-लिखा सदस्य बच्चे के ट्यूटर का कार्य कर दे तो न केवल उस सदस्य की योग्यता एवं ज्ञान का लाभ परिवार को मिलेगा बल्कि इससे ट्यूटर के न रखने से जो बचत होगी उससे परिवार की अन्य आवश्यकताओं को पूरा किया जा सकेगा। इस तरह उपलब्ध साधनों की जानकारी पारिवारिक साधनों के स्तर तथा उद्देश्य को निर्धारित करती है।

(2) विकल्पात्मक प्रयोग का ज्ञान—एक गृह-प्रबन्धक को यह अच्छी तरह से मालूम होना चाहिए कि उपलब्ध पारिवारिक साधनों को किन-किन कार्यों में प्रयुक्त किया जा सकता है, क्योंकि एक साधन एक से अधिक प्रयोजनों के लिए कार्य में लाया जा सकता है। अतः उपलब्ध साधनों से परिवार के सदस्यों को अधिकतम सुख-सुविधा तथा तृप्ति प्राप्त हो सके। इसके लिए इस बात का ध्यान रखते हुए साधनों का प्रयोग सबसे उत्तम विकल्पों में किया जाना चाहिए। यह तभी सम्भव है जब गृह-प्रबन्धक को साधनों के प्रयुक्त होने के कई विकल्पों का अच्छी तरह अनुभव हो।

(3) उपयोगिता में वृद्धि एवं रुचियों में विस्तार—धन के अतिरिक्त कुछ विशिष्ट वस्तुएँ भी ऐसी होती हैं जिनके कई सम्भावित प्रयोग हो सकते हैं। ऐसी वस्तुओं का चुनाव उपयोगिता में बढ़ोत्तरी करता है। उपलब्ध वस्तुओं के नये उपयोग से सामूहिक प्रयोग करने की सम्भावनाएँ खोज निकाली जाएँ तो ऐसा करने से तृप्ति की मात्रा में बढ़ोत्तरी हो जाती है।

उपयोगिता में वृद्धि करना तो सरल होता है लेकिन परिवार के सदस्यों की रुचियों में विस्तार करना इतना आसान काम नहीं है। इसके अनुसार साधन का उपयोग करने वाले व्यक्ति की रुचि में बढ़ोत्तरी होती है जैसे कि ज्ञान-वर्द्धक पुस्तकों को पढ़ने में खर्च किए गए समय से नई रुचियों का जन्म होता है। अगर इसी समय को बेकार एवं गन्दे साहित्य को पढ़ने में बिताया जाए तो इससे नये एवं अच्छी रुचियों का विकास असम्भव होगा। रुचियों के विस्तार के लिए जानकारी में वृद्धि, धन एवं समय जैसे साधनों के मिल-जुले प्रयोग एवं संयोजन की आवश्यकता होती है।

(4) विकल्पों का साधनों के साथ सन्तुलन--परिवार के साधनों का भिन्न-भिन्न विकल्पों में प्रयोग इस तरह से करना चाहिए कि उनमें सन्तुलन बना रहे। इसके लिए यह आवश्यक है कि मनुष्य सन्तोषी स्वभाव का हो एवं सन्तोषजनक जीवन जीने में विश्वास रखता हो। सन्तोषजनक जीवन ही रुचियों, साधनों एवं विकल्पों में आवश्यक तालमेल रखता है। उदाहरणस्वरूप बटर, केक, आटा, चीनी, नमक, घी, दूध एवं अन्य तरल पदार्थों से बना होता है। इसे और भी पौष्टिक मूल्यों को कम करने के लिए घी की मात्रा को न्यून किया जा सकता है। लेकिन इन सभी में तालमेल बनाए रखने के लिए अन्य पदार्थों की मात्रा में एक निश्चित अनुपात बनाए रखना जरूरी है। अगर घी का प्रयोग बिल्कुल ही नहीं किया जायेगा तो यह केक बनाना असम्भव होगा। लेकिन अगर सब घटकों अथवा साधनों का प्रतिनिधित्व उत्पादित वस्तु में नहीं होगा तो उत्पादित वस्तु सन्तोषजनक नहीं बन पाएगी या निर्धारित मापदण्डों से घटिया होगी। अतः रुचियों में तालमेल बहुत ज्यादा आवश्यक है। अलग-अलग रुचियाँ एक-दूसरे के लिए नियन्त्रण एवं सन्तुलन का काम करती हैं तथा इसी तरह का सन्तुलन सन्तोषजनक होता है।

4

आर्थिक समस्याएँ

आज का युग पैसे का युग है यानि अर्थ का युग है। इसका अध्ययन हम सबके लिए आवश्यक ही नहीं अपरिहार्य है। चूँकि इससे हमारे ज्ञान में वृद्धि होती है, साथ ही साथ दृष्टिकोण भी विस्तृत होता है।

अर्थशास्त्र के अध्ययन से गृह स्वामिनी किस प्रकार अपनी सीमित आय से ज्यादा से ज्यादा सन्तुलन की अवस्था प्राप्त कर सकती है, इस बात की जानकारी हमें अर्थशास्त्र के अध्ययन से मिलती है। अर्थशास्त्र में इस बात की जानकारी प्राप्त की जाती है। कि वे अपनी सीमित आय में किस प्रकार ज्यादा से ज्यादा सन्तुलन की अवस्था प्राप्त कर सकते हैं। एक गृहिणी किस पारिवारिक बजट का निर्माण करे जिससे वह अपने परिवार की समस्त जरूरतों तथा भावी खर्चों को सन्तुलित करते हुए जरूरी बचत भी कर सके। इसकी जानकारी सरलतम रूप से अर्थशास्त्र के अध्ययन से मिल सकती है।

अर्थव्यवस्था का आशय

अर्थव्यवस्था को अर्थशास्त्रीय दृष्टि से या अपने तकनीकी रूप में समझना आवश्यक है। सर्वप्रथम प्रमुख अर्थशास्त्रियों की परिभाषाओं का विश्लेषण करेंगे और स्पष्ट करने का प्रयास करेंगे कि अर्थव्यवस्था का तात्पर्य क्या है?

बंर्किघम के मतानुसार–''उत्पादन के सभी साधनों पर पारस्परिक रूप से निर्भर नियंत्रणों के समूह को अर्थव्यवस्था कहते हैं।'' दूसरे शब्दों में यह कहा जा सकता है कि अर्थव्यवस्था का आशय उस वैज्ञानिक और संस्थात्मक ढाँचे से है जिसके अन्तर्गत विभिन्न आर्थिक क्रियाओं का संचालन होता है।

हिक्स के विचार में–''किसी भी स्थिति में हम अर्थव्यवस्था की कल्पना उपभोक्ताओं की जरूरतों, सामूहिक आवश्यकताओं सहित संतुलन के लिए उत्पादकों के सहयोग के रूप में कर सकते हैं तथा करारोपण की बात छोड़कर हम इसकी कल्पना पारस्परिक विनिमय व्यवस्था के रूप में कर सकते हैं।'' दूसरे शब्दों में

''अर्थव्यवस्था उत्पादन के क्षेत्र में उत्पादकों के पारस्परिक सहयोग का ही दूसरा नाम है क्योंकि उत्पादकों के सहयोग से ही उपभोक्ताओं की अपनी आवश्यकताओं की पूर्ति हो सकती है तथा वस्तुओं का निर्माण होता है। वस्तुओं का निर्माण तथा उपभोक्ताओं द्वारा अपनी आवश्यकताओं की पूर्ति सम्भव है। यहाँ उत्पादकों का आशय उन लोगों से है जो किसी तरह से वस्तुओं के उत्पादन तथा उपभोक्ताओं तक पहुँचाने की क्रिया में शामिल होते हैं। दूसरे शब्दों में हम कह सकते हैं प्रबन्धकर्ता, श्रमिक, परिवहनकर्ता, विक्रेता आदि सभी उत्पादकों की श्रेणी में आते हैं।

लाउक्स एवं ह्विटन के विचार में–''अर्थव्यवस्था में किसी समाज या राष्ट्र के वे सभी प्रकार शामिल होते हैं, तथा जिन साधनों के उपयोग से मानवीय आवश्यकताओं की सन्तुष्टि पूर्ण होती है, जो मानवीय आवश्यकताओं की सन्तुष्टि के लिए इसके साधनों के उपयोग के सम्बन्ध में काम आते हैं, लेकिन ये तरीके मुख्य रूप से उस राष्ट्र के कानूनों के रूप में स्पष्ट होते हैं लेकिन सहायक रूप में उस राष्ट्र के निवासियों की उन प्रथाओं, आदतों और रीति-नीतियों में पायी जाने वाली आवश्यकताओं की पूर्ति के लिए साधनों का उपयोग करते समय काम आते हैं। इस विस्तृत परिभाषा के आधार पर हम अर्थव्यवस्था में उन सभी तरीकों को शामिल कर सकते हैं। जिनका उपयोग आवश्यकताओं की पूर्ति हेतु उत्पादन साधनों को प्रयुक्त करने में किया जाता है। देश के कानूनों, देशवासियों की प्रथाओं, आदतों, रीति-सम्बन्धी दृष्टिकोण आदि से उत्पादन साधनों के उपयोग पर लगातार प्रभाव पड़ता रहता है।

ब्राउन के विचारों में–''अर्थव्यवस्था वह प्रणाली है जिसके द्वारा लोग अपना जीवनयापन करते हैं।'' यहाँ जीवनयापन शब्द में पूरी अर्थव्यवस्था निहित है जिससे व्यक्ति उपभोक्ता, उत्पादक, विनियोजक, वितरक आदि विभिन्न पक्षों से गुजरते हुए अर्थव्यवस्था के इन पहलुओं को स्पष्ट करता है और अपना जीवनयापन करता है। ये विभिन्न पक्ष उन आर्थिक क्रियाओं के स्वरूप हैं जो अपनी विविध आर्थिक संस्थाओं के द्वारा सम्पूर्ण अर्थव्यवस्था का निर्माण करती हैं।

इन परिभाषाओं के आलोक में कहा जा सकता है कि आर्थिक प्रणाली अथवा अर्थव्यवस्था से हमारा अभिप्राय समाज की सम्पूर्ण उत्पादन और विनिमय प्रक्रिया से है। अर्थव्यवस्था वह वैज्ञानिक और संस्थात्मक ढाँचा है जिसमें आर्थिक क्रियाएँ संचालित होती हैं आर्थिक क्रियाओं के तहत वस्तुओं और सेवाओं के उत्पादन, उपभोग, विनिमय, वितरण आदि से सम्बन्धित क्रियाएँ शाम्मिलित हैं। चूँकि हर देश में आर्थिक जीवन में राज्य का न्यूनाधिक हस्तक्षेप जरूर पाया जाता है, इसलिए अर्थव्यवस्था का रूप राज्य के हस्तक्षेप की मात्रा तथा सीमा पर आश्रित होता है।

सामाजिक परिस्थितियाँ और परम्पराएँ भी आर्थिक प्रणाली के स्वरूप को दर्शाती हैं। इस दृष्टि से अर्थव्यवस्था की एक सुन्दर परिभाषा इस प्रकार दी गई—"अर्थव्यवस्था अथवा आर्थिक प्रणाली संस्थाओं का एक ढाँचा है, जिसके द्वारा उत्पादन के साधनों और उनके द्वारा उत्पादित वस्तुओं के उपयोग पर सामाजिक नियन्त्रण किया जाता है।"

अर्थव्यवस्था किसी निर्धारित क्षेत्र में स्थित उत्पादन इकाइयों में निहित होती है। यह क्षेत्र गाँव, जिला, देश या सम्पूर्ण विश्व हो सकता है। क्षेत्र के आधार पर ही हम ग्रामीण अर्थव्यवस्था, जिला अर्थव्यवस्था, राष्ट्रीय अर्थव्यवस्था और विश्व अर्थव्यवस्था की बात करते हैं, परन्तु सामान्य रूप से राष्ट्रीय अर्थव्यवस्था के अर्थ में ही उपयोग किया जाता है। भारतीय अर्थव्यवस्था का अभिप्राय भारतीय जनता द्वारा अपनी जरूरतों की सन्तुष्टि पूर्ण करने वाली विभिन्न क्रियाओं के सम्पादन से है।

यह बात स्मरणीय है कि अर्थव्यवस्था का एक निश्चित क्षेत्र होता है जो बड़ा और छोटा दोनों तरह से हो सकता है। भारतीय अर्थव्यवस्था का अभिप्राय उन भारतीय लोगों की आर्थिक क्रियाओं से है जो एक सुनिश्चित भौगोलिक प्रदेश में रहते हैं, जिसे भारत के नाम से पुकारा जाता है। छोटे स्तर पर गाँवों, नगरों या प्रदेशों की अर्थव्यवस्था की भी बात कर सकते हैं।

अर्थव्यवस्था की स्थिरता के आवश्यक घटक

जिन तत्त्वों से अर्थव्यवस्था को स्थिरता और शक्ति प्राप्त होती है और जो उस प्रगति की ओर उन्मुख करते हैं, उन्हें अर्थव्यवस्था के आवश्यक अंग अथवा घटक कहा जाता है। इन तत्त्वों के समुचित रूप से कार्य करने पर ही कोई अर्थव्यवस्था कार्यकुशल तथा सफल बन सकती है। इन तत्त्वों के तहत हम उपभोग, उत्पादन, विनिमय, वितरण, विनियोग आदि प्रमुख आर्थिक क्रियाओं को ले सकते हैं। ये सभी तत्त्व जितनी दृढ़ता से काम करेंगे। अर्थव्यवस्था उतनी ही अधिक स्वस्थ और विकसित होगी। इसीलिए ए.जे. ब्राउन ने इन्हें अर्थव्यवस्था का प्रमुख प्रक्रम माना है। इन प्रक्रमों और जीवन प्रक्रियाओं का सदैव चलते रहना जरूरी है। इनमें से अगर एक प्रक्रिया कार्य करना बन्द कर दे तो शेष प्रक्रियाएँ बहुत कुछ उसी अनुरूप रूक तथा धीमी पड़ सकती हैं। इस प्रकार सम्पूर्ण अर्थव्यवस्था की स्थिति डगमगा जाएगी। इन जीवन्त प्रक्रियाओं और प्रक्रमों को हम अर्थशास्त्र की क्रियाओं की प्रमुख शाखाएँ भी कहते हैं।

अर्थव्यवस्था की ये **प्रक्रियाएँ** बहुत ही प्रमुख हैं। उत्पादन, उपभोग तथा वितरण प्रक्रिया के संगठन के आधार पर ही विश्व की अर्थव्यवस्थाओं के बीच विभिन्नता पाई जाती है। कुछ अर्थव्यवस्थाओं में ये प्रक्रम किसी केन्द्रीय सत्ता के जरिए नियन्त्रित और निर्देशित होते हैं तो अन्य अर्थव्यवस्थाओं में ये व्यक्तिगत साहस और प्रयत्नों के द्वारा गठित होते हैं।

अर्थव्यवस्था के जरूरी अवयव निम्नलिखित हैं—

(1) विनियोग—वर्तमान और दीर्घकालीन उपभोग की व्यवस्था के विचार में विनियोग अथवा निवेश जरूरी है। उत्पादन शृंखला कहीं बीच में टूट न जाए— इसके लिए उत्पादक वस्तुओं का उपयोग हमेशा रहता है। और यह कार्य विनियोग के बिना असम्भव है। नई साज-सज्जा, पुरानी मशीन आदि की प्रतिस्थापना, अचल पूँजी की रक्षा आदि भी पूँजी के विनियोग की माँग करते हैं। विनियोग की उपेक्षा करने पर अर्थव्यवस्था का भावी विकास रूक सकता है और राष्ट्र का विकास भी रूक जाता है।

(2) आर्थिक क्रियाएँ—जैसे यह बतलाया जा चुका है, कि अर्थव्यवस्था वह संस्थापक ढाँचा है जिसके आधार पर आर्थिक प्रक्रियाओं का संचालन होता है। इनमें उत्पादन पद्धति बहुत महत्त्वपूर्ण होती है। अर्थव्यवस्था के सभी स्वरूपों को अपने-अपने उद्देश्यों की पूर्ति के लिए उत्पादन की व्यवस्था करनी पड़ती है चाहे वह पूँजीवादी, समाजवादी या मिश्रित हो। पूँजीवादी, समाजवादी या मिश्रित सभी को अपने-अपने उद्देश्यों की पूर्ति के लिए उत्पादन की व्यवस्था करनी पड़ती है। वस्तुओं और सेवाओं के निर्माण में मशीनों, भूमि, श्रम, पूँजी, तकनीक आदि के लगातार प्रयोग से उपभोक्ता वस्तुएँ और पूँजीगत माल तैयार करना पड़ता है। जिससे विनिमय की प्रक्रिया अर्थव्यवस्था का आधार बनती है। उत्पादित वस्तुओं और सेवाओं को विनिमय के द्वारा अन्तिम उपभोक्तओं तक पहुँचाना पड़ता है। दूकानें, बाजार, विक्रय केन्द्र, आदि संस्थाएँ विनिमय को सुविधाजनक प्रक्रिया बनाती हैं। वित्त गृह, मुद्रा बाजार, बैकिंग, बीमा कम्पनियाँ आदि भी इसे सम्भव बनाती हैं। तीसरी प्रक्रिया का उपभोग ही सम्पूर्ण उत्पादन प्रक्रिया का सार है। प्रो. हिक्स के विचारों में ''उपभोक्ता वस्तु प्रक्रियाओं का अन्तिम लक्ष्य है तथा उत्पादक वस्तुएँ इसके मार्ग पर विभिन्न अवस्थाएँ हैं।'' उपभोग प्रक्रिया में वर्तमान और दीर्घकालीन दोनों तरह की आवश्यकताओं की सन्तुष्टिपूर्ण बातों पर विचार किया जा सकता है। लेकिन उपभोग में आने वाली वस्तुओं का उपभोग के लिए संग्रह किया जाता है। उत्पादक वस्तुओं का संग्रह समाज अथवा राष्ट्र की उत्पादन क्षमता का सूचक होता है।

(3) मुद्रा का योग—अर्थव्यवस्था के लिए मुद्रा का योग उतना ही जरूरी है, जितना कि शरीर के लिए रुधिर। मुद्रा के सभी आर्थिक प्रक्रियाओं में उपभोक्ता मुद्रा अथवा उसी के एवज में अन्य साधनों को अपनी आवश्यकताओं को पूरा करने के लिए कमाता है जिसे वह उत्पादकों तथा विनियोगकर्ताओं को देता है और वे लोग उस आमदनी को उत्पादन में लगे साधनों में बाँट देते हैं। मुद्रा का पुनः विनिमय वस्तुओं के साथ होता है। इस तरह यह विनिमय की प्रक्रिया चलती रहती है।

अर्थव्यवस्था के इन सभी तत्त्व एक दूसरे से जुड़े हुए हैं। इस अन्तर्सम्बन्धों की पद्धति की अपेक्षा हम मानव शरीर से कर सकते हैं। जिस प्रकार हमारे शरीर के अलग-अलग अंग एक-दूसरे पर निर्भर हैं, उसी प्रकार अर्थव्यवस्था के विभिन्न तत्त्व भी एक-दूसरे पर निर्भर हैं। जिस तरह शरीर के विभिन्न अंग विभिन्न कार्य करने में कुशलता रखते हैं। उसी तरह अर्थव्यवस्था के भिन्न-भिन्न भाग भी अलग अलग काम करने में कुशल होते हैं।

आर्थिक समस्याओं की प्रकृति

हर प्रकार की अर्थव्यवस्था को, चाहे वह पूँजीवादी हो अथवा समाजवादी हो अथवा समुन्नत हो, पिछड़ी हुई हो कुछ मूलभूत आर्थिक समस्याओं का सामना करना पड़ता है। ये समस्याएँ मानवीय आवश्यकताओं की उनकी पूर्ति के साधनों की अल्पता और उनके वैकल्पिक प्रयोगों के कारण असीमता तथा सामाजिक संतुलन के लिए उनके कम उपयोगिता से सम्बन्धित हैं। आर्थिक समस्याओं के उत्पन्न होने और किसी न किसी रूप से हमेशा बने रहने के कुछ निश्चित कारण होते हैं। आर्थिक समस्याओं के उदय के तत्त्वों को हम आर्थिक समस्या की प्रकृति कहते हैं।

(1) साधनों की कमी—मानवीय आवश्यकताएँ तो असीमित हैं लेकिन इनकी संतुष्टि करने वाले साधन कम हैं, सीमित हैं। मानवीय आवश्यकताओं की पूर्ति के मुख्यतः दो तरह के साधन हैं—(क) मानवीय साधन जिसमें हम मानवीय श्रम को लेते हैं, एवं (ख) मानवतर साधन जिसके अन्तर्गत मानव मेहनत को छोड़कर हम अन्य साधनों को लेते हैं, जैसे—भूमि, पूँजी, खनिज, प्रकृति प्रदत्त पदार्थ आदि। ये दोनों ही प्रकार के साधन हमारी असीमित जरूरतों की अपेक्षा में बहुत सीमित हैं और इसी कारण से आर्थिक समस्याएँ बनी रहती हैं। अगर जरूरत पूर्ति के साधन अल्प नहीं होते तो हमारे समक्ष आर्थिक समस्याएँ खड़ी नहीं होतीं। अगणित अथवा असीमित साधन होने की स्थिति में जो जितना चाहता है, ले लेता है और कोई जरूरत असन्तुष्ट नहीं रह पाती।

(2) चुनाव करना और निर्णय लेना—असीमित मानवीय आवश्यकताओं के मुकाबले साधनों के सीमित होने से हमारे सामने चयन करने और निर्णय लेने की समस्या बनी रहती है। साधन सीमित होते हैं पर साथ ही उनके अनेक वैकल्पिक प्रयोग भी हैं अतः हम सीमित साधनों के भिन्न-भिन्न वैकल्पिक प्रयोग का इस तरह चुनाव करते एवं फैसला लेते हैं कि साधनों का पूरा कार्य करें उपयोग कर अधिक से अधिक जरूरतों को पूरा करें। असीमित साधन स्रोत होने पर यह समस्या ही खड़ी नहीं होती कि किन वस्तुओं का उत्पादन करें और किनका नहीं तथा साधन स्रोतों को किस प्रकार वर्गीकरण करना है। तब हमारे समक्ष तकनीक चयन की समस्या जन्म नहीं लेती। 'उत्पादन कैसे किया जाए' यह समस्या तब खड़ी होगी जब हम सीमित अथवा कम साधन स्रोतों को असीमित जरूरतों को पूरा करने में करेंगे।

(3) मानवीय आवश्यकताओं की असीमितता—मानवीय जरूरतों की असीमितता को पूरा करना हमारी शक्ति के बाहर है। जैसे एक जरूरत पूरी होती है तो दूसरी स्वतः ही तैयार हो जाती है। इसीलिए यह कहा जाता है कि मनुष्य तो इच्छाओं का पुतला है। दूसरे शब्दों में मानवीय जरूरतें अर्थव्यवस्था की चालक शक्ति और प्रेरणादायक शक्ति है।

इस तरह स्पष्ट होता है कि उत्पादन के साधन न्यून होने से अर्थव्यवस्था से सम्बन्धित अनेक समस्याएँ पैदा होती हैं। अगर किसी वस्तु के उत्पादन के साधन अल्प हैं तो हमारे सामने यह प्रश्न उठता है कि कौन-सी वस्तु कितनी मात्रा में उत्पादित की जाए। हमारा यही प्रयास होता है कि अधिकता से उपलब्ध तत्त्वों का अधिक प्रयोग हो और सीमित अथवा अल्प तत्त्वों का कम और इस प्रकार उत्पादन लागत को अनुपाततः कम रखा जाए।

चुनाव की समस्या

उपभोक्ता के व्यक्तित्त्व का अर्थशास्त्र में एक उल्लेखनीय स्थान होता है। यहाँ सबसे पहले यह जानना जरूरी है कि उपयोक्ता होता कौन है? उपभोग के कर्ता को उपभोक्ता कहते हैं और उपभोग अपने व्यापक अर्थ में मनुष्य की आवश्यकताओं की सन्तुष्टि के लिए आर्थिक वस्तुओं तथा व्यक्तिगत सेवाओं का उपयोग करता है। अनेक दृष्टिकोणों से उपभोग अर्थशास्त्र में विशेष महत्त्व रखता है। समस्त आर्थिक क्रियाएँ उपभोग से आरम्भ होकर उपभोग पर ही खत्म हो जाती है। उपभोग के प्रकार और परिमाण राष्ट्रीय आर्थिक विकास को मापा जा सकता है। विनिमय से जुड़ी हुई क्रियाएँ उपभोग पर आधारित होती हैं। उपभोग को वितरण की प्रेरक शक्ति के रूप

में प्रमुख माना जाता है। आमदनी और रोजगार के सिद्धान्तों के लिए भी उपभोग पूर्ण एवं प्रमुख होता है। उपभोग को प्रत्यक्ष और अप्रत्यक्ष दो भागों में बाँटा जाता है। जो वस्तुएँ उपभोक्ता को प्रत्यक्ष रूप में सन्तुष्टि देती हैं, वे प्रत्यक्ष उपभोग के तहत आती हैं। पूँजी, श्रम तथा कच्चे माल आदि को अप्रत्यक्ष उपभोग के वर्ग में रखा जाता है। उपभोक्ता के पास सीमित साधन और नाना तरह की वस्तुएँ हैं, फलस्वरूप चयन की समस्या पैदा होती है। इस तरह उपभोक्ता की चयन शक्ति, चयन की स्वतन्त्रता, उपभोक्ता की सम्प्रभुता तथा सम्प्रभुता की सीमाओं का अर्थशास्त्र में बहुत अधिक महत्त्व है।

1. उपभोक्ता की सम्प्रभुता—उपभोक्ता को चयन करने की स्वतन्त्रता प्रदान की जाती है उसी के आधार पर उसे कई बार सम्प्रभु कह दिया जाता है। बेनहम के मतानुसार कि पूँजीवादी व्यवस्था में उपभोक्ता सम्राट होता है। उपभोक्ता के आदेश इच्छा, रुचि और पसन्द के आधार पर ही समस्त पूँजीवादी उत्पादन तत्त्व संचालित होता है। जब उत्पादक उत्पादन के सम्बन्ध में फैसला लेता है तो वह उपभोक्ता की माँग और रुचि के अनुसार ऐसा करती है। उपभोक्ता की माँग उपयुक्त है अथवा अनुपयुक्त इस सन्दर्भ में विचार करना उत्पादक के अधिकार क्षेत्र की बात नहीं है। अगर उत्पादक उपभोक्ता के चयन को अस्वीकार करता है तो उसे हानि उठाने के लिए तैयार रहना चाहिए। उपभोक्ता की रुचि, इच्छा और भावना में बदलाव होते ही उत्पादक के आधार पर उत्पादन में बदलाव करना पड़ता है। उपभोक्ता की रुचि और माँग के संकेत मात्र से समस्त अर्थव्यवस्था संचालित होती है। अतः उसे प्रभुसत्ता धारी कहना सार्थक है।

पुराने समय में उपभोक्ता एक बहुत शक्तिशाली सम्राट था चूँकि वह अधिकांश वस्तुएँ प्रत्यक्ष आदेश देकर प्राप्त करता था। लेकिन उत्पादक अधिकांश वस्तुओं का उत्पादन भविष्य की माँग का अन्दाजा लगा कर करता है। लेकिन इससे उपभोक्ता की शक्ति में कोई बुनियादी बदलाव नहीं आया है। क्योंकि उत्पादकों के भावी अन्दाज भी उपभोक्ता के चुनाव, पसन्द अथवा रुचि पर ही निर्भर होते हैं। अगर ये अनुमान ठीक निकले तो उत्पादकों को अधिक लाभ होता है। वरना कम लाभ तथा हानि होती है। अन्तिम हालत में उन्हें अपनी योजना बदलनी पड़ती है जिससे वह उपभोक्ताओं की रुचि के आधार पर उत्पादन कर सके अतः स्वतन्त्र पूँजीवादी अर्थव्यवस्था में जो कि प्रतियोगिता युक्त है उपभोक्ताओं की रुचि क्रय शक्ति तथा खर्च का ढंग ही आर्थिक क्रियाकलापों का निर्देशन करती है। की खोफर के उपभोक्ता

की अपेक्षा एक मतदाता से करते हुए लिखा है कि "व्यापक उपभोग व्यापक मतगणाना के समान है, जो नियन्त्रण का एक जनतान्त्रिक साधन है। उपभोक्ता के लिए जरूरी एक मात्र योग्यता उसकी क्रय शक्ति एक प्रकार की आवश्यक योग्यता का आधार है। आर्थिक चुनावों में एक उपभोक्ता उतने ही वोट डाल सकता है जितना धन उसके पास है। अगर आर्थिक मतदाता अपना धन अच्छी, उपयोगी और सुन्दर वस्तुओं के बजाय भोग की खराब तथा कृत्रिम वस्तुओं पर व्यय करता है तो फिर ऐसी ही वस्तुएँ उत्पन्न की जाएँगी।" उपभोक्ता का चुनाव ही चाहे उचित हो तथा अनुचित हमारी औद्योगिक प्रणाली के क्रियाकलापों का निर्धारण करेगा यह एक ऐसे इलेक्ट्रिक सर्किट में गलत विद्युत धारा के जैसा है जिसको चालू करने पर उत्पादन रूपी मिकेनिज्म पहिये सक्रिय हो जाते हैं।

2. उपभोक्ता की चुनाव शक्ति—व्यक्ति का मुख्य उद्देश्य होता है अपनी अधिक से अधिक आवश्यकताओं को पूरा करना। व्यक्ति की आवश्यकताएँ असीम होती हैं और उत्पादन शक्ति की सीमाओं तथा सीमित आय के कारण वह इन सभी आवश्यकताओं को पूरा नहीं कर पाता है। ऐसी स्थिति में चुनाव करना होता है। **प्रो. रोबिन्स** के विचार में—"जब उद्देश्य की प्राप्ति के लिए समय और सामान दोनों सीमित होते हैं तो मानव व्यवहार निश्चय ही चुनाव का रूप धारण कर लेता है।" उपभोक्ता को हर समय चयन करना होता है। वह हर समय इस बात की जानकारी के लिए तत्पर रहता है कि अपने सीमित साधनों से किस तरह वह अधिक से अधिक सन्तुष्टि प्राप्त कर सके। सिनेमा देखने की तुलना में पुस्तक खरीदी जाए और सर्कस देखने की तुलना में एक पेन खरीदा जाए उसे इस बात का निर्णय लेना होता है।

3. चुनाव की स्वतन्त्रता—उपभोक्ता को उपभोग के कारण अधिक से अधिक सन्तुष्टि मिल सके इसके लिए उसे चयन करने की आजादी मिलनी चाहिए। चयन करने की स्वतन्त्रता का मतलब यह है कि व्यक्ति अपनी आय को बिना किसी बाह्य हस्तक्षेप के काम में ला सके। इस तरह को पूर्ण स्वतन्त्रता असली व्यवहार में असम्भव है। अर्थशास्त्रियों के कथनानुसार यह सैद्धान्तिक मान्यता है कि वस्तु के प्रकार और नतीजा का चुनाव करने की उपभोक्ता को स्वतन्त्रता रहती है यह एक आर्थिक कल्पना है। प्रजातन्त्रात्मक अर्थव्यवस्था में भी यदि कोई व्यक्ति नींद की गोली खरीदना चाहता है तो उसके लिए डॉक्टर के पर्चे का होना बहुत आवश्यक है। उपभोक्ता की आय भी उसकी चयन सम्बन्धी स्वतन्त्रता पर नियन्त्रण रखने के लिए एक अंकुश का कार्य करती है।

4. सम्प्रभुता की सीमाएँ—उपभोक्ता चयन करते समय पूरी तरह से स्वतन्त्र नहीं होता। उस पर अनेक आन्तरिक और बाहरी परिस्थितियों का प्रभाव पड़ता है। सामाजिक रीति-रिवाज, रहन-सहन का तरीका, मित्रों के परामर्श आदि बातें उस पर प्रभाव डालती हैं। चयन करते समय उपभोक्ता पूरी तरह सावधानी नहीं बरत सकता है। उपभोक्ता में अनुकरण की प्रवृत्ति पाई जाती है। वह सामाजिक रीति-रिवाजों से प्रभावित होकर चयन के सम्बन्ध में फैसला लेता है। भिन्न-भिन्न तत्त्वों के असर से व्यक्ति अपने रहन-सहन का एक तरीका अपनाता है जिसे हम जीवन स्तर की संज्ञा प्रदान कर सकते हैं। जीवन स्तर के अनुकूल ही व्यक्ति उपयोग की वस्तुओं का चुनाव करता है। उपभोक्ता की प्रभुसत्ता पूरी तरह से असीमित नहीं होती; उसकी चयन सम्बन्धी स्वतन्त्रता पर अनेक सीमाएँ लगी रहती हैं। इन सीमाओं के फलस्वरूप अपनी इच्छाओं का चयन कर उन्हें अनेक दिशाओं में मोड़ लेता है। ये सीमाएँ निम्नलिखित हैं—

क. **आय की मात्रा**—उपभोक्ता का यह निश्चय कि कौन सी वस्तु को कितनी मात्रा में खरीदा जाए उपभोक्ता की आमदनी की मात्रा पर निर्भर करता है। अगर अधिकांश उपभोक्ताओं की आय ज्यादा है तो वे अपनी क्रय शक्ति के माध्यम से वस्तुओं का उत्पादन बहुत ही अधिक प्रभावित करेंगे और अगर आय कम है तो वे कम ही प्रभावित कर सकेंगे।

ख. **आदतें व सामाजिक प्रथाएँ**—यह सर्वसम्मति से स्वीकार है कि उपभोक्ता अपने चयन सम्बन्धी काम अपनी आदतों तथा सामाजिक प्रथाओं के अनुरूप करता है जैसे कि एक जैन धर्मावलम्बी उपभोक्ता प्रायः शाकाहारी भोजन करता है वह चाह कर भी खुलेआम मांस, अण्डे आदि का प्रयोग नहीं कर सकता है। इस तरह उपभोक्ता के चुनाव करने की स्वतन्त्रता सीमित हो जाती है।

ग. **तकनीकी ज्ञान तथा वस्तु की उपलब्धता**—कुछ वस्तुओं के उत्पादन के लिए विशेष तकनीकी कौशल की आवश्यकता होती है। अगर उत्पादक को ऐसा ज्ञान नहीं है तो उन वस्तुओं का उत्पादन नहीं किया जा सकता है, चाहे उपभोक्ता कितनी भी इच्छा करें। उदाहरण के लिए अगर एक उपभोक्ता चाँद पाने की इच्छा करे तो निश्चय ही उसकी यह इच्छा कभी भी पूरी नहीं की जा सकती है। इससे उपभोक्ता की चुनाव करने की स्वतन्त्रता सीमित हो जाती है।

घ. **वातावरण और दिखावापन**—उपभोक्ता समाज में प्रचलित दिखावटी और वातावरण से प्रभावित होकर ऐसी अनेक वस्तुओं का प्रयोग करने लगते हैं जिनकी इतनी आवश्यकता महसूस नहीं होती है। जैसे कि अधिकतर भारत के विषय में नैक टाई। यह प्रवृत्ति विशेषकर अमीर लोगों में पाई जाती है। एक धनवान उपभोक्ता दूसरे धनवान उपभोक्ता की नकल करता है कहने का तात्पर्य यह है कि वह ऐसी वस्तुएँ खरीदता है जिससे वह धन का दिखावा कर सके। उत्पादक वर्ग इनकी इस कमजोरी का फायदा उठाकर दिखावे की वस्तुओं के मूल्य में वृद्धि कर देते हैं। इस तरह उपभोक्ता की चुनाव शक्ति घट जाती है।

ङ. **अज्ञानता तथा जानकारी की कमी**—बाजार में अनेकों ऐसे अवसर आते हैं जब एक आवश्यकता को पूरी करने वाली कई तरह की वस्तुएँ होती हैं लेकिन अज्ञानता के कारण उपभोक्ता इनका भली प्रकार से चुनाव नहीं कर पाता है। वह ज्यादातर वस्तु के मूल्य को ही वस्तु की श्रेष्ठता का आधार मान लेता है। इस तरह अज्ञानतावश से आर्थिक क्रियाएँ विपरीत हो जाती हैं। बल्कि इसके वस्तु का गुण मूल्य को निर्धारित करे वस्तु की कीमत गुण को आंकने का आधार बन जाती है अथवा कीमत वस्तु की उपयोगिता का निर्धारण करने लग जाती है। इस प्रकार उपभोक्ता की चुनाव की शक्ति सीमित हो जाती है।

च. **एकाधिकार का प्रभाव**—कभी-कभी ऐसा होता है कि कुछ वस्तुओं के उत्पादकगण आपस में मिलकर एकाधिकार की अवस्था बना लेते हैं फिर ये लोग वस्तु विशेष को जितनी मात्रा में तथा जितनी कीमत पर चाहते हैं बेचते हैं। इससे उपभोक्ता को स्वतन्त्र रूप से चयन करने का मौका नहीं मिलता है।

छ. **फैशन**—ज्यादातर व्यक्ति उन वस्तुओं का अधिक उपयोग करता है जिनका की समाज में फैशन है। उत्पादकगण वस्तुओं की डिजाइन, रूप, आकार आदि में लगातार बदलाव करके नये-नये फैशन की खोज करते रहते हैं जिससे उनकी वस्तुओं की माँग बढ़े जैसे कि वर्तमान में युवकों में चौड़ी मोहरी वाले पेंटों का प्रचलन है इसलिए आज हर युवक चौड़ी मोहरी वाले पेंट ही बनाने लग गया है। यदि उसके पास सकड़ी मोहरी की पेंट है तब भी वह उसे नहीं पहनेगा। इस तरह फैशन के माध्यम से भी उपभोक्ता की चुनाव शक्ति सीमित हो जाती है।

ज. **मानक वस्तुओं का निर्माण**—वर्तमान युग मशीनों का युग है। आज अनेकानेक वस्तुओं का निर्माण मशीनों के द्वारा सेटी किया जाता है जिससे मानक वस्तुओं का ही निर्माण होता है। इनके निर्माण के वक्त उपभोक्ता की रुचि तथा चुनाव का ध्यान नहीं रखा जाता है और उत्पादकगण साधारण रुचि की वस्तुओं का मानक तय करके उनको बड़ी मात्रा में बनाते हैं और बिक्री में वृद्धि के लिए कीमत को नीचे गिरा देते हैं। इस प्रकार उपभोक्ताओं को भेड़ों के झुण्ड के समान इकट्ठा करके एक ही लाठी के द्वारा हांका जाता है। जैसे कि छात्रावास में दिया जाने वाला भोजन कैसा भी हो, किसी को अच्छा लगे या न लगे हर छात्र को वह भोजन ही खाना होता है। इस प्रकार मानक वस्तुओं के निर्माण से भी उपभोक्ता की चयन शक्ति सीमित हो जाती है।

झ. **विज्ञापन**—उत्पादकों द्वारा बिक्री बढ़ाने और उपभोक्ता की रुचि को प्रभावित करने के लिए विभिन्न तरीके अपनाए जाते हैं जैसे कि अखबार, सिनेमा, रेडियों आदि के द्वारा विज्ञापन करना, सुन्दर और आकर्षक पैकिंग करना, उधार देना, किश्तों में भुगतान की सुविधा प्रदान करना आदि साधनों के उत्पादक अपनी वस्तु की श्रेष्ठता की छाप उपभोक्ता के दिमाग में बैठाने का कोशिश करता है और ऐसे प्रयोगों से उपभोक्ता की चयन शक्ति का ह्रास होता है जैसे कि माह जनवरी एवं फरवरी, 1979 में जयपुर के सभी प्रमुख समाचार पत्रों में प्रकाशित जनता प्रदर्शन सेल के विज्ञापन से प्रभावित उपभोक्ता रवीन्द्र मंच एवं केटरर्स हाल पर उमड़ पड़े जबकि यहाँ पर रखी वस्तुओं के दाम उतने कम नहीं थे जितने कि विज्ञापन में प्रकट किए गए थे। इस तरह के विज्ञापन द्वारा भी उपभोक्ता की चुनाव शक्ति सीमित हो जाती है।

ञ. **उपभोग पर सरकारी नियन्त्रण**—नियन्त्रित अर्थव्यवस्था में ही नहीं अपितु स्वतन्त्र अर्थव्यवस्था में भी सरकारें उपभोग पर भाँति-भाँति के अंकुश प्रोत्साहित है तो कुछ पर भारी कर लगा कर निरुत्साहित करती हैं। इस तरह सरकारी नियन्त्रण से भी उपभोक्ता की चुनाव शक्ति सीमित हो जाती है।

ट. **राशनिंग**—देश में किसी वस्तु की कमी होने पर अथवा उनकी मूल्य बढ़ने पर तथा युद्ध काल में माँग एवं पूर्ति के बीच सन्तुलन करने के लिए अनिवार्य वस्तुओं जैसे चीनी, मिट्टी का तेल, कपड़ा आदि का राशनिंग कर दिया जाता है। राशनिंग में हर नागरिक राशन कार्ड के द्वारा ही निश्चित मात्रा में सरकार द्वारा निश्चित समय में वस्तुएँ पा लेता है। इस प्रकार उपभोक्ता राशनिंग में

अपनी इच्छा के अनुरूप अधिक वस्तु नहीं खरीद सकता है। इतना ही नहीं एक उपभोक्ता को राशन की वस्तुएँ खरीदने के लिए एक लम्बी कतार में घण्टों अपने नम्बर आने तक खड़ा भी रहना पड़ता है। जबकि एक सम्पूर्ण प्रभुत्व-सम्पन्न व्यक्ति को तो निश्चय ही लम्बी कतार में खड़ा नहीं किया जाना चाहिए। इस प्रकार राशनिंग में तो उपभोक्ता की चयन शक्ति का गम्भीर रूप से हनन किया जाता है।

निष्कर्ष के रूप में कहा जा सकता है कि आज के वर्तमान समय में उपभोक्ता की स्वतन्त्रता कई मायने में सीमित हो गई है। वह एक बादशाह के समान नहीं है। यह किसी भी देश के आर्थिक विकास की दृष्टि से यह परिवर्तन जरूरी है।

5

पारिवारिक संरचना

परिवार के बिना समाज की कल्पना नहीं की जा सकती। समाज की निरंतरता का सीधा संबंध परिवार से है। यह समस्त मानव समाज का आधार होता है। परिवार मानव की सभी सामाजिक संरचनाओं में एक सार्वभौमिक सामाजिक संरचना है। वंश के परिवार के माध्यम से ही संतति के द्वारा सुरक्षित रखा जाता है।

परिवार का महत्त्व सार्वभौमिक है, लेकिन इसके मूलभूत और इसकी धारणाओं में अन्तर पाया जाता है। जहाँ पश्चिम के सभ्य-समाजों में नाभिक अथवा केन्द्रीय परिवार की धारणा विद्यमान है वहाँ भारत में संयुक्त परिवार अपना महत्त्व रखते हैं, यद्यपि अब परिवर्तित स्थिति में नाभिक अथवा केन्द्रीय परिवार भी तेजी से विकसित होते जा रहे हैं। इसी तरह परिवार की काम सम्बन्धी धारणा में जहाँ बाद में और मुस्लिम विचार लैंगिक सम्बन्धों की प्रधानता और बच्चों के पालन-पोषण का है, वहाँ भारतीय विचार 'धर्म' का अधिक है। हिन्दू समाज परिवार को एक धार्मिक संस्था ज्यादा मानता है। विवाह एक धार्मिक संस्कार है और सन्तानोत्पत्ति भी एक धार्मिक कर्त्तव्य है। परिवार में धार्मिक उद्देश्य अधिक महत्त्वपूर्ण है।

परिवार का अर्थ

परिवार समाज की वह प्रथम इकाई है जिसमें कुछ मनुष्य मिल कर रहते हैं। इन रहने वालों में पति-पत्नी और उनकी सन्तान अनिवार्यतः रहती है। परिवार छोटे रूप में भी होता है और बड़े रूप में भी। बड़े एवं व्यापक रूप में इसमें चाचा-चाची, दादा-दादी, चचेरे भाई-बहिन आदि का भी अधिकार सम्मिलित किया जाता है। परिवार का स्वभाव चाहे जैसा भी हो वह निश्चित रूप से एक ऐसी सामाजिक संस्था है जिसके तहत विशेष रूप से स्त्री-पुरुष का सामाजिक मान्यता प्राप्त यौन-सम्बन्ध स्थापित रहता है। साथ ही अन्य प्रेम सम्बन्धों और सन्तति सम्बन्धों की स्थापना होती है। संस्था के रूप में सभी समाजों में परिवार लगभग एक से हैं, परन्तु आकार व काम आदि की दृष्टि से इनमें भिन्नता पाई जाती है। उदाहरण के लिए संयुक्त

परिवार भारतीय समाज की अपनी विशेषता है। वर्तमान समय में प्रवृत्ति यही है कि परिवार से वास्तविक मतलब पति-पत्नी और उनकी सन्तान से लिया जाना चाहिए। भारत भी इसी प्रवृत्ति का शिकार बनता जा रहा है। आधुनिक औद्योगिक और पाश्चात्य वातावरण के कारण संयुक्त परिवार विघटित हो रहे हैं और युवा पीढ़ी ऐसे परिवारों में आस्था रखने लगी है जिसमें पति-पत्नी और उनकी अवयस्क सन्तान ही शामिल है।

परिवार की परिभाषा

परिवार को समाजशास्त्रियों ने विभिन्न तरह से अपनी-अपनी धारणा के अनुसार स्पष्ट किया है–

बर्गेस एवं लॉक के विचार में–"परिवार ऐसे व्यक्तियों का समूह कहा जा सकता है जो विवाह रक्त अथवा गोद लेने से सम्बन्धों द्वारा संगठित है, एक छोटी-सी गृहस्थी का निर्माण करते हैं, और पति-पत्नी, माता-पिता, पुत्र-पुत्री, भाई-बहिन के रूप में परस्पर अन्तःक्रिया करते हैं। अथवा अपने-अपने सामाजिक कार्यों के रूप में एक-दूसरे पर प्रभाव डालते हैं एवं एक सामान्य संस्कृति को बनाते व उसका बचाव करते हैं।"

मेकाइवर एवं पेज के अनुसार–"परिवार एक ऐसा समूह है जो निश्चित व स्थाई यौन-सम्बन्धों पर आश्रित है और इतना छोटा व शक्तिशाली है कि सन्तान के जन्म और पालन-पोषण की व्यवस्था करने की क्षमता रखता है।"

ऑर्गबन एवं निमकॉफ के विचार में–"परिवार लगभग एक स्थायी समिति है जो पति-पत्नी से निर्मित होती है चाहे उनके सन्तान हो या न हो। परिवार किसी एक पुरुष या एक स्त्री के अकेले का भी हो सकता है बशर्ते कि उसके अपने बच्चे साथ हों।"

जुकरमैन के अनुसार–"एक परिवार-समूह पुरुष-स्वामी, उसकी स्त्री अथवा स्त्रियों और उनके बच्चों से मिलकर बनता है एवं कभी-कभी एक अथवा एक से अधिक अविवाहित पुरुषों को सम्मिलित किया जा सकता है।"

डॉ. डी. एन. मजूमदार के विचारानुसार–"परिवार उन व्यक्तियों का समूह है जो एक ही छत के नीचे रहते हैं। जो मूल तथा रक्त सम्बन्धी सूत्रों से सम्बद्ध रहते हैं तथा जगह, हित और कृतज्ञता की अन्योन्याश्रितता के आधार पर जाति की जागरूकता रखते हैं।"

क्लेयर के विचारानुसार–"परिवार से हम सम्बन्धों की वह व्यवस्था समझते हैं जो माता-पिता और उनकी सन्तानों के बीच पाई जाती है।"

परिवार की इन भिन्न-भिन्न परिभाषाओं से यह निष्कर्ष निकलता है कि उनके अनुसार परिवार मनुष्यों का वह समूह है जिसमें (क) स्त्री-पुरुष का यौन-सम्बन्ध समाज द्वारा विधिपूर्वक स्वीकार किया जाता है, (ख) यौन-सम्बन्ध स्थिर बना दिया जाता है, (ग) स्त्री-पुरुष किसी स्थान विशेष पर साथ-साथ रहते हैं, एवं (घ) सन्तान की उत्पत्ति जिनके द्वारा होती है उन पर उनके पालन-पोषण की उत्तरदायित्व भी होती है। अन्य रूप से हम यह भी कह सकते हैं कि पति-पत्नी, बच्चों और निकट सम्बन्धियों का ऐसा लगभग स्थायी संगठन कहा जा सकता है जिसे विवाह, सन्तानोत्पत्ति तथा वंश नाम के आधार पर व्यवस्थित और कायम रखा जाता है।

उपर्युक्त सब लक्षण भारतीय और विश्व के अनेक समाजों के परिवार पर घटित होते हैं लेकिन जहाँ तक आदर्शों का सवाल है, भारतीय परिवार की संरचना इस दृष्टि से कुछ विशेष प्रकार की है। भारतीय परिवार के जैसे आदर्श हैं, वैसे संसार के अन्य समाजों के परिवारों में देखने को नहीं मिलते। भारतीय परिवार की संरचना कर्त्तव्य-प्रधान है जिसमें सदस्यों की संख्या का विशेष महत्त्वपूर्ण नहीं है। मूल रूप से भारतीय परिवार ऐसे व्यक्तियों का समूह है। जो सेवाभाव से एक-दूसरे के साथ रहते हैं और परिवार के प्रति अपना संयुक्त जिम्मेदारी महसूस करते हैं। भारत के परिवारों का रूप और उसके सदस्यों की अवस्था स्वच्छन्द एवं द्वितीयक सम्बन्धों तथा व्यक्तिवादिता पर आश्रित होने की अपेक्षा परम्परागत आदर्शों, प्राथमिक सम्बन्धों तथा संयुक्तता की भावना पर निर्भर है। आज भारतीय परिवार भिन्न-भिन्न परिवर्तनों के दौर से गुजर रहे हैं तब भी आदर्श और कर्त्तव्य तथा संयुक्तता की भावना को ही अधिकांशतः लिये हुए हैं। जो नाभिक या केन्द्रीय परिवार हैं, वे भी आदर्शों के जीवनयापन में अन्य किसी भी समाज के परिवारों की अपेक्षा सम्भवतः ज्यादा रूढ़िवादी हैं।

हिन्दुओं में विवाह को एक धार्मिक संस्कार के रूप में ग्रहण किया गया है, अतः परिवार भी धार्मिक व सामाजिक अवधारणा पर आधारित है। विवाह से ही परिवार बसता है, अतः जो विवाह के आदर्श और उद्देश्य होते हैं वे ही प्रायः परिवार के आदर्श और उद्देश्य बन जाते हैं। हिन्दू-विवाह की धारणा लिंग-सम्बन्धों के नियन्त्रण पर आधारित है। पति-पत्नी कामाग्नि को धार्मिक को धार्मिक रीति से किस तरह संतोषप्रद करें यह उद्देश्य निहित है। स्वभावतः हिन्दू परिवार का भी यही आदर्श बन गया है। पति-पत्नी से आशा की जाती है कि वे काम वासना की तृप्ति को ही अपना एक मात्र उद्देश्य नहीं समझें बल्कि उत्तम सन्तान की प्राप्ति के उद्देश्य

से लैंगिक सम्बन्ध स्थापित करें। क्यों उत्तम सन्तान की प्राप्ति के उद्देश्य से लैंगिक सम्बन्ध स्थापित करें चूँकि उत्तम सन्तान ही परिवार के धार्मिक कर्त्तव्यों का निर्वाह कर सकेगी। हिन्दू-विवाह में पुत्र की कामना प्रबल है। स्पष्टतः परिवार में पति-पत्नी यौन-सम्बन्धों की स्थापना प्राणि-शास्त्रीय आवश्यकता की दृष्टि से तो करते ही हैं लेकिन उनमें पुत्र की इच्छा तीव्र होती है क्योंकि वही पिता का कर्ज चुकाने, पिण्ड-दान करने आदि धार्मिक क्रियाओं का सम्पादन करता है। छोटे रूप में यह कहते हैं कि हिन्दू परिवार धार्मिक और सामाजिक विचारों की आधारशिला पर टिका हुआ है। पाश्चात्य सभ्यता और संस्कृति के सम्पर्क से जिस तरह आज हिन्दू विवाह की परम्परागत धारणाएँ शिथिल हो रही हैं, उसी तरह परिवार सम्बन्धी परम्परागत आधारशिलाएँ भी गड़बड़ा रही हैं। फिर भी वे व्यस्त नहीं हुई हैं और हमें आशा करनी चाहिए कि नये युग की माँग के अनरूप अपने को ढालते हुए भी भारतीय परिवार अपनी सांस्कृतिक विरासत हो बनाए रखेंगे।

परिवार की विशेषताएँ

परिवार की मुख्य विशेषताएँ निम्नलिखित हैं—

(1) सदस्यों का उत्तरदायित्व—परिवार से ही जिम्मेदारी की भावना का जन्म हुआ है। परिवार का सदस्य जीवनपर्यन्त परिवार की समृद्धि के लिए, अपने सुखों का बलिदान करता रहता है। अन्य किसी भी संगठन में यह सीमित होता है।

(2) सामाजिक नियन्त्रण—परिवार सामाजिक नियन्त्रण का प्रमुख अस्त्र है। परिवार के नियन्त्रण के साधन रीति-रिवाज, परम्पराएँ, सामाजिक निषेध तथा विधियाँ आदि हैं। विवाह द्वारा तय नियमों में पति-पत्नी बदलाव नहीं कर सकते। परिवार के नियन्त्रण का आधार प्रेम और भावना भी है।

(3) परिवार का अस्थायी तथा स्थायी स्वभाव—मेकाइवर ने परिवार की स्थायी और अस्थायी दोनों प्रकृतियों पर जोर दिया है। संघ अथवा स्थायी के रूप में परिवार की प्रकृतियों पर बल दिया है। संघ अथवा समिति के रूप में परिवार की प्रकृति बहुत कुछ अस्थायी है जबकि संस्था के रूप में इसकी प्रकृति स्थायी है। एक संघ या समिति के रूप में परिवार पति-पत्नी, बच्चों या कुछ अन्य निकट सम्बन्धियों का समूह मात्रा है, जिसमें विवाह विच्छेद, मृत्यु, सन्तान की शादी, नई सन्तान के जन्म आदि के कारण बदलाव आता रहता है, लेकिन एक संस्था के रूप में परिवार के कुछ नियम तथा उनकी कुछ कार्य-प्रणाली है। नियमों और कार्य-प्रणालियों की

व्यवस्था के रूप में परिवार की प्रकृति स्थायी है। परिवार के सदस्यों में या आकार में परिवर्तन आता रहे, लेकिन पारिवारिक नियमों और कार्य-प्रणालियों में व्यवस्था और स्थिरता बनी-सी रहती है। इस तरह परिवार का रूप स्थायी भी है और अस्थायी भी।

(4) **सामान्य निवास**—साधारणतया परिवार के सदस्यों का एक सामान्य निवास स्थान घर होता है। ये घर मातृ स्थानीय निवास हैं और पितृ स्थानीय निवास भी हो सकता है। भारत के खासी, गारों, नायर आदि लोगों में मातृ स्थानीय निवास (Matrilocal Residence) पाए जाते हैं। इसमें विवाह के बाद पति अपने माता-पिता का घर छोड़कर पत्नी के परिवार के साथ में रहता है। हम साधारणतः रात-दिन जिन परिवारों को देखते हैं। वे पितृ स्थानीय (Patrilocal Residence) परिवार होते हैं क्योंकि विवाह के उपरांत पत्नी पति के परिवार में आकर रहती है ऐसा भी देखने में आया है कि विवाही दम्पत्ति पति या पत्नी के परिवार में न रहकर, अपना एक नया मकान बनाकर रहने लगते हैं। डॉ. दबे के विचार में ऐसे परिवारों को 'नव-स्थानीय परिदार' की संज्ञा दी है। भारत में व्यक्तिवादी प्रवृत्ति के विकास के साथ ऐसे कुछ उदाहरणार्थ सामने आये हैं जिसमें परिवार हो क्योंकि शादी के तुरन्त बाद पति-पत्नी बिल्कुल अलग अपना नया घर बसा लेते हैं।

(5) **सार्वभौमिकता**—परिवार का संगठन सार्वभौमिक होता है जो सभी समाजों और सभी युगों में पाया जाता है। समाज चाहे सभ्य हो या असभ्य, हर समाज में इसका अस्तित्त्व है। हर व्यक्ति किसी न किसी परिवार का, सदस्य जरूर होता है। अन्य कोई भी संगठन या समूह परिवार जैसे सर्वव्यापकता का दावा नहीं कर सकता। परिवार सदैव से है और जब तक मानव जाति का अस्तित्त्व है तब तक सदैव रहेगा भी।

(6) **वंशनाम**—परिवार को वंशनाम (Nomenclature) चलाने वाली संस्था का नाम दिया जा सकता है। यह एक ऐसा प्रबंध है जिससे वंशनाम सतत चलता रहता है। परिवार में वंशनाम निर्धारण के लिए कोई न कोई नियम होता है। इस नियम के अनुकूल परिवार के बच्चों का उपनाम या वंशनाम रख दिया जाता है, जिससे भविष्य में कई पीढ़ियों तक (Surname) उस परिवार के वंशज पहचाने जाते हैं, लेकिन वंश का नाश नहीं होना चाहिए। यह वंशनाम मातृवंशीय (Matrilocal Residence) और पितृवंशीय (Patrilocal) भी हो सकता है अधिकतर सभ्य समाजों और भारत की सभी उच्च जातियों में अधिकतर वंश पिता के नाम पर ही

चलता है। खासी, गारो, नायर आदि जनजातियों में बच्चे अपने परिवार का नाम माता के परिवार के आधार पर धारण करते हैं।

(7) वैवाहिक सम्बन्ध—परिवार का जन्म स्त्री-पुरुष के वैवाहिक सम्बन्ध से होता है जिसे समाज द्वारा मान्यता प्राप्त होती है। हिन्दू परिवार में पति-पत्नी का सम्बन्ध आजीवन माना गया है और तलाक को गलत माना जाता है। पति तो तलाक का अधिकारी है, लेकिन पत्नी से जीवनपर्यन्त (पति की मृत्यु के बाद भी) पतिव्रता बने रहने की आशा की जाती है। प्राचीन वैदिक काल में पारिवारिक व्यवस्था में कुछ विशेष समस्याओं के आ जाने पर स्त्री को अधिकार था कि वह पति का त्याग कर दे, लेकिन मध्य युग में स्त्री का यह अधिकार पूरी तरह छिन गया। आधुनिक समय पारिवारिक प्रबन्ध में वैधानिक रूप से यह प्रावधान कर दिया गया है कि स्त्री भी कुछ निश्चित स्थितियों में पति को छोड़ सकती है लेकिन हिन्दुओं की मनोवृत्ति इसे मानने के पक्ष में नहीं है।

(8) आर्थिक व्यवस्था—परिवार विवाह का एक स्वरूप है कई रूपों में अस्तित्त्व रखता है। जैसे— एक विवाह, बहु-विवाह, समूह विवाह भारतीय समाज में एकविवाह परिवार तो हम प्रतिदिन के जीवन में रोज ही देखते हैं। यह विवाही परिवार भी भारत की कुछ जातियों में प्रचलित हैं। जैसे—बैंगा, टोडा, गौंड आदि जनजातियाँ बहु-पत्नी विवाह करती हैं तो हिमालय पर्वत की तराई की जनजातियों में और मलवार की नायर जातियों में बहु-पति परिवार पाए जाते हैं।

(9) भावात्मक आधार—परिवार की सदस्यता में भावना का खास महत्त्व है। परिवार यौन-सम्बन्ध, लालन-पालन, वात्सल्य, प्रेम, सहयोग, माता-पिता की सुरक्षा, आदि अनेक स्वाभाविक भावनाओं पर आधारित होता है। माता-पिता की सन्तान कामना भी इन्हीं मुख्य प्रवृत्तियों का नतीजा है।

(10) सामाजिक ढाँचे में केन्द्रीय स्थिति—परिवार सामाजिक जीवन की वह प्रमुख इकाई है जिस पर सम्पूर्ण सामाजिक ढाँचा आधारित है। वास्तव में परिवार सामाजिक ढाँचा में मुख्य स्थान रखता है। आदिम समाजों में दो परिवार का महत्त्व बहुत ही अनुपम था, यद्यपि जटिलताओं से पूर्व वर्तमान समाज में भी इनकी महत्त्व को कम करके नहीं आँका जा सकता।

(11) रचनात्मक प्रभाव—परिवार का रचनात्मक असर भी कुछ कम नहीं होता। परिवार सदस्य के चरित्र-निर्माण,तथा विकास में सहायक होकर सदस्य को योग्य बनाता है। बच्चों पर परिवार में जो संस्कार पड़ते हैं वे अमिट होते हैं और उसके भावी व्यक्तित्व का निर्माण इन्हीं संस्कारों के आधार पर होता है।

(12) सीमित आकार—परिवार अपने आकार में सीमित होता है। इसके वे ही सदस्य होते हैं जिनका सम्बन्ध किसी न किसी प्रकार रक्त से सम्बन्धित होता है। और जो मूल प्रवृत्तियों की पूर्ति के लिए सहायक सिद्ध हो सकते हैं।

परिवार के मुख्य कार्य

परिवार के मुख्य कार्य निम्नलिखित हैं—

(1) शारीरिक संरक्षण का कार्य—परिवार द्वारा शारीरिक संरक्षण या देख रेख का प्रमुख कार्य सम्पन्न किया जाता है। शारीरिक संरक्षण कार्यों में मूल कार्य निम्न हैं—

(i) बच्चों का पालन-पोषण,

(ii) बच्चों और अन्य सदस्यों की शारीरिक रक्षा,

(iii) बच्चों व अन्य सदस्यों के लिए भोजन की व्यवस्था, तथा

(iv) बच्चों व अन्य सदस्यों के लिए निवास व वस्त्रों का प्रबंध।

परिवार के ये काम इतने स्पष्ट हैं कि इन पर अधिक लिखना है। परिवार में ही मानव-संतानों का उचित ढंग से लालन होता है, बच्चों व अन्य सदस्यों की सेवा-सुरक्षा और देख-रेख की जाती है, उन्हें जीवित रखने के लिए भोजन का प्रबंध किया जाता है और धूप, सर्दी, वर्षा से बचने के लिए घर एवं वस्त्रों की व्यवस्था होती है। परिवार के अभाव में ये सब बातें व्यवस्थित ढंग से कभी नहीं रह सकेंगी और बच्चों के अकाल ही काल का ग्रास बन जाने और व्यक्तियों के सदा कष्टमय एवं अराजक बने रहने का खतरा बना रहेगा।

(2) सन्तान की उत्पत्ति और सन्तान का पालन-पोषण—जैविकीय या प्राणि-शास्त्रीय दृष्टि से ही परिवार का दूसरा काम सन्तान उत्पन्न करना है। यद्यपि परिवार के बाहर पैदा होने वाली सन्तान को समाज अस्वीकार कर देता है। इसके प्रतिकूल पति-पत्नी के रूप में संभोग द्वारा जो सन्तान उत्पन्न की जाती है उसे समाज सम्मान और वैधता देता है। परिवार में ही सन्तान का पालन-पोषण किया जाना ही मानव समाज के अस्तित्त्व और उसकी निरन्तरता के लिए सबसे अधिक प्रमुख है। मनुष्य के मर जाने पर भी परिवार कीं मदद से (सन्तानों के माध्यम से) मानव-जाति अमर हो गई है। थोड़े में, परिवार नश्वरता और अमरता को एक ही साथ धारणा किए रहने का महत्त्वपूर्ण और अद्‌भुत कार्य निभाता है।

(3) प्रजाति की निरन्तरता—जैसा कि उचित विवरण से स्पष्ट होता है कि परिवार के कारण ही प्रजाति की स्थिरता और निरन्तरता सम्भव हुई है। परिवार

संतानों व अन्य सदस्यों को शारीरिक सुरक्षा देती है। विवाह के माध्यम से परिवार संतानों को जन्म देता है और संतानों के माध्यम से मानव-जाति का प्रसार करता है। परिवार के कारण ही मनुष्य अपने वशजों के रूप में जीवित रहता है। उसका वंश फलता-फूलता रहा है और प्रजाति की निरन्तरता बनी रहती है।

(4) यौन-इच्छाओं की पूर्ति—परिवार वह संस्था है जिसमें स्त्री-पुरुष अपनी यौन-इच्छाओं की तृप्ति करते हैं। विवाह से परिवार बसता है या सामाजिक मान्यता प्राप्त तरीके से स्त्री-पुरुष लैंगिक सम्बन्ध रखते हुए साथ रहने का अधिकार पाते हैं। परिवार में रहते हुए साथ रहने का अधिकार ग्रहण करते हैं। परिवार में रहते हुए व्यक्ति यौन-क्रियाओं पर स्वयं नियन्त्रण रखता है। समाजों में यौन-क्रियाओं सम्बन्धी क्रियाओं की एक सीमा निर्धारित कर दी गई है। सभ्य समाजों में यौन-तृप्ति की दृष्टि से पारिवारिक प्रतिबन्ध बहुत ज्यादा है। भारतीय परिवार में पति-पत्नी यौन-सम्बन्धित जरूरतों की पूर्ति के तहत धार्मिक भावना करते हैं जैसे—उत्तम सन्तान, विशेषतः पुत्र की प्राप्ति होगी जो धार्मिक कर्त्तव्यों का सम्पादन करेगी। सामाजिक और धर्मशास्त्रीय आधार तो यही है, व्यवहार में पति-पत्नी यौन क्रियाओं का कोई समय तय नहीं होता है। यह भावना पर आधारित होता है।

(5) सामाजिक अथवा समाजीकरण सम्बन्धी कार्य—परिवार का दूसरा सबसे बड़ा और प्रमुख कार्य यह है कि वह प्राणिशास्त्रीय प्राणी के रूप में बालक को एक सामाजिक प्राणी में बदल देता है। परिवार सामाजिक गुणों का पालना और उनके जीवन की शाश्वत पाठशाला है। मेजिनी के कथनानुसार, "बच्चा नागरिकता का सबसे ज्यादा सबक अपनी माता के चुम्बन और पिता के दुलार से सीखता है।" परिवार में अनुकरण द्वारा बच्चा अपने जानकारी में वृद्धि करता है। जो कुछ वह अपने बाल्यकाल में सीख लेता है वही उसके जीवन को अच्छा तथा बुरा बनाता है। स्नेह, प्रेम, त्याग, मदद, विश्वास, अनुशासन, परिश्रम, नैतिकता, परोपकारिता आदि गुणों का स्थायी विकास बालक में पारिवारिक वातावरण के परिणामस्वरूप ही हो पाता है चूँकि वह भी परिवार के गुणों के आधार पर ही चलने का प्रयत्न करेगा। अगर पारिवारिक वातावरण ही दूषित हो तो बालक पर उसका कुप्रभाव भी पड़ सकता है। वास्तव में यह कहना उपयुक्त होगा कि परिवार में रहकर ही बच्चे अपनी मौलिक धारणाओं, आदर्शों और शैली का निर्माण करते हैं। यद्यपि बाह्य वातावरण और सम्पर्क भी कम प्रभाव नहीं डालता, लेकिन शुरुआत परिवार से ही होती है। परिवार में जो नींव पड़ जाती है, साधारणतया उसी नींव पर भावी महल खड़े होते हैं।

(6) मनोवैज्ञानिक कार्य—यह भी परिवार का प्राथमिक काम है कि वह अपने सदस्यों को मानसिक संतुष्टि प्रदान करे। इसकी कमी में बच्चों के व्यक्तित्त्व का विकास नहीं हो सकता और यह आशा नहीं की जा सकती कि वे देश और समाज के लिए अमूल्य सिद्ध हो सकेंगे। परिवार में ही बच्चों को माँ की ममता और पिता का संरक्षण प्राप्त होता है और भाई-बहिनों का प्यार उन पर बरसता है। परिणामस्वरूप बच्चों के मन में आत्मविश्वास, सुरक्षा और निर्भयता की भावनाएँ पनपती हैं, उन्हें मानसिक शान्ति और सुरक्षा मिलती है जिससे उनके व्यक्तित्त्व का स्वस्थ विकास हो पाता है। अधिकतर यह देखा जाता है कि जो परिवार विघटित हो गए हैं, उनके बच्चों में अपराध-वृत्तियाँ पनप गई हैं। पुनश्च, परिवार ही वह जगह है जहाँ काम-धन्धे से हारे-थके पुरुष सदस्य आकर पूरा आराम पाते हैं। बच्चों की खिलखिलाहट इनकी थकावट को दूर कर देती है और पत्नी का हार्दिक प्यार उन्हें नये उल्लास से भर देता है। अधिकतर वे व्यक्ति ही अधिक अपराधी, शराबी और जुआरी बनते हैं जिन्हें पारिवारिक सुख की प्राप्ति नहीं होती। दुर्खीम के मतानुसार, ''पारिवारिक असंतृप्ति के कारण ही व्यक्ति आत्महत्या करके अपनी असफलताओं को भूलने का कोशिश करता है।''

(7) आर्थिक कार्य—वर्तमान समाज के सम्बन्ध में यह बात सत्य है कि परिवार के आर्थिक कार्य बहुत ही प्रमुख होते हैं। सदस्य को कुछ न कुछ आर्थिक कार्य सम्पादित करने पड़ते हैं। कादर, पलियन, पनियन आदि कुछ जनजातियाँ ऐसी हैं जिनके परिवार के सब सदस्य एक साथ मिलकर फल-फूल एकत्र करते हैं जिससे अपना भरण-पोषण कर सकें। इसी तरह परिवार वहाँ उत्पादन के केन्द्र का कार्य करता है क्योंकि हर सदस्य कुटुम्ब के लिए कुछ न कुछ जीविका कमाता है। कृषि प्रधान युग में तो परिवार एक प्रमुख उत्पादन इकाई के रूप में कार्य करता ही था, लेकिन आज भी यह देखने को मिलता है कि अनेक गृह-उद्योग परिवार के आधार पर ही किए जाते हैं। भारत में ऐसे परिवारों की कमी नहीं है जिनके सदस्य परस्पर मिलकर वंशानुगत व्यवसाय करते रहते हैं। हमारे देश के गाँवों में आप जाकर यह देखेंगे कि परिवार के बड़े-छोटे सभी सदस्य खेती के कार्य में हाथ बँटाते हैं। इसी तरह यह भी पाते हैं कि जुलाहों, बढ़इयों, लोहारों आदि में परिवार के सभी सदस्य आर्थिक कामों में लगे रहते हैं।

परिवार का आर्थिक प्रमुखता श्रमविभाजन की दृष्टि से भी कम नहीं है। श्रमविभाजन की शुरुआत तो वस्तुतः परिवार से ही होती है। इसके अलावा परिवार में रहकर ही व्यक्ति उचित ढंग से कार्य करना स्वयं के क्षेत्र से एक बड़े क्षेत्र के

लिए सीखता है। अधिकतर परिवार एक पीढ़ी से दूसरी पीढ़ी के लिए व्यावसायिक ज्ञान एवं कला का विशिष्ट माध्यम होता है। अनेक परिवारों में घरेलू उद्योग-धन्धे होने पर परिवार के बच्चे माँ-बाप और भाइयों से व्यवसाय सीखते हैं।

इस दृष्टिकोण से परिवार का आर्थिक महत्त्व है कि परिवार के कमाऊ सदस्य परिवार के निर्भर, अहसाय और बेकार सदस्यों को मदद देते हैं। साथ ही परिवार सन्तुलित बजट बनाना सीखाता है, क्योंकि व्यय के विभिन्न मदों पर आय के साधनों के अनुरूप खर्च किया जाता है। भारत के संयुक्त परिवार इसके अच्छे उदाहरण हैं। अगर पारिवारिक अर्थव्यवस्था को पूरे समाज में उचित प्रकार से लागू किया जाए तो इससे अच्छी और उत्तम कोई अन्य समाजवादी अर्थव्यवस्था नहीं सोची जा सकती।

परिवार का एक प्रमुख कार्य उत्तरदायित्व को निश्चय करना है। सभी परिवारों में एक ऐसी अवस्था होती है जिससे यह तय किया जाता है कि सम्पत्ति का उत्तराधिकार किसे दिया जाय? उदाहरण के लिए हमारे देश में जो पितृ-सत्तात्मक परिवार हैं उनमें पिता की सम्पत्ति का उत्तराधिकारी पुत्र होता है और मातृ-सत्तात्मक परिवारों में सम्पत्ति का उत्तराधिकारी पुत्री होती है। इसी तरह मातृ-सत्तात्मक परिवारों में सम्पत्ति का अधिकार माता के सम्बन्ध से तथा पितृ-सत्तात्मक परिवारों में पिता के सम्बन्ध से निश्चित किया जाता है।

(8) धार्मिक कार्य—इस क्षेत्र में तो परिवार का एक एकाधिकार माना जाना चाहिए। प्रत्येक परिवार एक विशेष धर्म में विश्वास कर उससे सम्बन्धित आचरण एवं आदर्शों को अपने बालकों को सिखाता है। धार्मिक संस्कारों के बीज बालक में परिवार के अन्दर ही पड़ते हैं। इस संस्कार से उसका सम्पूर्ण जीवन प्रभावित रहता है। धार्मिक प्रवृत्ति के विकास से बच्चों में नैतिकता का विकास होता है जिससे सामाजिक जीवन में आचरण की सभ्यता आती है।

(9) सांस्कृतिक कार्य—परिवार संस्कृति को क्रमबद्धता प्रदान करने, स्थायी रखने और प्रभावपूर्ण एवं महत्त्वपूर्ण बनाने का महत्त्वपूर्ण कार्य करता है। परिवार में ही सांस्कृतिक व्यवहार की वास्तविक शिक्षा मिलती है। समाज की जीवन विधि, नैतिक और धार्मिक रीति-रिवाजों, परम्पराओं, आदर्श आदि की शुरुआती शिक्षा बालक को परिवार में ही प्राप्त होती है। सांस्कृतिक दृष्टि से परिवार का महत्त्व इसी परिवार में ही प्राप्त होती है। सांस्कृतिक दृष्टि से परिवार का महत्त्व इसी तथ्य से स्पष्ट है कि अगर पारिवारिक सदस्य अपने समाज ज्यादातर अपनी संस्कृति के अनुकूल आचरण न करे तो सभी आदर्श नियम, लोकाचार, परम्पराएँ और प्रथाएँ व्यर्थ

हो जाएँगी। चूँकि परिवार ज्यादातर वही कार्य करता है जिसको समाज की संस्कृति उचित समझती है, अतः वह संस्कृति को स्थायी और लगातार बनाने में सहायता करता है।

(10) सामाजिक नियन्त्रण—परिवारों का एक बहुत ही प्रमुख कार्य सामाजिक नियन्त्रण का है। परिवार अपने क्षेत्र में अपने सदस्यों पर नियन्त्रण रखता है पारिवारिक अनुशासन का असर सामाजिक क्षेत्र में प्रकट होता है और व्यक्ति ऐसा कोई भी कार्य करने से अधिकतर कतराता है जिससे उसके परिवार की बदनामी होने की सम्भावना हो। अन्य शब्दों में परिवार सामाजिक विघटन को रोकने के लिए एक प्रभावपूर्ण अस्त्र का कार्य करता है।

(11) मनोरंजन—परिवार मनोरंजन का भी साधन है जो गरीब लोग सिनेमा, क्लब, थियेटर आदि अनेकों मनोरंजन के साधनों का फायदा नहीं उठा पाते, उनके लिए परिवार ही मनोरंजन का केन्द्र है। बालकों की तोतली बातें, क्रिया-कलापों, मनोरंजन, पत्नी की हँसी-मजाक आदि से उनका स्वस्थ मनोरंजन होता है। खाली समय में परिवार के सदस्य एक जगह बैठकर ताश खेलने, गीत गाने, भजन-कीर्तन करने, किस्से-कहानियाँ सुनाने आदि से अपना मन बहलाते हैं। पारिवारिक मनोरंजन इतना स्वस्थ होता है कि उसके गलत प्रभाव पड़ने की बहुत कम आशंका होती है। इसके विपरीत सिनेमाओं, क्लबों, नाटकों आदि का अधिकतर नवयुवकों पर काफी कुप्रभाव पड़ते देखा गया है।

(12) पद प्रदान करना—परिवार अपने सदस्यों को विशिष्ट सामाजिक पद और भूमिका देती है। अधिकतर परिवार के आधार पर ही बहुत कुछ यह तय होता है कि उनके सदस्य किन लोगों से वैवाहिक सम्बन्ध स्थापित करेंगे, किनसे मेल-जोल बढ़ाएँगे और आजीविका कमाने के लिए किस स्तर पर काम करेंगे? भारतीय बन्धन ढील पड़ने और कर्म का महत्त्व बढ़ने के साथ-साथ बदलाव आता जा रहा है। अधिकांशतः यह देखने में आता है कि ऊँचे परिवारों के सदस्यों का जो सामाजिक पद, कार्य, विवाह-सम्बन्ध का क्षेत्र आदि होता है वह निम्न कोटि के निर्धन, शूद्र परिवारों के सदस्यों से भिन्न होता है।

(13) राजनीतिक कार्य—परिवार राजनीतिक शिक्षा का भी आरम्भ-स्थल है विशेषतः सरल और जनजातीय समाजों में परिवारों पर यह बोझ ज्यादा है। आदिम समाजों में शासन प्रबन्ध ज्यादातर कोई मुखिया करता है और मुखिया को इस काम में परिवार के बड़े-बूढ़ों के द्वारा बनी एक समिति से मदद मिलती है। एक अन्य दृष्टि से भी परिवार राजनीतिक शिक्षा का माध्यम है। इसे हम राज्य का एक छोटा-सा

स्वरूप कह सकते हैं। जिस तरह राज्य का कोई न कोई प्रधान होता है, उसी तरह परिवार में भी पिता, माता या पितामह आदि कोई न कोई मुखिया होता है। राज्य के प्रधान की ही तरह परिवार का मुखिया भी दयावान, वैधानिक या निरंकुश हो सकता है। भारत में संयुक्त परिवार के कर्त्ताओं की स्थिति ज्यादा कुछ ऐसी ही है। कर्त्ता ही परिवार का शासक, जज और जूरी होता है एवं सामाजिक, धार्मिक और सामुदायिक कार्यों में परिवार का प्रतिनिधित्व करता है। जिस प्रकार राज्य के नियमों का पालन किया जाता है, उसी तरह पारिवारिक नियमों पर पूरे परिवार का आचरण निर्भर होता है। राज्य के कार्य-विभाजन की भाँति ही परिवार में भी कार्य-विभाजन होता है। राष्ट्र के संयुक्त परिवारों में हम स्पष्ट रूप से देख सकते हैं कि सास, ननद, बहुएँ, बेटे, बाप आदि के अपने-अपने पद और कार्य हैं। उनके लिए आचरण के भिन्न-भिन्न नियम भी बने हुए हैं।

इस वर्णन से स्पष्ट होता है कि परिवार ही बच्चा को राष्ट्रीय जीवन के लिए निर्मित करता है। राष्ट्र तथा समाज की जीवनधारा सभी ही ऊँची उठ सकती जब घर की प्रतिष्ठा सुन्दर हो। परिवार एक अच्छे सामाजिक और पारिवारिक जीवन का आधार-स्तम्भ है। यह एक ऐसा मन्दिर है जहाँ वे सभी महान और उच्च बातें पाई जाती हैं जो स्वस्थ समाज और नागरिक का निर्माण करती हैं। सामाजिक संगठन के लिए परिवार का होना अधिक जरूरी है। पारिवारिक विघटन का अन्य अर्थ सामाजिक विघटन से लिया जा सकता है। जिन जनजातियों में पारिवारिक विघटन के चिह्न प्रतीत होते हैं उनमें सामाजिक विघटन अवश्य ही होने लगता है।

परिवार के जो सामान्य और विशेष कार्य ऊपर बताए गये हैं, वे करीब-करीब सभी सार्वभौमिक प्रकृति के हैं अतः जब हम भारतीय परिवारों या हिन्दू परिवारों के कार्यों की बात करते हैं, तो स्वभावतः उनके भी वे ही कार्य हैं जो ऊपर बतलाए गये हैं।

पारिवारिक बनावट की अवस्था

संसार में नाना प्रकार के परिवार दिखाई देते हैं, वे अपनी मौलिक परम्पराओं और कार्य पद्धतियों में एक-दूसरे से बहुत हद तक पृथक् हैं। ऐसा होना स्वाभाविक है क्योंकि समाज में भौगोलिक, सामाजिक और सांस्कृतिक अवस्थाएँ सदैव एक सी नहीं होतीं। एक ही समाज में विभिन्न विश्वासों, मतों और धारणाओं के लोग होते हैं। इसलिए एक ही समाज में कई प्रकार के परिवार दिखाई देते हैं। हम भारत को ही लें तो यहाँ एक-विवाही परिवार भी हैं और बहु-विवाही परिवार भी, केन्द्रीय या

नाभिक परिवार भी हैं तो संयुक्त परिवार भी। इस प्रकार पितृ-स्थानीय, मातृ-स्थानीय आदि परिवार भी यहाँ विद्यमान हैं। सही मायने में रचना और संगठन की दृष्टि से परिवार के कई वर्गीकरण न केवल भारत में बल्कि सभी देशों में देखने को मिलेंगे। इन्हीं तथ्यों के आधार पर परिवारों का वर्गीकरण आगे किया जा रहा है—

वर्गीकरण का आधार	*परिवार का प्रकार*
1. वैवाहिक रचना एवं संगठन	1. एक-विवाही परिवार 2. बहु-विवाही परिवार 3. एकाकी परिवार 4. संयुक्त परिवार, एवं 5. विस्तृत परिवार
2. अधिकार अथवा सत्ता	1. मातृ-सत्तात्मक परिवार, एवं 2. पितृ-सत्तात्मक परिवार
3. उत्तराधिकार	1. पितृमार्गी परिवार, एवं 2. मातृमार्गी परिवार
4. वंश	1. पितृनामी परिवार, 2. मातृनामी परिवार, एवं 3. द्विनामी परिवार
5. निवास या घर	1. पितृ-स्थानीय परिवार, 2. मातृस्थानीय परिवार, एवं 3. नव-स्थानीय परिवार

वैवाहिक रचना के आधार पर परिवार का वर्गीकरण

इस आधार पर परिवार के पाँच प्रकार अग्र हैं—

(1) एक-विवाही परिवार—इस परिवार के अन्तर्गत पुरुष को सिर्फ एक स्त्री से विवाह करने की स्वतन्त्रता होती है। सही मायने में नैतिक और धार्मिक दृष्टि से ये परिवार ही समुचित हैं। आधुनिक सभ्य-समाजों में ये परिवार सर्वमान्य प्रतिमान के रूप में प्रतिष्ठित होते जा रहे हैं। पूरे देश में हम रोजमर्रा के जीवन में

इसी तरह के परिवारों के सम्पर्क में आते भारत की जनजातियों में अवश्य ऐसे परिवारों की संख्या ज्यादा नहीं है।

(2) एकाकी परिवार—केन्द्रीय परिवार को प्राथमिक, सूल या नाभिक परिवार भी कहते हैं। यह परिवार का सबसे छोटा और मूलभूत रूप है जिसमें सदस्यों की संख्या बहुत ही कम होती है। ज्यादातर पति-पत्नी अविवाहित एवं बच्चों से मिलकर यह पारिवारिक इकाई बन जाती है। इस तरह के परिवार अन्य रिश्तेदारों से अलग रहते हैं। वर्तमान समाजों में ये परिवार बहुत अधिक पाए जाते हैं। कभी-कभी ऐसा भी देखने में आया है कि विवाहित पति-पत्नी के कोई सन्तान नहीं हो पाती। इन परिस्थितियों में वे किसी दूसरे की सन्तान को गोद ले लेते हैं। भारत में इस प्रकार के परिवार विकसित होते जा रहे हैं।

(3) बहु-विवाही परिवार—इन परिवारों के तहत जो एक पुरुष अथवा स्त्री द्वारा एक समय में एक से अधिक विवाह करके संगठित किए जाते हैं। इस प्रकार ये परिवार दो भागों में किए जाते हैं—बहुपत्नी परिवार (Polygamous Family) एवं बहु-पति परिवार (Polyandrous Family) बहु-पत्नी परिवार में एक मनुष्य एक से ज्यादा स्त्रियों से विवाह करता है। एक से परिवार भारत के नागा, गौण्ड, बैगा आदि जनजातीय लोगों में पाए जाते हैं। मुसलमानों में भी ऐसे परिवार अधिकता से मिलते हैं। बहु-पत्नी परिवार में एक स्त्री एक ही समय में एक से ज्यादा पुरुषों से विवाह कर सकती है। मिस्र में यह प्रथा आज भी चालू है और भारत में भी कुछ पिछड़ी हुई जातियों में यह प्रथा जीवित है। उत्तर प्रदेश के जौनसार बाबर की खस जनजाति में ऐसे परिवार अधिक पाए जाते हैं। दक्षिणी भारत की कोटा, टोडा और ल्यान जनजातियों में भी बहु-पति परिवार की प्रथा है और इसमें सभी पुरुषों का स्त्री पर समान अधिकार होता है। ये पुरुष आपस में भाई-भाई भी हो सकते हैं और यह भी सम्भव है कि उनका आकस्मिक कोई सम्बन्ध हो।

(4) संयुक्त परिवार—यह परिवार प्रणाली शुद्ध रूप से भारतीय सामाजिक संगठन की मुख्य विशेषता है। इस परिवारप्रणाली का विस्तार से विवरण किया गया है। यहाँ प्रासंगिक रूप से इतना ही लिखना पर्याप्त है कि संयुक्त परिवार में अधिकतर पति-पत्नी, उनके बच्चे, दादा-दादी, चाचा-चाची, चचेरे भाई, बच्चों की पत्नियाँ, विधवा बहिनें आदि शामिल होते हैं। ये सभी सदस्य या इनमें से कुछ एक ही मकान में रहते हैं और एक ही रसोई में सबका भोजन बनता है। परिवार के हर कमाने वाले सदस्य अपनी सामर्थ्य के अनुसार धनों का उपार्जन करता है और उसकी संयुक्त आमदनी कौटुम्बिक हितों के लिए खर्च की जाती है। संयुक्त परिवार का

आधार इस तरह संयुक्त संगठन होता है जिसमें निकट के सम्बन्धी सहयोगी के रूप में रहते हैं यद्यपि आज की जटिल आर्थिक व्यवस्था में भारत के संयुक्त परिवार विघटित होते जा रहे हैं, तथापि इनका प्रभाव और क्षेत्र सम्पूर्ण समाज में सबसे अधिक विद्यमान है।

(5) **विस्तृत परिवार**—वर्तमान जटिल आर्थिक युग में यह सम्भव नहीं रहा है कि एक वंश के सब भाई एवं निकटतम सम्बन्धी एक ही संयुक्त परिवार के रूप में रहें। वर्तमान समय में यह स्थिति सामने आ चुकी है कि एक वंश के भाई-भतीजे अपना व्यवसाय ज्यादातर अलग-अलग करने लगे हैं। वे एक साथ रहते भी नहीं हैं और उनका चौका-चूल्हा भी अलग-अलग होता हैं लेकिन उन्हीं के ही पूर्वज की सन्तान होने के कारण वे परस्पर सामाजिक रिश्ते से जुड़े रहते हैं। परिवार के इस विस्तार को 'विस्तृत परिवार' कहा जाता है। कहने का तात्पर्य यह है कि जब संयुक्त परिवार का ज्यादा विस्तार हो जाता है तो हम उसे 'विस्तृत परिवार' की संज्ञा दे सकते हैं। भारत में बिरला, टाटा आदि परिवार विस्तृत परिवारों के ही नमूने कहे जा सकते हैं।

सत्ता के आधार पर परिवार का वर्गीकरण

इस आधार पर परिवारों के अग्रलिखित आशय यह है—

(1) **मातृसत्तात्मक परिवार**—इन परिवारों में पारिवारिक सत्ता स्त्री वर्ग की होती है। परिवार की सभी नीतियाँ और शक्तियाँ अधिकतर स्त्रियों के पक्ष में स्वीकार की जाती हैं। इसका तात्पर्य यह नहीं है कि पुरुषों का कोई महत्त्व होता ही नहीं है। बल्कि पुरुष को व्यावहारिक दृष्टि में सामाजिक, राजनीतिक मामलों में सम्मानित पद प्राप्त होता है और वे पुरुषोचित अधिकारों का उपभोग भी करते हैं। यह भी सम्भव है कि अधिकारों अथवा सत्ता का उपयोग पुरुष स्त्रियों की ओर से करें। भारत में खासी, गारो, नायर आदि लोगों में इस तरह के परिवार पाए जाते हैं।

(2) **पितृसत्तात्मक परिवार**—इन परिवारों में सम्पूर्ण शक्ति पुरुष के हाथ में होती है। पुरुष ही परिवार का कार्य 'कर्त्ता' होता है। सभी पारिवारिक विषयों में पिता की ही सलाह ली जाती है और उसी का नियन्त्रण रहता है। हम लोगों के परिवार इस तरह के हैं। खरिया मील आदि जनजातियों में भी इसी प्रकार के लोग पाए जाते हैं।

उत्तराधिकार के आधार पर परिवार का वर्गीकरण

इस आधार पर भी परिवारों को विभक्त किया जाता है—

(1) पितृमार्गी परिवार—इन परिवारों में सामाजिक एवं पारिवारिक पद, उपाधियों, सम्पत्ति आदि पर पिता का ही पूर्ण अधिकार होता है। उसकी मृत्यु के बाद यह उत्तराधिकार पुत्र को मिल जाता है। भारत में हिन्दू परिवार पितृमार्गी परिवार ही हैं। खरिया, भील आदि जनजातियों में भी ऐसे परिवार पाए जाते हैं।

(2) मातृमार्गी परिवार—इन परिवारों में सम्पत्ति अधिकार माता से सम्बन्धित होते हैं। पिता से कोई सम्पत्ति पुत्र को प्राप्त नहीं होती। परिवार में माता का भाई या बहिन का लड़का या भानजा सम्पत्ति का उत्तराधिकारी हो सकता है। भारत की खासी, गारो आदि जनजातियों में मातृमार्गी परिवार पाए जाते हैं।

वंश के आधार पर परिवार के प्रकार

इस आधार पर निम्नलिखित परिवार पाए जाते हैं—

(1) पितृनामी परिवार—पितृनामी परिवार को पितृवंशीय परिवार भी कहते हैं। इनमें वंश नाम पिता के वंश के नाम पर चलता है। बच्चे पिता के कुल अथवा वंश से समझे जाते हैं। माता के वंश से नहीं। हम लोगों के परिवार इसी तरह के होते हैं।

(2) मातृमार्गी परिवार—ये मातृवंशीय परिवार भी कहे जाते हैं। इनमें वंश नाम माता के परिवार के आधार पर चलता है बच्चे पिता के नहीं अपितु माता के समझे जाते हैं। भारत में मालाबार के नायरों में ऐसे परिवार मिलते हैं।

(3) द्विनामी परिवार—जिन परिवारों में माता और पिता दोनों ही के वंश नाम परम्परागत रूप से साथ-साथ चलते हैं, उन्हें द्विनामी परिवार भी कहते हैं।

(4) उभयवाही परिवार—कुछ परिवार उभयवाही परिवार होते हैं अर्थात् उनमें वंश नाम निकट सम्बन्धियों पर समान रूप से आश्रित होता है।

डॉ. दुबे ने इन चारों ही तरह के परिवारों का अन्तर इन शब्दों में बतलाया है—"पितृनामी परिवार में किसी भी व्यक्ति का सिर्फ अपने पिता और दादा से सम्बन्ध रहता है जबकि मातृनामी परिवार में अपनी माता और नानी से। उभयवाही वंश के परिवार में एक व्यक्ति का सम्बन्ध दादा-दादी और नाना-नानी, चारों सम्बन्धियों से एकसमान होता है जबकि द्विनामी परिवार में एक ही समय सम्बन्ध दादी और नानी से तो रहता है लेकिन अन्य दो सम्बन्धियों (दादा और नाना) से नहीं।"

निवास के आधार पर परिवार का वर्गीकरण

निवास के आधार पर परिवार को अग्रलिखित तरह से बाँटा गया है—

(1) पितृस्थानीय परिवार—ऐसे परिवारों में निवास-स्थान पिता का होता है और पत्नी एवं बच्चे वहाँ जाकर रहते हैं। दूसरे अर्थ में विवाह के बाद पति-पत्नी के परिवार में जाकर नहीं रहता, बल्कि पत्नी को पति के परिवार में रहना होता है। बच्चे भी वहीं रहते हैं। हमारे परिवार इसी प्रकार के हैं। खरिया, भील आदि जनजातियों में भी इसी प्रकार के परिवार पाए जाते हैं।

(2) मातृस्थानीय परिवार—ये परिवार पितृस्थानीय परिवारों से विपरीत होते हैं। इनमें विवाह के पश्चात् पत्नी पति के यहाँ जाकर नहीं रहती जबकि पति को पत्नी के परिवार में आकर रहना पड़ता है। खासी, गारो आदि जनजातियों में एवं मालाबार के नायरों में इस प्रकार के परिवार पाए जाते हैं।

(3) नवस्थानीय परिवार—जब विवाह के उपरान्त पति-पत्नी परस्पर किसी के भी परिवार के साथ नहीं रहकर अपना अलग-अलग घर बनाकर रहते हैं तो उन्हें नवस्थानीय परिवार कहा जाता है।

वर्णनीय है कि पितृसत्तात्मक, पितृस्थानीय और पितृवंशीय परिवार आधारभूत रूप से एक ही है। केवल सत्ता, वंश, स्थान आदि के आधार पर इन्हें अलग-अलग नामों से प्रकट किया गया है। यही स्थिति मातृसत्तात्मक, मातृस्थानीय और मातृनामी परिवारों की है।

संसार के भिन्न-भिन्न समाजों में उपर्युक्त तरह के परिवार ही पाए ज़ाते हैं और लगभग इन सभी का अस्तित्त्व भारत में है।

एकाकी परिवार

आधुनिक युग में एकाकी परिवारों का प्रचलन सबसे अधिक है। एकाकी परिवार का आकार ज्यादा ही सीमित होता है। इसमें पति-पत्नी एवं बच्चे आर्थिक रूप से स्वतन्त्र होने तक ही परिवार में रहते हैं। तथा आत्मनिर्भर होने के बाद वह अपनी पत्नी एवं बच्चों के साथ भिन्न एकाकी परिवार बना लेते हैं। इन एकाकी परिवारों के प्रचलन का मुख्य कारण आधुनिक शिक्षा तथा संस्कृति का असर बढ़ती जनसंख्या के साथ आवास समस्या, बढ़ती हुई महँगाई एवं औद्योगीकरण आदि। इन एकाकी परिवारों का संगठन एकदम सरल होता है। जिस कारण से वर्तमान युग में एकाकी परिवारों का विस्तार होता ही जा रहा है।

एकाकी परिवार के लाभ

एकाकी परिवार के मुख्य लाभ निम्नलिखित हैं—

(1) स्वतन्त्रता—एकाकी परिवार में पति-पत्नी को हर तरह की आजादी होती है। गृह-निर्माण, गृह-संचालन आदि हर काम वे अपनी इच्छा के अनुसार आजादी के साथ कर सकते हैं। वर्तमान युग में नवयुवकों में शिक्षा के कारण अपने अधिकारों के प्रति जागृति बढ़ती जा रही है एवं वैचारिक मतभेदों के कारण पिछली पीढ़ी तथा नयी पीढ़ी आपसी तालमेल नहीं बैठा पा रहे हैं जिससे इन दोनों के बीच फासला बढ़ता जा रहा है। नयी पीढ़ी वर्तमान शिक्षा के आधार पर फैशन, नई वैज्ञानिक प्रगति के आधार पर सपनों की दुनिया बसाना चाहती है। इन सबको पाना एवं पूरा करने की आजादी एकाकी परिवार में ही सम्भव हो सकती है।

(2) आत्मनिर्भरता—जब पति-पत्नी एकाकी परिवार के रूप में रहना चाहते हैं तो उसके लिए यह आवश्यक है कि वे दोनों आर्थिक रूप से आत्मनिर्भर बनें। इसके लिए ये परिवार अपना आलस्य त्यागकर अपने जिम्मेदारी को समझने लगते हैं चूँकि परिवार का पूरा आर्थिक संचालन उन्हें स्वयं करना होता है। अतः आत्मनिर्भर बनना परम जरूरी हो जाता है। आत्मनिर्भर होने की अवस्था में ही उनकी स्वतन्त्रता कायम रह सकती है।

(3) उच्च जीवन-स्तर—एकल परिवार में पति-पत्नी को यह बात भलीभाँति ज्ञात होती है कि वे जितनी भी आय उपार्जित करेंगे उन सबको वे अपनी जरूरतों को पूरा करने में व्यय कर सकते हैं जिससे उनका जीवन सरल और सुखमय रह सकता है इसलिए वे ज्यादा परिश्रम करके अपने जीवन-निर्वाह के स्तर को उच्च बनाने को हमेशा कोशिश करते रहते हैं । इस तरह एकल परिवार रहन-सहन के स्तर में वृद्धि की ओर अग्रसर हो जाता है समाज में गरीबी कम हो जाती है और समाज ज्यादा सुदृढ़ और सभ्य बनता जाता है।

(4) द्वेष-कलह के स्थान पर प्रेम एवं स्नेह का विकास होता है—जब पूरा परिवार एक साथ मिलकर रहेगा तो स्वाभाविक रूप से परिवार में लड़ाई-झगड़े सामान्य तौर पर होते रहते हैं । यदि एक सदस्य गाली देता है तो दूसरा सदस्य दो गाली देने का प्रयास करता है अर्थात् ईंट का जवाब पत्थर से देने का प्रयास किया जाता है। इस तरह सदस्यों में क्लेश बढ़ता ही जाता है। लेकिन एकल परिवार होने पर वे ही सदस्य संयुक्त परिवार के अन्य सदस्यों के साथ कभी-कभी तथा खास मौके पर मिलते रहते हैं जिससे मातृत्व भाव में बढ़ोतरी ही होती है। एकल परिवार के सदस्यों में से किसी एक सदस्य द्वारा कुछ ज्यादती हो भी जाती है तो दूसरा सदस्य मौन रह जाता है चूँकि वे जानते हैं कि दो-चार दिन बाद वापस उन्हें पृथक्-पृथक्

अपने-अपने घरों पर चले जाना है। इस तरह एकल परिवार से प्रेम तथा स्नेह में बढ़ोत्तरी ही होती है घटती तो कभी नहीं।

(5) व्यक्तिगत विकास का मौका–एकल परिवार को चलाने एवं उसको अपनी इच्छानुसार ढालने के लिए पति-पत्नी पूरी तरह से आजाद होते हैं। ये परिवार अपनी उत्तरदायित्व के प्रति ज्यादा जागरूक होते हैं। फलतः ये स्वयं अपना एवं अपने बच्चों के व्यक्तित्त्व का विकास ज्यादा अच्छी तरह से करने का प्रयास कर सकते हैं। वे बच्चों को उचित वातावरण प्रदान भी करने का प्रयास करते हैं।

(6) कार्यशीलता में वृद्धि–एकाकी परिवार में परिवार की हर जिम्मेवारी का वहन पति-पत्नी दोनों को करना होता है ये लोग संयुक्त परिवार के व्यावसायिक बन्धनों में बँधे नहीं होते हैं परिणामस्वरूप जहाँ भी नौकरी का अच्छा अवसर मिलता है वे उस अवसर का पूरा-पूरा लाभ उठा लेते हैं। परिवार छोटा होने से उन सभी को कोई विशेष परेशानी नहीं होती है।

इस तरह एकल परिवार हर व्यक्ति को जिम्मेदारी वहन करने वाला एक जागरूक इन्सान बनाने में सहायता करता है जिसके कारण आखिर में सम्पूर्ण समाज लाभान्वित होता है।

एकल परिवार के अवगुण

एकल परिवार के प्रमुख अवगुण निम्नलिखित हैं–

(1) बच्चों की उपेक्षा–ज्यादातर एकल परिवारों में आर्थिक जिम्मेदारियों को वहन करने के लिए पति के साथ-साथ पत्नी को भी धनोपार्जन करने होते हैं। इसके लिए वह नौकरी आदि भी कर लेती है। ऐसी स्थिति में बच्चों को घर पर सूनापन तथा अकेलापन महसूस होने लगता है। किसी बड़े बुजुर्ग का नियन्त्रण नहीं होने के कारण बच्चों में अनुशासनहीनता तथा उच्छृंखलता बढ़ने लगती है। माँ-बाप रुपये पैसे से बच्चों की आवश्यकताओं को पूरा करना चाहते हैं जबकि बच्चों को माँ-बाप के प्यार तथा स्नेह की जरूरत होती है। ऐसी अवस्था में यदि घर पर दादा-दादी तथा अन्य कोई भी बड़ा व्यक्ति होता है तो उन पर आवश्यक नियन्त्रण के साथ-साथ प्रेम एवं स्नेह भी प्रदान किया जा सकता है। फलतः बच्चों को उपेक्षा का शिकार नहीं होना पड़ता है।

(2) मनोरंजन के साधनों की कमी–सीमित सदस्यता, एकाकी परिवार में सदस्यों के अन्दर अकेलापन अनुभव होने लगता है एवं पर्याप्त मनोरंजन नहीं मिलने की वजह से मनुष्य एक सामाजिक प्राणी है और उसका समाज के बिना रहना संभव

नहीं है। अतः वह अपने बोरियत को दूर करने के लिए अनेक बार गलत रास्ते पर भी चला जाता है।

(3) अल्प व्यय का अभाव—एकल परिवार में हर जरूरी वस्तु अलग-अलग खरीदनी पड़ती है एवं उच्च शृंखला स्वभाव के कारण वह अपनी मनमानी करना शुरू कर देता है जिससे व्यय में बढ़ोत्तरी के साथ मितव्ययिता का प्रश्न उठना भी स्वभाविक हो जाता है।

(4) स्वार्थ भावना में वृद्धि—एकल परिवार का आकार सीमित होता है जिस कारण से इसके सदस्य स्वयं अपने बारे में ही अधिक सोचते हैं इसलिए उनका नजरिया बहुत संकुचित हो जाता है। वे मात्र अपने और अपने बच्चों के भविष्य के बारे में सोचते रहने के कारण वे इतने ज्यादा स्वार्थी हो जाते हैं कि आखिर में वे सिर्फ स्वयं के बारे में ही सोचते हैं।

(5) सामाजिक असुरक्षा—एकल परिवार में व्यक्ति को सामाजिक सुरक्षा प्राप्त नहीं हो पाती है क्योंकि सामान्य रूप से एकल परिवार में कमाने वाला एक ही व्यक्ति होता है अगर किसी कारण से इस कमाने वाले के आमदनी के साधन समाप्त हो जाएँ तथा मृत्यु हो जाए तो ऐसी स्थिति में सारा परिवार असहाय हो जाता है, उनकी सारी सुख-सुविधाएँ पूरी तरह खत्म हो जाती हैं एवं परिवार अपने को अनाथ समझने लग जाता है।

(6) उचित मार्गदर्शन की कमी—नव-विवाहित जब विवाह के उपरांत अपना अलग घर बसा लेते हैं तो उन्हें घर सम्बन्धी समस्त जिम्मेदारियों को स्वयं वहन करना पड़ता है लेकिन ऐसी जिम्मेदारियों को वहन करने का उन्हें पहले से कोई अनुभव नहीं होता है। परिवार में कोई बुजुर्ग सदस्य तो होता नहीं है फलतः उन्हें अनुभव एवं मार्गदर्शन के कमी में कभी-कभी काफी हानि का सामना करना पड़ता है।

(7) पति-पत्नी में तनाव—प्रायः परिवार में बुजुर्ग नहीं होने के कारण पति तथा पत्नी दोनों ही अक्खड़ हो जाते हैं यदि पत्नी कमाती है तो ऐसी स्थिति में और भी अधिक अक्खड़ता पैदा हो जाती है। दोनों ही व्यक्ति ऊँची आवाज में बोलकर एक-दूसरे को नीचा दिखाना अपना कर्त्तव्य समझने लगते हैं दोनों में साथी भावना के बजाय एक तरह की शत्रुता की भावना पनपने लगती है जिस वजह से बच्चों पर उनका गलत प्रभाव पड़ने लगता है और उनका विकास भी रुक जाता है। कभी-कभी ऐसी स्थिति का अन्त तलाक के रूप में भी हो जाता है जिससे एकाकी परिवार पूर्ण रूप से विघटित होकर समाप्त हो जाता है।

संयुक्त परिवार : एक परिचय

संयुक्त परिवार भारतीय सामाजिक संगठन और हिन्दू परिवार की एक प्रमुख विशेषता है। एक आदर्श संयुक्त परिवार के सदस्यों में एक-दूसरे के प्रति मदद और जिम्मेदारी की जो भावना पाई जाती है, वह किसी भी समाज और राष्ट्र के लिए गौरव का विषय है। संयुक्त परिवार में समाजवाद एवं समूह कल्याण के सुन्दर आदर्श संयुक्त परिवार में देखने को मिलता है। जहाँ अन्य परिवारों का रूप और उनके सदस्यों की अवस्था स्वच्छन्द व्यक्तिवादी है वहाँ संयुक्त परिवार के सदस्य 'संयुक्तता' की भावना से ओत-प्रोत होते हैं। प्रख्यात विद्वान् मैक्समूलर के मतानुसार, 'भारत की आदि-परम्परा' कहा है। यह सच भी है चूँकि बहुल पुरातन काल से सामाजिक धरोहर है। भारतीय संस्कृति के सभी आदर्श तत्त्वों का यह पूंज है—समन्वय, सहिष्णुता, त्याग, धर्म-परायणता, मानवता, निरन्तरता आदि सभी आदर्श और शक्तिशाली तत्त्वों को यह अपने में सँजोए हुए है।

पर ये सभी बातें आदर्श संयुक्त परिवार पर लागू होती हैं, हर पर नहीं यह सारा सैद्धान्तिक ताना-बाना है जो व्यवहार में कुछ ही संयुक्त परिवारों में देखने को मिलता है, अन्यथा अधिकांश संयुक्त परिवारों की कहानी कुछ दूसरी ही है। यदि देश के संयुक्त परिवार उन आदर्शों पर आचरण करें जो ऊपर बताए गए हैं, तो हमारे समाज और राष्ट्र का कितना कल्याण हो सकेगा, इसकी कल्पना भी नहीं की जा सकती है। वह भारत का दुर्भाग्य ही कहा जाएगा कि यहाँ के संयुक्त परिवार अपने पुराने आदर्शों को विस्मृत कर रहे हैं। पाश्चात्य सभ्यता और संस्कृति की भौतिक चकाचौंध ने उन्हें मार्गच्युत कर दिया है। फलतः वे अपनी अच्छाइयाँ खोते जा रहे हैं। व्यक्तिवादी धारणा संयुक्त परिवार पर धन की चोट कर रही हैं। अनेक कारणों से हिन्दू-समाज के संयुक्त परिवार बिखरने लगते हैं। उनका आदर्श स्वरूप केवल किताबों की कहानी बनकर रह गया है। तात्पर्य जरूरी हो सकते हैं।

संयुक्त परिवार का अर्थ

साधारणतया संयुक्त परिवार हम उसे कहते हैं जिसमें पति-पत्नी उनके बच्चे उनकी पुत्र-वधुएँ, चाचा-चाची, दादा-दादी, चचेरे भाई, विधवा बहनें आदि सम्मिलित हो सकते हैं। वे एक ही मकान में रहते हैं और एक ही रसोई में सभी का भोजन बनता है। कमाई करने वाले सदस्य अपनी सामर्थ्य के अनुकूल धनोपार्जन करते हुए सम्पूर्ण परिवार का व्यय के सम्बन्धी सहयोगी के रूप में रहते हैं।

जहाँ तक समाजशास्त्रीय रूप में संयुक्त परिवार की व्याख्या का प्रश्न है, विद्वान् एक मत नहीं हैं। यहाँ कुछ प्रमुख परिभाषाओं के द्वारा इसे स्पष्ट करने का प्रयास किया जा रहा है–

डॉ. देसाई के विचारानुसार–"संयुक्त परिवार वह होता है जिसमें अनेक पीढ़ियों के सदस्य एक साथ रहते हैं और सम्पत्ति, आय एवं पारस्परिक अधिकारों और दायित्वों के द्वारा एक-दूसरे से सम्बन्धित होते हैं।"

बुलेटिन ऑफ क्रिश्चियन इन्स्टीट्यूट के कथनानुसार–"संयुक्त परिवार से हमारा मतलब उस परिवार से है जिसमें अनेक पीढ़ियों के सदस्य एक-दूसरे के प्रति पारम्परिक कर्त्तव्य-परायणता के बन्धन में बँधे रहते हैं।"

डॉ. इरावती कर्वे के लेखानुसार–"संयुक्त परिवार उन व्यक्तियों का समूह है जो सामान्यतः एक ही भवन में निवास करते हैं, एक ही रसोई में पका भोजन करते हैं, सामान्य पूजा में भाग लेते हैं एवं किसी न किसी रूप में एक-दूसरे के रक्त सम्बन्धी होते हैं।"

डॉ. सी. दुबे के मतानुसार–"अगर कोई मूल परिवार एक साथ रहते हों और उनमें निकट का नाता हो, वे एक ही स्थान पर भोजन करते हों एवं एक आर्थिक इकाई के रूप में कार्य करते हों तो उनके सम्मिलित रूप को संयुक्त परिवार कहा जाता है।"

जॉली के विचार में–"संयुक्त परिवार में न केवल माता-पिता और सन्तानों, भाई एवं सौतेले भाई, सामान्य सम्पत्ति पर रहते हैं जबकि कभी-कभी इनमें कई पीढ़ियों तक की सन्तानें, पूर्वज और समानान्तर सम्बन्धी भी शामिल रहते हैं।"

इन परिभाषाओं से स्पष्ट है कि सभी विद्वानों ने संयुक्त परिवार का अर्थ स्पष्ट नहीं किया है। डॉ. कर्वे की परिभाषा के आधार पर यद्यपि संयुक्त परिवार की प्रकृति को स्पष्ट करती है लेकिन साथ ही इससे यह भ्रम भी होता है कि क्या ऐसे परिवार का निर्माण सिर्फ रक्त-सम्बन्धियों के द्वारा ही होता है। कभी-कभी यह भी देखने में आता है कि कितनी ही बार पत्नी के भाई-बहिन या दूसरे निकट सम्बन्धी भी परिवार के सदस्य बन जाते हैं। यद्यपि पारिवारिक सम्पत्ति में उनका हिस्सा नहीं होता है लेकिन व्यवहारतः वे उस परिवार के अभिन्न अंग होते हैं। हम उन्हें संयुक्त परिवार के सदस्यों से पृथक् मानकर नहीं चल सकते।

डॉ. देसाई की परिभाषा के आधार पर संयुक्त परिवार गठन की दृष्टि से सामान्य रसोई और सामान्य निवास को इतना महत्त्व नहीं दिया है जितना पीढ़ी की गहराई को। इस प्रकार हम ऐसे परिवारों को संयुक्त परिवार नहीं मान सकते जिसमें

दो भाई एक साथ रहते हों, भोजन करते हों और आय और सम्पत्ति की दृष्टि से भी संयुक्त हों। हकीकत में यह धारणा अनुपयुक्त है क्योंकि इससे संयुक्त परिवार प्रणाली का क्षेत्र बहुत सीमित हो जाता है बल्कि व्यावहारिक रूप से इसका क्षेत्र कहीं ज्यादा व्यापक है।

वास्तव में संयुक्त परिवार के अर्थ को किसी निश्चित परिभाषा में बाँध देना बड़ा मुश्किल है। इसे तो हम इसके सामान्य लक्षणों से ही भलीप्रकार समझ सकते हैं। साधारणतया यह कहा जा सकता है कि संयुक्त परिवार का आधार संयुक्त संगठन होता है जिसमें निकट के नाते-रिश्तेदार सम्मिलित रहते हैं और समाजवादी आधार पर सभी सदस्य सामान्य सम्पत्ति का प्रयोग करते हैं एवं परस्पर असीमित जिम्मेदारी की भावना से बँधे रहते हैं। इस तरह की परिभाषा समाजशास्त्रीय नजरिये से है। जहाँ तक कानूनी दृष्टिकोण का सवाल है, यह आवश्यक नहीं होता कि किसी संयुक्त परिवार के सब सदस्य एक ही रसोई में पका कर भोजन करते हों, पूजा तथा उपासना की दृष्टि से संयुक्त हों और सम्पत्ति में भी संयुक्त अधिकार रखते हों, अगर ये बातें न हों, तब भी एक परिवार कहा जा सकता है। हिन्दू कानून में संयुक्त परिवार के तहत उन सब लोगों को गिना गया है जो एक बराबर पूर्वज के वंशज हों (जिनमें उनकी पत्नियाँ और अविवाहित लड़कियाँ भी सम्मिलित हैं)। उन्हें संयुक्त रूप में एक संयुक्त परिवार तभी तक माना जाता है जब तक यह प्रमाणित न हो जाए कि परिवार के सदस्य विभाजित हो गए हैं। सम्पत्ति संयुक्त हो तो ठीक है, लेकिन यदि न हो तो भी परिवार संयुक्त बना रहता है। इसी प्रकार अगर भोजन और पूजा की दृष्टि से परिवार के सदस्य पृथक् हों तो भी एक हिन्दू परिवार संयुक्त रह सकता है। अन्य अर्थ में यह हुआ कि साधारणतया संयुक्त परिवार के सदस्य संयुक्त सम्पत्ति, भोजन और पूजा के आधार पर संयुक्त रहते हैं लेकिन ऐसा न होने पर भी परिवार का संयुक्त रूप बना रह सकता है।

संयुक्त परिवार के गुण

संयुक्त परिवार के प्रमुख गुण अग्रलिखित हैं—

(1) **बड़ा आकार**—संयुक्त परिवार के सदस्यों की संख्या अधिक होती है। साधारणतः ऐसे परिवारों में तीन पीढ़ी और कभी-कभी चार-पाँच पीढ़ियों तक के रक्त सम्बन्धी और विवाह सम्बन्धी एक साथ रहते हैं। परिणामस्वरूप परिवार की सदस्य संख्या कभी-कभी 40-50 से भी ज्यादा हो जाती है। हम अपने प्रतिदिन के जीवन में अनेक ऐसे परिवारों के सम्पर्क में आते हैं जिनमें पिता, पुत्र, उसके पुत्र, इनसे

सम्बन्धित स्त्रियाँ और दूसरे नाते-रिश्तेदार सम्मिलित होते हैं। हिन्दू संयुक्त परिवार का परम्परागत स्वरूप यही है।

(2) सामान्य निवास—इसका स्पष्ट रूप यह है कि सारा घर, परिवार हर सदस्य के लिए खुला रहे। कानूनी नजरिये से भी संयुक्त परिवार का एक साधारण निवास होना चाहिए। अलग-अलग घर में अलग से रहने वाले व्यक्तियों से तो मुख्य अथवा केन्द्रीय परिवारों (Nuclear or Primary Families) का निर्माण होता है। हम अनेक मूल परिवारों के संकलन को तब तक संयुक्त परिवार की संज्ञा नहीं दे सकते जब तक एक ही परिवार के सदस्यों के रूप में वे एक साथ न रहते हों। यदि हम दूर-दूर तक छिटके मुख्य परिवारों को संयुक्त परिवार कहने लगेंगे तो सारे विश्व के अधिकांश मूल परिवार संयुक्त परिवार ही बन जाएँगे। इसके अतिरिक्त अगर संयुक्त परिवार का लक्षण सामान्य निवास स्थान न होगा तो बड़े आकार और सम्मिलित सम्पत्ति के लक्षणों का भी कोई महत्त्व नहीं रह जाता।

(3) संयुक्त सम्पत्ति—संयुक्त परिवार में सदस्यों की सम्पत्ति संयुक्त होती है। यह स्थिति तब तक कायम रहती है जब तक कोई सदस्य परिवार से नाता न तोड़ ले और सम्पत्ति में हिस्से की माँग न करे। परिवार के सदस्य जो भी धनोपार्जन करते हैं, उसका खर्च या उपयोग व्यक्तिगत लाभ के लिए न होकर सभी के सामान्य लाभ के लिए किया जाता है। सदस्यों की आय का एक साधारण कोष होता है जिसमें से सारे परिवार का व्यय चलता है। इस सम्बन्ध में इस बात का महत्त्व नहीं होता कि किसने कितना कमाया है? महत्त्व तो परिवार के सदस्यों की आवश्यकता का है। मूल उद्देश्य यही रहता है कि परिवार के सभी सदस्य, चाहे वे कमा रहे हों या न हों, चाहे पुरुष हों या स्त्री परिवार में उपलब्ध सभी तरह की सुख-सुविधाओं का आवश्यकतानुसार प्रयोग करें हकीकत में केवल संयुक्त परिवार में ही यह विशेषता पाई जाती है कि परिवार के सदस्य अधिकारों के लिए लड़ते नहीं हैं बल्कि एक-दूसरे के लिए त्याग करने में ही विश्वास रखते हैं। यही भावना परिवार को संगठित बनाए रखती है और सभी सदस्यों का उचित ढंग से पालन-पोषण होता रहता है। जब भी सम्पत्ति के विभाजन की बात उठती है तभी परिवार का विघटन शुरू हो जाता है। कानूनी परिभाषा भी इसी बात को स्वीकार करता है कि संयुक्त सम्पत्ति से परिवार के संयुक्त रूप को सहारा जरूर मिलता है। संयुक्त परिवार में सम्पत्ति परिवार की होती है न कि एक व्यक्ति की।

(4) सहयोगी व्यवस्था—आपसी सहयोग संयुक्त मदद संयुक्त परिवार का आधार है। यदि सदस्यों में सहयोग न होगा तो कमाऊ सदस्य दूसरों के लिए अपने

धन का व्यय नहीं होने देंगे, सब अपने ही हित के नजरिये से सोचेंगे और परिवार का निर्धारित रूप से विघटन हो जाएगा। संयुक्त परिवार तो अपने संगठन में समाजवादी प्रकृति के लिए होता है। कहने का आशय यह है कि सभी व्यक्ति आवश्यकतानुसार सुविधाएँ प्राप्त करते हैं और अपनी क्षमतानुसार काम करते हैं। हर किसी के लिए और सभी तरह स्वर्णिम नियम संयुक्त परिवार का आदर्श होता है। यही कारण है कि जिन विविध आर्थिक सामाजिक कार्यों को दूसरे तरह के परिवार नहीं कर पाते उन्हें करना संयुक्त परिवार के लिए ज्यादा आसान काम है। इसी आदर्श के कारण पारिवारिक संगठन बना रहता है। वास्तव में संयुक्त परिवार सामूहिक शक्ति का प्रतीक है।

(5) सामाजिक और धार्मिक कर्त्तव्य—संयुक्त परिवार के सभी सदस्य सामान्यरूप से एक ही धर्म को मानते हैं और तत्सम्बन्धी कर्त्तव्यों को सामूहिक रूप से निभाते हैं। सामान्य पूजा और धर्म के कारण वे एक-दूसरे से जुड़े रहे हैं। दैनिक पूजा, त्यौहारों के अवसर पर पूजा, संस्कार, श्राद्ध आदि के कारण परिवार के सदस्यों में भावात्मक एकता पनपती रहती है। सामाजिक कर्त्तव्यों में भी सभी सदस्यों का सम्मिलित सहयोग रहता है। साथ-साथ सामाजिक उत्सव और त्यौहार मनाते हैं एवं विवाह आदि के समय अपने को संयुक्त रूप से उत्तरदायी समझते हैं। इस तरह की प्रवृत्ति विशिष्ट रूप से ग्रामीण संयुक्त परिवारों में देखने को मिलती है। ग्रामीण श्रमिक शहरों में काम करते हैं लेकिन उत्सवों आदि पर तथा अन्य पारिवारिक संस्कारों के समय शहर छोड़कर गाँव जरूर जाते हैं जिससे वे परिवार के अन्य सदस्यों के साथ शामिल हो सकें और आवश्यक कार्यों में हाथ बँटा सकें। संयुक्त परिवार में धर्म जीवन का आधार होता है, अतः कुछ लोग इसे रूढ़िवादी संस्था मानते हैं लेकिन वे भूल जाते हैं कि परिवार की धार्मिक क्रियाएँ एक ओर तो सदस्यों में आध्यात्मिकता का संचार करती हैं और दूसरी ओर उनकी सामूहिकता को उत्साहित करती हैं जिससे वे परिवार में ही बने रहना अच्छा समझते हैं। संयुक्त परिवार का यह आधार इसे पाश्चात्य परिवारों से पृथक् करता है। यह सम्भव है कि परिवार के एक या दो सदस्य धार्मिक मामलों में कुछ स्वतन्त्र हों लेकिन उनका आचरण ऐसा नहीं होता जो परिवार को विघटन के रास्ते पर ले जाए। उनकी व्यक्तिगत आस्था पारिवारिक आस्था के मार्ग में अवरोध पैदा नहीं करती है।

(6) कर्त्ता की प्रधानता—संयुक्त परिवार में कर्त्ता को सर्वोच्च स्थान दिया जाता है। पारिवारिक नीतियों का बोझ मुख्य रूप से उसी के सिर पर होता है। वह सदस्यों के बीच काम का विभाजन करता है और उन्हें कर्त्तव्यों के प्रति जागरूक

रखता है। वह यह देखता है कि परिवार के सदस्य पारिवारिक नियमों और सांस्कारिक जिम्मेदारी को पूरा करें। कुछ विद्वानों ने कर्त्ता को अधिनायक बताने की कोशिश किया है जबकि हकीकत यह है कि वह निरंकुशता से नहीं बल्कि प्रेम से परिवार पर अनुशासन करता है। परिवार के सदस्य उसके प्रति श्रद्धा रखते हैं और उसकी इज्जत करते हैं एवं वह भी ज्यादा मौकों पर परिवार के समझदार और वयस्क सदस्यों से सुझाव लेकर ही कोई निर्णय लेते हैं। यह स्थिति सारे परिवार के लिए फायदेमंद होती है क्योंकि किसी निर्णय की अच्छाई-बुराई का सेहरा कर्त्ता के माथे ही बँधता है। उत्सवों, विवाहों आदि के मौकों पर अगर कोई कमी रह जाती है तो परिवार के सदस्य यह कहकर रिश्तेदारों की ताड़ना से बच जाते हैं कि 'दादा' या 'बाबा' ने जो कहा हमने तो वैसे ही किया है। परिवार का कर्त्ता अधिकतर बुजुर्ग होता है और दूसरे रिश्तेदार अपनी नाराजगी को पी जाते हैं।

(7) एक उत्पादक इकाई—परम्परात्मक आधार पर संयुक्त परिवार एक है। परिवार के सभी सदस्य खेत में साथ-साथ कार्य करते हैं। जुलाहों, लुहारों, बढ़इयों आदि में भी सम्पूर्ण परिवार अधिकतर एक ही उत्पादक इकाई के रूप में काम करते हैं। उत्पादन का सारा काम पारिवारिक आधार पर होता है जिसमें स्त्री, पुरुष, बालक सब हाथ बँटाते हैं और जो कुछ भी कमाई होती है उसका मिलकर उपयोग करते हैं।

(8) तुलनात्मक स्थायित्व—यद्यपि सभी परिवारों में स्थायित्व का गुण होता है, किन्तु संयुक्त परिवार अपेक्षाकृत कहीं अधिक स्थायी सिद्ध होते हैं। अन्य परिवारों की अपेक्षा आर्थिक स्थिरता और सांस्कृतिक निरन्तरता अधिक पाई जाती है। ऐसा होने के कारण भी स्पष्ट हैं—पहले संयुक्त परिवार में एक से ज्यादा कमाने वाले होते हैं और उनकी कमाई से परिवार का व्यय बराबर चलता है तथा किसी भी एक सदस्य की कमाई के बन्द हो जाने से परिवार में किसी भी तरह की कोई परेशानी नहीं आती है। दूसरा, परिवार में किसी एक अथवा दो व्यक्तियों की मृत्यु वृद्धावस्था अथवा बेरोजगारी के कारण परिवार की संरचना विघटन नहीं हो पाती तीसरा परिवार में अनेक पीढ़ियों के सदस्यों के साथ-साथ रहने से सांस्कृतिक विशेषताएँ लगातार एक से दूसरे के हाथ में जाती रहती हैं। परम्परागत आचार-व्यवहार पिता से पुत्र को और पुत्र से उसके पुत्र को मिलते रहते हैं। इस प्रकार के हस्तान्तरण की वजह से हर संयुक्त परिवार का एक विशेष सांस्कृतिक प्रतिमान बन जाता है और एक स्थायी संस्था के रूप में इसका असर बना रहता है। इसी कारण जहाँ समाज की भिन्न-भिन्न संस्थाओं में महत्त्वपूर्ण बदलाव होते रहते हैं, वहाँ संयुक्त परिवारों का

स्वरूप अधिकतर बहुत कम बदलता है। आज भारत में संयुक्त परिवारों की संख्या पहले से कम निश्चित होती जा रही है, लेकिन उनके परम्परागत स्वरूप में ज्यादा बदलाव नहीं हुए हैं।

(9) सदस्यों में एक निश्चित संस्कार—संरचनात्मक नजरिये से संयुक्त परिवार में सदस्यों की अवस्था, अधिकार आदि में एक-दूसरे से अलग होते हैं और इसमें अधिकतर कोई बदलाव नहीं होता। परिवार में मुखिया को सबसे उच्च स्थान दिया जाता है। दूसरा स्थान मुखिया की पत्नी का होता है और यही समस्त धार्मिक क्रियाओं का संचालन करती है। परिवार की दूसरी स्त्रियाँ उसका कहना मानती हैं। तीसरा स्थान मुखिया के छोटे भाइयों का होता है। वे कर्त्ता के मददगार के रूप में काम करते हैं। चौथा स्थान कर्त्ता के सबसे बड़े पुत्र का होता है। इसी तरह क्रमशः कर्त्ता के माता-पिता, पुत्र-वधुएँ, पुत्रियों आदि के स्थान तय होते हैं तथा विधवाओं की स्थिति सबसे नीची होती है। इस तरह सदस्यों का यह संस्तरण अधिकतर बिना किसी बदलाव के चलता रहता है।

उपर्युक्त सभी प्रमुख लक्षण संयुक्त परिवारों को दूसरी तरह के परिवारों से कोई आवश्यक नहीं होता है कि इन सभी लक्षणों के उपस्थित होने पर ही कोई परिवार 'संयुक्त' परिवार में विद्यमान रहते हैं। ऐसे परिवारों का सबसे बड़ा गुण पारस्परिक एकता और कर्त्तव्यपरायणता का है। जब तक सदस्य इस सूत्र से जूड़े हुए हैं तब तक परिवार का विभाजन नहीं हो सकता। ऋग्वेद में संयुक्त परिवार के मर्म को इन शब्दों में ठीक तरह से बतलाया गया है कि 'मनुष्य को एक साथ चलना चाहिए, एक साथ बोलना चाहिए और एक-दूसरे के मन को अच्छी तरह समझना चाहिए।'' आधुनिक समय में संयुक्त परिवारों का विभाजन ज्यादातर इसलिए हो रहा है कि सदस्यों में व्यक्तिवादी मनोवृत्ति बहुत ज्यादा जाग्रत हो गई है। यह मनोवृत्ति जब सामूहिक आचार-विचार पर प्रहार करने लगती है तो परिवार के सदस्यों का एक साथ मिलजुल कर रहना कठिन हो जाता है।

संयुक्त परिवार का वर्गीकरण

संसार में सभी जगहों पर संयुक्त परिवारों का स्वरूप एक जैसा नहीं है। कहीं पितृवंशीय और पितृ-सत्तात्मक संयुक्त परिवार हैं तो कहीं-कहीं मातृवंशीय और मातृ-सत्तात्मक संयुक्त परिवार भी मौजूद हैं। इसी प्रकार मिताक्षरा और दायभाग से प्रभावित संयुक्त परिवार भी बड़ी संख्या में है। भारत में संयुक्त परिवार के जो भी प्रकार हैं। उन्हें इस प्रकार स्पष्ट किया जा सकता है—

(1) पारिवारिक सत्ता के आधार पर–

(क) पितृसत्तात्मक अथवा पितृवंशीय संयुक्त परिवार

(ख) मातृवंशीय अथवा मातृ-सत्तात्मक संयुक्त परिवार

(2) साम्पत्तिक अधिकार के आधार पर–

(क) मिताक्षरा से प्रभावित संयुक्त परिवार

(ख) दायभाग से प्रभावित संयुक्त परिवार

प्रस्तुत है इनका संक्षिप्त विवरण–

(1) पारिवारिक सत्ता के आधार पर–

(क) पितृसत्तात्मक अथवा पितृवंशीय संयुक्त परिवार–यह भेद पारिवारिक सत्ता के आधार पर है। ये वे संयुक्त परिवार हैं जिनमें सत्ता या ज्यादातर पति के हाथ में रहता है। वंश-परम्परा पिता से पुत्र को प्राप्त होती है तथा सम्पत्ति का अधिकार पिता से पुत्र को मिलता है। पारिवारिक व्यवस्था में पुरुष का मुख्य हाथ होता है। पुरुष पक्ष की 4 पीढ़ियों तक के सदस्य सामान्य रूप से साथ-साथ रहते हैं। इन परिवारों को पितृ स्थानीय (Patrilocal) भी कहते हैं चूँकि इनमें निवास-स्थान पति अथवा पिता का होता है और पति तथा बच्चे वहीं रहते हैं।

स्पष्टता की दृष्टि से पितृसत्तात्मक या पितृवंशीय परिवार की प्रमुख विशेषताएँ निम्नलिखित हैं–

1. ऐसे परिवारों के तहत पिता, उसके भाई, उन सबके लड़के, उन लड़कों के बच्चे, उन सबकी पत्नियाँ, अविवाहित लड़कियाँ आदि शामिल होते हैं।
2. विवाह के बाद पत्नी को पति के घर पर आकर रहना होता है या स्थान परिवर्तन पुरुष की इच्छा पर निर्भर करता है।
3. वंशनाम एवं परिचय पुरुष के नाम से सम्बन्धित होता है। स्त्री के नाम का सन्दर्भ ना के बराबर होता है। बच्चे पिता के कुल या वंश के नाम से जाने जाते थे, माता के वंश या कुल के नहीं।
4. पारिवारिक मामलों में और सम्पत्ति के सम्बन्ध में पति को सम्पूर्ण अधिकार होता है।
5. सम्मान, सम्पत्ति अथवा किसी विशेष पद का हस्तान्तरण पिता से पुत्र को होता है। सामाजिक या पारिवारिक पद, उपाधि आदि प्राप्त करने में सबसे बड़े पुत्र का अधिकार सर्वप्रथम होता है। माता के परिवार की सम्पत्ति पर पुत्री का अधिकार सबसे पहले होता है। माता के परिवार की सम्पत्ति पर पुत्रों का कोई अधिकार नहीं होता।

देश के अधिकतर भाग में रहने वाले हिन्दुओं और यहाँ की अधिकतर जातियों में पितृसत्तात्मक तथा पितृवंशीय संयुक्त परिवार ही पाए जाते हैं। संयुक्त परिवार का यह रूप हिन्दू समाज में आदर्श माना जाता है।

(ख) पितृसत्तात्मक परिवार की संरचना—अपने रोजमर्रा जीवन में हम इस तरह के परिवारों के सम्पर्क में रहते हैं। इस तरह के परिवार के मुख्य अंग परिवार का मुखिया, कर्त्ता की पत्नी, बड़ा पुत्र, नव-वधू, माँ-बाप, पति-पत्नी, ननद-भौजाई, देवर-भाभी आदि होते हैं। परिवार में इनके अपने-अपने कर्त्तव्य और स्थितियाँ अग्रलिखित हैं—

(1) **कन्या**—दुर्भाग्यवश कन्या को वह महत्त्व नहीं दिया जाता जो पुत्र को मिलता है। हिन्दू सामूहिक परिवारों में लड़कियों की अपेक्षाकृत और दुर्दशा इसलिए है, क्योंकि उनकी वजह से नाना प्रकार की चिन्ताएँ माता-पिता को सताती रहती हैं। इस सम्बन्ध में रामायण में बतलाया गया है कि कन्या जन्म के समय अपने सम्बन्धियों को कष्ट देती है, विवाह के समय बहुत-सा धन दहेज के रूप में ले जाती है और यौवन में अनेक दोषों, जैसे—भ्रष्ट आचरण आदि से कुल को कलंकित कर सकती है। इस तरह लड़की माता-पिता के मन को दुखी कर देती है।

इसमें कोई शंका नहीं कि हिन्दू परिवारों में लड़कियों को लड़कों की अपेक्षा उपेक्षा से देखा जाता है लेकिन शास्त्रों में यह भी स्पष्ट रूप से बतलाया गया है कि लड़की को पुत्र के समान माना जाना चाहिए। वर्तमान समय में लड़कियों की प्रतिष्ठा बढ़ती जा रही है और वह दिन दूर नहीं है जब लड़के और लड़की एक-दूसरे से ऊँचे अथवा नीचे नहीं रहेंगे। मांगलिक मौकों पर कन्या की उपस्थिति शुभ और अनिवार्य मानी गई है।

(2) **कर्त्ता की पत्नी**—सामूहिक परिवार में दूसरा स्थान मुखिया की पत्नी का होता है। परिवार की अन्य स्त्रियों की अपेक्षा में उसका स्थान ऊँचा माना जाता है। परिवार की दूसरी औरतें भी सलाह से ही कार्य करती हैं और उसके आदेश को मानती हैं। वे उससे ही अपनी शिकायतें करती हैं। यदि अन्य औरतों की कोई बात मुखिया तक पहुँचानी होती है तो यह काम मुखिया की पत्नी के माध्यम से ही होता है।

(3) **बड़ा पुत्र**—इस तरह के परिवार में पुत्रियों की तुलना में पुत्रों का अधिक महत्त्व होता है और उसमें भी सबसे बड़े पुत्र का सर्वाधिक महत्त्व होता है। पुत्र ही पितरों का तर्पण, पिंडदान, दाह-संस्कार आदि कार्यों को निभाते हैं एवं सबसे बड़े लड़के को यह अधिकार सबसे पहले मिलता है। पिता की मृत्यु के बाद बड़े लड़के

को यह अधिकार सबसे पहले प्राप्त होता है। पिता की मृत्यु के बाद सबसे बड़ा लड़का ही परिवार की जिम्मेदारी उठाता है अथवा वही मुखिया का पद सँभालता है।

(4) पति-पत्नी—ये दो प्राणी सभी परिवारों के जरूरी अंग हैं। न स्त्री-पुरुष परिणय सूत्र में बँधेंगे, न ही परिवार बसेगा। हिन्दू अविभाजित परिवार में पति की विशेष प्रभुता है। पत्नी का फर्ज है कि वह उसे देवता माने, उसकी हर प्रकार से सेवा करे और उसका हर हुक्म माने। पति महामूर्ख, अत्याचारी, व्यभिचारी कैसा भी हो, पत्नी को चाहिए कि उसे देवता स्वरूप मानते हुए उसकी अधीनता स्वीकार करे। पति उसे ठुकरा दे या मर जाए फिर भी पत्नी उसके प्रति वफादार बने और दूसरे विवाह के बारे में विचार भी न करे। हकीकत में इस पर पत्नी का भी उतना ही महत्त्व है जितना पति का। नैतिकता, मानवता, समानता आदि सामूहिक मापदण्ड का तकाजा है कि अगर पति-पत्नी को ठुकराने का अधिकार रखे तो पत्नी को भी यही अधिकार होगा। सौभाग्यवश कानून ने इस अधिकार को मान्यता दे दी है जो समय के साथ धीरे-धीरे समाज में भी मान्य हो जाएगी। हर हिन्दू परिवार में पति से भी यह आशा की जाती है कि वह पत्नी के प्रति अपने समुचित कर्त्तव्यों का निर्वाह करे पर साथ ही पति को परिवार के बड़े लोगों के सामने पत्नी का पक्ष लेने की इजाजत नहीं होती। कुल मिलाकर यह स्पष्ट होता है कि स्थिति ऐसी होती है कि अकेले में पत्नी से चाहे कितनी भी हमदर्दी दिखलावे लेकिन प्रत्यक्ष रूप में ऐसा करने का उसमें साहस नहीं होता, वरना लोग उसकी निन्दा करते हैं। 'पेटीकोट का राज है,' 'बहू कर गुलाम है' आदि व्यंग्य-बाणों से बचने में ही वह अपनी कुशलता समझता है। अगर इस प्रकार के उपालम्भों की परवाह न करते हुए पति न्यायसंगत रूप में पत्नी का पक्ष लेता है तो परिवार का वातावरण अशांत हो जाता है और परिवार के विघटन तक की स्थिति उपस्थित हो जाती है।

(5) कर्त्ता—सामूहिक परिवार में सबसे बड़ा पुरुष सदस्य ही संचालक और सम्पत्ति का व्यवस्थापक होता है। परिवार की पूरी जिम्मेदारी उसी पर पूरा होता है। यह पद पिता को मिलता है, पिता के न होने पर यह पद बड़ा भाई अथवा परिवार का कोई अन्य सबसे बड़ा पुरुष निभाता है। वर्तमान युग शास्त्रीय भाषा में इसे कर्त्ता कहते हैं। प्राचीन साहित्य में यह नाम नहीं मिलता। इसके स्थान पर गृह पति, गृही, प्रभु आदि शब्दों का उपयोग अवश्य होता था।

परिवार में मुखिया को सबसे अधिक सम्मान और अधिकार दिया जाता है वह सामूहिक सम्पत्ति का स्वामी होता है। वही इस सम्पत्ति को व्यवस्थित करता है।

परिवार लाभ या कानूनी जरूरत की पूर्ति आदि के लिए वह ऋण ले सकता है एवं संयुक्त सम्पत्ति को बेच सकता है अथवा गिरवी रख सकता है। हिस्सेदारों तथा उत्तराधिकारियों के प्रति सम्पत्ति के मामले में वह तब तक उत्तरदायी नहीं होता जब तक वह परिवार की सम्पत्ति का गबन या गलत उपयोग नहीं करता। सामर्थ्य में परिवार की ओर से एवं परिवार के लिए सब कार्यों को करने की अन्तिम उत्तरदायित्व उसी पर होती है। वही पारिवारिक, सामाजिक, धार्मिक कार्यों अथवा सामुदायिक कार्यों में परिवार का प्रतिनिधित्व करता है।

(6) **ननद भौजाई**—सामूहिक परिवार में इन दोनों का सम्बन्ध बहुत रोचक और प्रमुख है। बहू की कुशलता इसी में है कि वह ननद को पटाए रखे। ननद कुटिल या प्रतिकूल हो तो नव-वधू के लिए समस्या खड़ी हो सकती है। यह बहुत ही मामूली-सी बात है कि ननद में चुगली करने की आदत होती है जिससे बेचारी बहू को नाना प्रकार के अत्याचार, ताने आदि सहने पड़ते हैं। प्रत्यक्ष-परोक्ष रूप में ननद पूरा कन्ट्रोल रखती है कि बहू क्या करे, क्या न करे या बहू ने कितना काम किया है और कितना आराम? काफी बड़ी संख्या में सामूहिक परिवारों में ननद-भौजाई में पटती ही नहीं है जिससे परिवार में कलह का वातावरण हमेशा बना रहता है। जिन परिवारों में पटती है, वहाँ अपेक्षाकृत ज्यादा शान्ति और सुख का राज्य होता है। परिवार की शान्ति बहुत कुछ ननद-भौजाई के सम्बन्धों की मधुरता पर आश्रित होती है।

(7) **अन्य पुरुष सदस्य**—सबसे बड़े लड़के के बाद मुखिया उम्र के हिसाब से परिवार में अन्य पुरुष सदस्यों का स्थान होता है। अविवाहित लड़कों को पारिवारिक व्यवस्था आदि की दृष्टि से महत्त्व नहीं दिया जाता क्योंकि यह माना जाता है कि शादी न होने तक उनमें बचपन ही रहता है फिर भी लड़कियों की अपेक्षा उनका मान और महत्त्व अधिक ही होता है।

(8) **वर-वधू**—ससुराल में नव वधू की अजीब स्थिति होती है। उसे प्यार भी मिलता है और प्रताड़ना भी। यह आशा की जाती है कि वह ससुराल के कायदे-कानून, आचार-व्यवहार सीख कर परिवार की शोभा बढ़ाएगी। इसमें जरा-सी भी चूक हो जाने पर सम्भव है कि सास यातना और ननद ताने कसने लगती है। नई-दूल्हन को उतना डर सास का नहीं होता जितना ज्यादातर ननद का होता है। ननद अगर खुश है तो सास को वह अपने प्रतिकूल बना सकती है लेकिन ननद अगर नाराज है तो अनुकूल सास भी प्रतिकूल हो सकती है। परिवार के सभी सदस्य वधू से नाना प्रकार की आशाएँ रखते हैं और उस बेचारी को अपना व्यवहार इस तरह

रखना पड़ता है कि वह परिवार के अनुकूल हो। वह किसी के चरण छूती है, किसी का दुलार करती है, किसी से डरती है तो किसी के सामने आने से कतराती है। परिवार में उसे बहुरूपीय भूमिका निभानी पड़ती है। वह यह पसन्द नहीं करता कि उसे बहू का गुलाम कहा जाए। इसके अतिरिक्त अगर वह पक्ष लेता है तो पारिवारिक झगड़े को लेकर परिवार से पृथक् तक हो जाना पड़ता है। कभी-कभी यह भी होता है कि सास, ननद आदि के साथ ही वह भी पत्नी पर अत्याचार करता है जैसे उसे मायके से नहीं बुलाता अथवा उसे छोड़ देता है या आए दिन पीटता है। वह बहू बहुत ही खुश-किस्मत होती है जिसे परिवार का प्यार मिल पाता है। नव-वधू का काम सबकी सेवा करना और बदले में जो कुछ मिल जाए उसमें संतुष्टि करना है। देश में बहुओं के साथ ज्यादातर परिवारों में सास-ससुर, ननद आदि का व्यवहार ठीक नहीं रहता और इसलिए परिवारों के बिखर जाने की प्रक्रिया दिन-प्रतिदिन तेज होती जा रही है।

(9) माता-पिता—हमारे पारिवारिक ढाँचे में माता-पिता का स्थान अत्यंत ही ऊँचा माना गया है। उन्हें हम देवता की तरह पूजते हैं। माता-पिता की सेवा करना पुत्र का परम-धर्म माना गया है। माँ चाहे कैसी भी हो, उसकी सेवा और उसका भरण-पोषण करना पुत्र का पहला कर्त्तव्य है। शास्त्रों में भी यह बात स्पष्ट की गयी है और हिन्दुओं की मान्यता है कि माता का कर्ज कोई भी नहीं चुका सकता। पिता के महत्त्व की एक बार उपेक्षा की जा सकती है लेकिन माता की नहीं। पिता का कर्त्तव्य बच्चों की रक्षा, पालन-पोषण, देख-रेख आदि हैं। उसके ये कार्य सन्तान को जन्म देने की अपेक्षा ज्यादा महत्त्वपूर्ण हैं इसीलिए पिता के रूप में पिता की उतनी प्रतिष्ठा नहीं होती जितनी सन्तान के पालक के रूप में होती है। हिन्दुओं में यह विश्वास है और शास्त्रों में निर्देश है कि माता-पिता की सेवा से हमें पुण्य और मोक्ष मिलता है, वरना हमारी दुर्गति होती है। शास्त्रों ने यह धारणा भी स्पष्ट की है कि माता-पिता में आशीर्वाद और शाप देने की शक्ति होती है और सब शाप तो ऐसे हैं जिनका कोई न कोई प्रक्रिया है, लेकिन माता-पिता के शाप से छुटकारे का कोई उपाय नहीं है। हिन्दू-सामूहिक परिवारों में प्रत्येक पुत्र से 'श्रवण' बनने की उम्मीद की जाती है। यद्यपि वर्तमान समय में हमारे पारिवारिक आदर्शों का स्तर दिनोंदिन गिरता जा रहा है और व्यक्तिवाद बहुत ज्यादा सिर उठाने लगा है, फिर भी माता-पिता, बड़े भाई और भाभी को काफी सम्मान देने की परम्परा निभाई जा रही है। ऐसे परिवार बहुत ही कम नजर आते हैं जिनमें माता-पिता की उपेक्षा की जाती है।

(10) देवर-भाभी—इन दोनों के बीच का रिश्ता सामूहिक पारिवारिक जीवन का बहुत ही मधुर, प्रत्यक्ष और मजाक-भरा है। पूरे परिवार में भाभी ही ऐसी सम्बन्धी होती है जिससे देवर मन की बात कह पाता है। देवर के लिए वह माता, बहिन, मित्र, सलाहकार सब कुछ है। कर्त्ता को भाभी की सिफारिश से देवर के बहुत से काम पूरे हो जाते हैं। भाभी की सिफारिश देवर के लिए अधिक कीमती होती है। ज्यादातर यह देखने में आया है कि देवर अपनी माता और परिवार के अन्य सदस्यों की बात टाल देता है लेकिन भाभी की बात नहीं टालता। भाभी के इशारों पर नाचना उसे बड़ा अच्छा लगता है। दोनों के सम्बन्ध इसलिए भी मधुर हैं कि उनमें हँसी-मजाक का रिश्ता है जिसकी शायद ही कोई सीमा तय हो। होली पर भाभी ही देवर का पहला लक्ष्य होता है। भाभी भी देवर से बदला निकालने में कोई कसर नहीं रखती। दोनों में एक-दूसरे के लिए अधिकतर इतना स्नेह पाया जाता है कि देवर की गलती को भाभी छिपाती है और भाभी की गलती को देवर। दोनों की आपसी झगड़ा भी थोड़े समय की होती है। रोना-रुलाना ज्यादा नहीं चल पाता लेकिन दूसरी ओर ऐसे परिवार भी कम नहीं हैं जहाँ देवर-भाभी में बनती ही नहीं है। यह कलह इतना व्यापक रूप ले लेता है कि पारिवार विघटन के कगार पर खड़ा हो जाता है।

खासकर हिन्दुओं के संयुक्त परिवारों में ये रिश्ते बहुत अधिक महत्त्व रखते हैं। जिन परिवारों में इन सब सदस्यों में आपसी सहयोग पाया जाता है, वे अपना आदर्श स्वरूप लिए होते हैं और जिनमें कलह, मनमुटाव आदि चलते रहते हैं उन परिवारों का विघटन हो जाता है।

(2) साम्पत्तिक अधिकार के आधार पर—

संयुक्त परिवार का यह भेद भी पारिवारिक सत्ता के आधार पर है, जैसे कि नाम से जाहिर होता है, उन संयुक्त परिवारों का निर्माण एक स्त्री, उनके भाइयों, बहनों और भाई-बहनों द्वारा होता है। परिवार में सत्ता स्त्री की होती है और बालक अपनी माता के कुल व वंश का नाम धारण करते हैं। ऐसे परिवारों की सभी विशेषताओं को मेकाइवर तथा पेज के मतानुसार व्यक्त किया है—

1. विवाह के उपरांत पत्नी अपने ही घर में रहती है और पति को ही उसके घर जाकर रहना पड़ता है।
2. वंश का नाम माता से उसके पुत्रों को हस्तान्तरित होता है, पिता से नहीं। विवाह के उपरांत पुरुष का गोत्र स्त्री के गोत्र के अनुसार बदल जाता है, बच्चे माता के वंश से ही जाने जाते हैं।

3. सम्पति का उत्तराधिकारी भी पिता के जरिए पुत्र को नहीं मिलकर माता के जरिए उसकी पुत्री अथवा पुत्रियों को मिलता है। पुरुष को अगर उत्तराधिकारी में कुछ मिल सकता है तो वह सिर्फ मातृ-पक्ष की ओर से ही सम्भव है।
4. मातृ-सत्ता का तात्पर्य यह नहीं है कि संपूर्ण आर्थिक, सामाजिक और राजनीतिक अधिकार माता को ही प्राप्त होते हैं और पुरुष का कोई स्थान नहीं होता। वस्तुतः व्यावहारिक रूप में परिवार का संगठन पुरुषों के जरिए ही निर्धारित होता है और वे सामाजिक, राजनीतिक आदि विषयों में सम्मानित पद प्राप्त करते हैं।
5. बच्चों का पालन-पोषण पत्नी के सम्बन्धियों के माध्यम से अधिक होता है। परिवार में पत्नी के भाई का आधिपत्य होता है और अधिकतर भाई अथवा भानजा ही सम्पत्ति का अधिकारी बनता है।

मातृवंशीय मिले-जुले परिवारों की संख्या देश में बहुत अल्प है। केरल में ऐसे परिवारों को 'हारवाड़' कहा जाता है। खासी, गारो आदि जनजातियों एवं मालाबार के नायरों में भी मातृ-सत्तात्मक परिवार मिलते हैं। खासी लोग अपनी वंश परम्परा स्त्री वंश से मानते हैं और उनका देवता भी स्त्री ही होती है। परिवार के पुरुष और स्त्री सदस्य जो कुछ भी कमाते हैं उस पर संयुक्त अधिकार तथा नियन्त्रण परिवार की सबसे बड़ी स्त्री सदस्य का होता है। माता के मरने पर सम्पत्ति का उत्तराधिकार लड़कियों को मिलता है। पुरुष अपनी सारी कमाई शादी से पहले अपनी माँ और शादी के बाद अपनी पत्नी को देता है। परिवार में पुरोहित का मुख्य कार्य स्त्रियाँ करती हैं। छोटी लड़की को इस मामले में सबसे ज्यादा महत्त्व दिया जाता है और इसी कारण इसे माँ की सम्पत्ति में से ज्यादा हिस्सा मिलता है।

मालाबार के नायरों में औरत ही परिवार की मालिक होती है। वंश एवं सम्पत्ति से सम्बन्धित अधिकार माता की ओर से ही तय होते हैं। राज-परिवारों में राज्य का उत्तराधिकारी राजा का लड़का नहीं, बल्कि राजा की बहन का लड़का होता है।

(क) मिताक्षरा से प्रभावित संयुक्त परिवार—लगभग बारहवीं शताब्दी से हिन्दू संयुक्त परिवार की संरचनात्मक विचारधाराओं में दो तत्त्वों का समावेश हुआ जिन्होंने दो भिन्न-भिन्न विचारधाराओं को जन्म दिया और आज ये दो सम्प्रदायों के रूप में विद्यमान हैं। इन सम्प्रदायों को क्रमशः 'मिताक्षरा और दायभाग' की संज्ञा दी गई है। इन सम्प्रदायों में पाये जाने वाले संयुक्त परिवार क्रमशः मिताक्षरा संयुक्त

परिवार और दायभाग संयुक्त कहे जाते हैं। संयुक्त परिवारों का यह विभाजन सम्पत्ति के अधिकार के आधार पर तय है।

मिताक्षरा संयुक्त परिवार जिन सिद्धान्तों पर आधारित है उनका मुख्य आधार 'मिताक्षरा' नामक टीका है जो 1070-1100 के बीच विज्ञानेश्वर द्वारा 'याज्ञवल्क्य स्मृति' पर लिखी गई थी। इस टीका में वर्णित सिद्धान्त बंगाल और आसाम को छोड़कर करीब-करीब पूरे देश में प्रामाणिक माने जाते हैं।

मिताक्षरा-परिवार-संरचना में परिवार के मुखिया को परिवार का अधिकारी माना जाता है। कर्ता शब्द का तात्पर्य पिता अथवा परिवार के किस अन्य वयोवृद्ध व्यक्ति के लिए होता है। परिवार का प्रधान सदस्यों के हित के लिए जो भी वैध काम करता है, उसे वह परिवार के सभी सदस्य को मानना पड़ता है। इस सम्बन्ध में कर्त्ता के विशेषाधिकार होते हैं। संयुक्त परिवार में वह सभी सदस्यों के भरण-पोषण का ध्यान रखता है और कोई भी सदस्य उससे आमद और खर्च का हिसाब नहीं माँग सकता। परिवार के सदस्यों को यह आजादी होती है कि वे स्वेच्छा से संयुक्त परिवार से पृथक् हो जाएँ।

संयुक्त परिवार में पैतृक सम्पत्ति पर सभी साझेदारी का मिला-जुला स्वामित्व होता है। नियमानुसार बच्चा के गर्भ में आते ही पैतृक सम्पत्ति में उसका अधिकार स्वीकार कर लिया जाता है। पैतृक सम्पत्ति का पिता सिर्फ संरक्षक होता है और अगर पुत्र अथवा पौत्र अपने हिस्से की माँग करें तो पिता को उनका हिस्सा तुरन्त प्रदान करना पड़ता है। अविभाजित परिवार में किसी हिस्सेदार की मृत्यु हो जाने पर उसका हिस्सा उसके रक्त-सम्बन्धियों में ही विभाजित हो सकता है। मिताक्षरा संयुक्त परिवारों में नई सन्तानों (उत्तराधिकारियों) के जन्म लेने तथा वृद्धों या अन्य साझेदारों के मर जाने से सम्पत्ति पर अधिकार रखने वालों की संख्या कम-ज्यादा है।

इन परिवारों के तहत स्त्रियों को पुरुष उत्तराधिकारियों के बराबर सम्पत्ति पर अधिकार नहीं होता। नियम के अनुसार एक पुरुष के तीसरी पीढ़ी के पुरुष-वंशज ही सम्पत्ति में अधिकार रखते हैं। 1937 ई. के हिन्दू-स्त्रियों का सम्पत्ति पर अधिकार-अधिनियम के लागू हो जाने से अब यह नियम प्रभावी है कि यदि एक हिन्दू संयुक्त परिवार की सम्पत्ति में अपना हिस्सा छोड़कर मर जाए तो उसकी विधवा स्त्री को उसका उत्तराधिकार मिले। यह उत्तराधिकार इस नजरिये से दिया जाता है कि इस तरह प्राप्त अपनी सम्पत्ति का उपयोग तो कर सकती है, लेकिन किसी को बेच नहीं सकती। हाँ, धार्मिक कर्त्तव्यों को निभाने के लिए वह ऐसा कर सकती है।

हिन्दू उत्तराधिकार अधिनियम, 1956 के तहत यह उत्तराधिकार का अधिकार पूर्ण कर दिया गया है।

मिताक्षरा संयुक्त परिवारों में सम्पत्ति का उपयोग करने से सम्बन्धित कर्ता के अधिकार कुछ दृष्टियों से बहुत सीमित रखे गए हैं। परिवार का मुखिया सम्पत्ति का उपयोग पहले के ऋण को चुकाने अथवा किसी कानूनी कार्य के लिए तो कर सकता है परंतु उसे बेच नहीं सकता और न ही दान में किसी को दे सकता है। अन्य हिस्सेदार भी संयुक्त सम्पत्ति में अपने स्वत्व का दूसरे हिस्सेदारों से पूछे बिना इच्छा के अनुरूप विनियोग नहीं कर सकते।

हकीकत में यह कहना सही होगा कि मिताक्षरा संयुक्त परिवार एक निगम के समान है जिनमें सभी व्यक्तियों को नहीं, लेकिन कर्त्ता, कर्त्ता के भाई, भतीजे, पोते या नाती जो क्रमानुसार तीन पीढ़ियों के होते हैं, सामूहिक रूप से उपभोग करने, देखभाल करने, नियन्त्रण रखने, कर्ज का समान रूप से विभाजन करने अथवा सम्पत्ति उत्तराधिकारियों में सबसे पहले लड़के आते हैं और उनके न होने पर ही पोते, नाती तथा भाई आते हैं।

(ख) दायभाग से प्रभावित संयुक्त परिवार—परिवार-संगठन बंगाल और असम के हिन्दू परिवारों की अपनी विशेषता है। विशेष रूप से ये परिवार बंगाल में ही ज्यादा मिलते हैं। ये परिवार जिन सिद्धान्तों द्वारा संचालित होते हैं उनका प्रधान आधार 1090-1130 के बीच जो मूतवाहन के जरिए लिखित दायभाग ग्रन्थ है। इन परिवारों में पैतृक सम्पत्ति में अधिकार का सिद्धान्त मिताक्षरा के बिल्कुल भिन्न है। दायभाग संयुक्त परिवारों की प्रमुख विशेषताएँ अग्रलिखित हैं—

(1) इनमें सम्पत्ति पर अधिकार जन्म से नहीं अपितु पिता की मृत्यु के उपरांत ही मिलता है।

(2) पुत्र पिता के जीवन काल में सम्पत्ति के विभानज की माँग नहीं कर सकता है।

(3) अपने जीवन काल में पिता को संयुक्त परिवार की सम्पत्ति का किसी भी प्रकार उपयोग करने का पूरा अधिकार होता है। पिता पैतृक और स्व-अर्जित दोनों ही तरह सम्पत्ति का अपनी इच्छानुसार, विनिमय, बेचना, दान आदि कर सकता है।

(4) पिता की मृत्यु के बाद सम्पत्ति उसके रक्त-सम्बन्धियों में बँटवारा हो जाती है लेकिन अगर पितृ पक्ष की ओर छह पीढ़ी तक कोई पुरुषाक्त सम्बन्धी

जीवित न हो और न ही मृतक की पत्नी जीवित हो तो इस स्थिति में सम्पत्ति का अधिकार मातृ-पक्ष के व्यक्ति को प्राप्त हो जाता है। पुत्र न होने पर उसकी पत्नी को हिस्सा मिलता है।

(5) मिताक्षरा की तरह सिर्फ पुरुष ही नहीं बल्कि स्त्रियाँ भी सम्पत्ति में उत्तराधिकारिणी होती हैं।

संयुक्त परिवार की विशेष्याता

संयुक्त परिवार की प्रमुख विशेषताएँ निम्नलिखित हैं—

(1) व्यक्तिवादी प्रवृत्ति पर अंकुश—सामूहिक परिवार में सामान्य हितों पर बल दिया जाता है अतः व्यक्तिवादिता पर रोक लगती है। ये परिवार आपसी सहयोग, त्याग और सहनशीलता पर आधारित हैं, परिणामतः सामाजिक जीवन में समष्टिवाद की भावना उत्पन्न करते हैं। 'हर व्यक्ति सबके लिए और सब व्यक्ति हर के लिए' के आदर्श का प्रचार-प्रसार करने में इन परिवारों का महत्त्वपूर्ण योगदान होता है।

(2) श्रम विभाजन—सामूहिक परिवार में सारा काम सदस्यों में उनकी योग्यता और सामर्थ्य के अनुसार दिया जाता है। इस प्रकार के श्रम-विभाजन से सभी कार्य सरलतापूर्वक हो जाते हैं। नव वधुओं पर या नवीन पति-पत्नियों पर अधिकतर परिवार का अधिक भार नहीं पड़ता क्योंकि अन्य सदस्य उत्तरदायी होते हैं। जैसे—बहू पुरानी होती जाती है, उस पर कार्य-भार भी बढ़ता चला जाता है।

(3) गाँवों में विशेष उपयोगी—ग्रामीण क्षेत्रों में कृषि ही प्रमुख व्यवसाय होता है और खेतों में काम करने के लिए अनेकों व्यक्तियों की आवश्यकता पड़ती है। सामूहिक परिवार में चूँकि सदस्यों की संख्या बहुत होती है, अतः खेतों में कार्य के लिए बाहर से मजदूरी पर आदमी रखने की जरूरत कम पड़ती है। एक बड़ा आर्थिक लाभ यह होता है कि खेतों के टुकड़े होने की सम्भावना कम हो जाती है। खेतों का छितरा होना और टुकड़ों में बँटा होना, आज के ग्रामीण जीवन की एक प्रमुख आर्थिक समस्या है जिसके आधार में ज्यादा कारण यही है कि सामूहिक परिवार विभाजित होते जा रहे हैं। परिवार के विघटन से सदस्यों में खेतों, कुओं आदि का बँटवारा हो जाता है।

(4) राष्ट्रीय महत्त्व—सामूहिक परिवार समाजवादी व्यवस्था को ज्यादा प्रोत्साहित करते हैं। इनसे राष्ट्रीय एकता को प्रोत्साहन मिलता है। आज जहाँ स्वार्थपरक एकाकी भावनाएँ सामाजिक अथवा राष्ट्रीय एकता को कर रही हैं, वहाँ अविभाजित परिवार

स्थायित्व और समन्वय के प्रतीक बने हुए हैं एवं सामुदायिक जीवन की व्यावहारिक शिक्षा दे रहे हैं। इन परिवारों का इस नजरिये से भी पर्याप्त महत्त्व है कि सदस्यों को देश-सेवा का ज्यादा मौका मिलता है। पारिवारिक भरण-पोषण का भार किसी एक के सिर पर नहीं होता, इस प्रकार कुछ सक्रिय और जागरूक सदस्य परिवार की चिन्ता न रखकर देश-सेवा और त्याग के लिए आगे आ पाते हैं।

(1) **कुटुम्ब का समान प्रभाव एवं आर्थिक स्तर उत्तम रहा है**—सामूहिक परिवार में सदस्यों की संख्या ज्यादा होने से एक इकाई के रूप में मददगार एवं संगठित जीवन बिताते हैं। समाज के अन्य व्यक्ति कुटुम्ब के संगठित जीवन को देखकर कुटुम्ब के सदस्यों का सम्मान करते हैं तथा उसके अधिकारों में अनुचित हस्तक्षेप करने का साहस नहीं करते। सदस्यों के सम्मिलित कोशिशों के कारण कुटुम्ब का आर्थिक स्तर उत्तम बन जाता है तथा समाज में पर्याप्त प्रभाव स्थापित हो पाता है। इसके अतिरिक्त अगर आय कम हो तो काम चल जाता है क्योंकि बड़े पैमाने पर खर्च की वस्तुएँ खरीदने में बचत होती है।

(2) **परिवार के सभी सदस्यों की उन्नति का समान मौका**—इस प्रक्रिया के अन्तर्गत आर्थिक दृष्टि के कमजोर सदस्यों की सन्तान एवं आर्थिक दृष्टि से समर्थ सदस्यों की सन्तान सभी की उन्नति का मौका मिलता है। कुटुम्ब की संयुक्त पूँजी होती है और उसे सम्पूर्ण कुटुम्ब के हितार्थ ही खर्च किया जाता है। इसके अलावा सामूहिक परिवार प्रणाली में उन छोटे-बड़े सभी की आवश्यकताएँ पूरी होती हैं जो कम आयु अथवा अधिक वृद्ध होने के कारण कुछ कमा नहीं सकते। इस तरह यह प्रणाली कुटुम्ब के आर्थिक नजरिये से असमर्थ सदस्यों को भूखों मरने अथवा दूसरों का मोहताज होने से बचाती है।

(3) **सहयोग, त्याग, स्नेह आदि सामाजिक गुणों की शिक्षा**—सामूहिक परिवार मनुष्य का नैतिक स्तर ऊँचा रहता है और उनमें स्नेह, सहानुभूति, सहयोग, त्याग और सेवाओं की भावनाओं का संचार करती है। लगातार साथ रहने से मेल की प्रवृत्ति को विकास मिलता है और साथ ही किसी बाहरी व्यक्ति के आक्रमण का भय भी कम रहता है। इस प्रणाली में मनुष्य व्यक्तिगत स्वार्थ से ऊपर उठकर परोपकार एवं समाज-सेवा के आदर्श की ओर उन्मुख होता है और इस प्रकार हमारे सामाजिक गुणों का विकास होता है।

(4) **आपत्तियों का पारिवारिक बीमा**—सामूहिक परिवार सदस्यों के संकटों तथा आपत्तियों का बीमा करता है। सामूहिक परिवार का अगर कोई भी सदस्य शारीरिक अथवा मानसिक असमर्थता अथवा दुर्घटना का शिकार हो जाता है, किसी अन्य संकट में फँस जाता है, नौकरी से हाथ धो बैठता है, बीमार पड़ जाता है तो उसे परिवार के अन्य सदस्यों का संरक्षण मिलता है। आपत्ति काल में अपने सदस्य की मदद के लिए सामूहिक परिवार हमेशा तैयार रहता है। वह अपने सदस्यों के लिए बीमा कम्पनी के कर्त्तव्यों का निर्वाह करता है।

संयुक्त परिवार के अवगुण

संयुक्त परिवार के प्रमुख अवगुण अग्रलिखित हैं—

(1) औपचारिक सम्बन्ध—परिवार में सदस्यों की संख्या ज्यादा होने के कारण उनके सम्बन्धों में निकटता नहीं आ पाती अपितु औपचारिक रहते हैं। उनमें वास्तविक आत्मीयता रहती है जिससे परिवार में मनोवैज्ञानिक असुरक्षा की भावना पनपती है। औपचारिक सम्बन्धों के कारण ही घर का वातावरण अधिकतर शुष्क और नीरस रहता है। परिवार में अनेक प्रकार के आचार-व्यवहार होते हैं जिनके कारण डर का माहौल बना रहता है और सदस्यों के व्यवहार में अनौपचारिकता बढ़ती जाती है।

(2) गोपनीय स्थल का अभाव—परिवार में अधिकतर सदस्यों की संख्या तो ज्यादा होती है जबकि उनके रहने के लिए उचित स्थान की कमी पाई जाती है। इस तरह पति-पत्नी को गोपनीय जगह की कमी है। उनके लैंगिक-सम्बन्ध 'अर्द्ध-सार्वजनिक' बन जाते हैं जिनका बच्चों पर अनैतिक प्रभाव पड़ता है। बचपन से ही उनकी आदतें खराब होने का डर रहता है।

(3) कलह एवं अशांति का वातावरण पनपता है—कुटुम्ब के कुछ सदस्यों के जरिए रात-दिन एक करके धनोपार्जन करने और कुछ सदस्यों द्वारा अकर्मण्य जीवन-निर्वाह करने से कुटुम्ब में असहनशीलता एवं अशान्ति का श्रीगणेश होता है। इसके अतिरिक्त सामूहिक परिवार में सदस्यों की संख्या ज्यादा होने के कारण कुटुम्ब में मतों और विचारों का सागर समाया रहता है विचार और लक्ष्य की भिन्नता के कारण घर में कलह, ईर्ष्या आदि दुर्गुणों को स्थान मिलता है।

(4) स्त्रियों की दयनीय स्थिति—सामूहिक परिवार में स्त्रियों की भावनाओं और इच्छाओं को उचित सम्मान नहीं मिल पाता। उन्हें जरूरी रूप से बन्धनमय

जीवन बिताना पड़ता है और ज्यादातर परिवारों में तो स्त्रियों की व्यक्तिगत स्वतंत्रता का जीवन जीना ही दुष्कर है इसके अलावा पारस्परिक कलह या फूट आदि सबका दोषारोपण बेचारी स्त्रियों पर ही लगाया जाता है चाहे उनका हाथ रहा हो या नहीं। परिवार के सभी बुजुर्गों और नई बहुओं में विचार भिन्नता के कारण हमेशा तनाव पूर्ण वातावरण बना रहता है।

(5) व्यक्तित्त्व के विकास के अवसर का अभाव—परिवार के उन सदस्यों में जो कुछ नहीं करते, प्रेरणा, आत्म विश्वास और अनवरत मेहनत करने की आदत उत्पन्न नहीं होती। इस प्रकार ऐसे व्यक्ति निष्क्रिय एवं निकम्मे हो जाते हैं एवं उनका व्यक्तित्त्व समुचित साधनों के होते हुए भी विकसित नहीं हो पाता।

(6) सदस्यों के स्वभाव में आलस्य का संचार—परिवार की सामूहिक आमदनी से सभी सदस्यों की जरूरतें पूरी हो जाती हैं। जब कुछ सदस्य देखते हैं कि उन्हें आसानी से रोटी-कपड़ा मिल रहा है तो वे आराम में पड़ जाते हैं और बैठे-बैठे रोटी तोड़ना या कम परिश्रम करना अपना कर्त्तव्य समझ लेते हैं। इस प्रकार उनमें आलस्य की भावना घर कर जाती है तथा दूसरों पर आश्रित होने की आदत पड़ जाती है। इस प्रणाली में परिवार में दूसरों की कमाई खाने वाले पैदा होते हैं, और उनसे समाज को बहुत नुकसान पहुँचता है।

(7) कुटुम्ब की आर्थिक दशा दयनीय हो जाती है एवं पारिवारिक उन्नति में रुकावट पड़ती है—परिवार में कुछ तथा ज्यादा सदस्यों में अकर्मण्यता तथा आलस्य-भावना के पनपने का परिणाम यह होता है कि कुटुम्ब सदैव आर्थिक मुसीबत में रहता है। एक व्यक्ति कमाता है और दस बैठे खाते हैं। इस परिणामस्वरूप पैदा करने वाले के आमदनी का थोड़ा-सा भाग हर सदस्य को मिल पाता है। परिणामस्वरूप परिवार के सभी सदस्यों का रहन-सहन निम्न स्तर पर रहता है तथा योग्य सदस्यों को भी शिक्षा एवं उन्नति के साथ-साथ सामाजिक प्रगति में भी अवरोध पैदा हो जाता है।

(8) बाल-विवाहों को प्रोत्साहन—यह परिवार प्रणाली बाल विवाहों को उत्साहित करती है जो प्रत्येक नजरिये से नुकसानदायक होती है। सामूहिक परिवार में प्रायः बच्चों का विशेषकर कन्याओं का छोटी आयु में विवाह कर दिया जाता है जिससे उनका व्यक्तित्त्व कन्याओं का छोटी आयु में विवाह कर दिया जाता है जिससे उनका व्यक्तित्त्व का विकास रुक जाता है और अनेक प्रकार के अन्य दुष्परिणाम देखने को मिलते हैं।

(9) अधिक सन्तान उत्पादन—ज्यादातर यह देखने में आया है कि इन परिवारों में सन्तानें अधिक पैदा होती हैं। पुरुष सदस्य अपना उत्तरदायित्व अधिक महसूस नहीं करते और अधिक बच्चे पैदा करने पर नियन्त्रण नहीं रखते।

(10) अप्राकृतिक—सामूहिक परिवार कुछ दृष्टियों से अप्राकृतिक वातावरण का सृजन करता है। बच्चों को जो प्यार माँ-बाप से मिल सकता है वह दूसरों से नहीं मिलता जबकि परिवार के सभी सदस्यों को चाहे-अनचाहे सभी बच्चों को समान रूप से प्यार करना पड़ता है। इसके अतिरिक्त पति-पत्नी को उन्मुक्त वातावरण नहीं मिलता। उसकी जवानी प्रतिबन्धों में ही गुजर जाती है और वे सिर्फ यौन साथी रह जाते हैं। जब आयु बढ़ जाती है जो बच्चों का भार आ पड़ता है। इस तरह बहुत से बदनसीबों को दाम्पत्य जीवन का सच्चा आनन्द भोगने का मौका ही नहीं प्राप्त होता।

(11) कर्त्ता की स्वेच्छाचारिता—आज के प्रजातान्त्रिक युग में भी सामूहिक परिवारों में कर्त्ता का अधिकांश एकछत्र राज्य होता है, जो वह कहता है, सबको मानना पड़ता है, चाहे मजबूरी से माने या राजी से। इसके अतिरिक्त बड़े-बूढ़ों का नजरिया रूढ़िवादी होता है। लेकिन परिवार के प्रगतिशील युवकों को उसे स्वीकार करना पड़ता है। यह सारी स्थिति अनुसार वातावरण का सृजन नहीं करती।

सामूहिक परिवार प्रणाली के गुण-दोष पर अपेक्षात्मक दृष्टि डालने से यह पता चलता है कि सामूहिक परिवार प्रणाली एक ऐसा आदर्श है, जिसका भारत को त्याग नहीं करना चाहिए। हमें उन परिस्थितियों का निर्माण करना चाहिए जिससे कि इस प्रणाली के सभी दोष खत्म हो जाए और यह फल-फूल सके। एक छोटा-सा परिवार सामाजिक तथा नागरिक गुणों की शाश्वत पाठशाला इसीलिए कहा जाता है कि उसमें संगठन, मदद, त्याग और स्नेह का साम्राज्य होता है। सामूहिक कुटुम्ब का आदर्श स्वरूप भी यही है और उसे प्राप्त करने के लिए हमें अपनी कमियों और दोषों पर विजय प्राप्त करनी चाहिए। अपने दोषों पर अंकुश रखे बिना तो कोई भी परिवार प्रणाली सफल नहीं हो सकती।

संयुक्त परिवार पर कुप्रभाव डालने वाले तत्त्व

संयुक्त परिवार पर कुप्रभाव डालने वाले प्रमुख तत्त्व अग्रलिखित हैं—

(1) धन और व्यक्तिगत योग्यता का महत्त्व—वर्तमान समय में धन का महत्त्व बहुत ही अधिक हो गया है और व्यक्तिगत योग्यता को अधिक से अधिक सम्मान मिलने लगा है। वर्तमान समय में औद्योगिक व्यवसायों में अच्छा पद अथवा स्थान पाने के लिए दो ही बातें विशेष महत्त्व की हैं—या तो उसके पास पर्याप्त धन

हो अथवा वह व्यक्तिगत योग्यता और कुशलता रखता हो। आधुनिक युग में अपने संयुक्त परिवार के लिए सब कुछ त्याग देने, दूसरों का भरण-पोषण करने की चिन्ता में ही अपना जीवन खपा देने आदि से समाज में व्यक्ति का सम्मान बढ़ता नहीं है बल्कि घट जाता है। ऐसे व्यक्ति को लोग पिछड़ा हुआ, दकियानूसी-प्रवृत्ति का और अविवेकी बताते हैं। जब चारों तरफ इस प्रकार का वातावरण फैल रहा है तो संयुक्त परिवारों का बना रहना कैसे सम्भव हो सकता है। व्यक्तिगत ख्याति तथा समृद्धि की लालसा ऐसे परिवारों को विघटित कर रही है।

(2) आर्थिक परिस्थितयों में बदलाव—संयुक्त परिवारों के विघटन के सर्वोपरि कारण नये आर्थिक मूल्यों तथा क्रियाकलापों का उद्‌भव है। पहले इन परिवारों का एक आर्थिक या उत्पादक इकाई के रूप में बहुत ही अधिक महत्त्व था लेकिन वर्तमान समय में यह महत्त्व दिन-प्रतिदिन समाप्त होता जा रहा है। कई आर्थिक कारण ऐसे उत्पन्न हो गए हैं जो परिवार के सदस्यों को एक स्थान पर रहने के लिए बाध्य नहीं करते। परिवारों के सदस्य मिलों और कारखानों में कार्य करने के लिए शहरों में आते हैं और वहीं बस जाते हैं वहाँ रहते हुए वे अपने स्वतन्त्र नाभिक परिवार बसा लेते हैं और इस तरह उनके सामूहिक परिवार तितर-बितर हो जाते हैं। औद्योगीकरण ने कुटीर उद्योग-धन्धों को अधिकतर नष्ट ही कर दिया है जिससे अनेक गाँवों में सामूहिक रूप से रहने वाले संयुक्त परिवारों के सदस्यों को जीविकोपार्जन के लिए इधर-उधर भटकना पड़ता है। यह स्थिति भी परिवारों को विघटित करने में महत्त्वपूर्ण उत्तरदायी की भूमिका निभाती है। औद्योगीकरण का एक परिणाम आर्थिक और सामाजिक जागरूकता में वृद्धि के रूप में प्रकट हुआ है। इसके परिणामतः रोजगार के मौके बढ़े हैं और लोगों में स्वतंत्र आर्थिक चेतना का विकास हुआ है। परिवार पर सदस्यों की आर्थिक निर्भरता घटी है। इन सब बातों का भी संयुक्त परिवार पर विपरीत प्रभाव पड़ा है। परिवार के आर्थिक बन्धन शिथिल हो गए हैं और सबको अपनी-अपनी कमाई करने की एवं उसे अपने हित में काम में लाने की धुन सवार हो गई है। थोड़े में नवीन आर्थिक परिस्थितियों और मूल्यों ने संयुक्त परिवार की आध्यात्मिक आधारशिला को डांवाडोल कर दिया है। जैसे-जैसे इन परिवारों में भौतिकता अधिक से अधिक बलवती होती जा रही है। वैसे-वैसे एकता के बन्धन के तार टूटते जा रहे हैं।

(3) पाश्चात्य सभ्यता का प्रसार—जब से देश पाश्चात्य सभ्यता और संस्कृति के सम्पर्क में आया है एवं भारतीय पाश्चात्य आदर्शों का बोलबाला होने लगा है, संयुक्त परिवारों का विघटन आरंभ हो गया है। पाश्चात्य सभ्यता समष्टिवाद के

स्थान पर व्यष्टिवाद को अधिक प्रोत्साहन देती है। व्यक्ति की कीमतों का ज्यादा ध्यान रखा जाता है। कर्त्तव्यों की व्यक्ति के अधिकारों को अधिक बल दिया जाता है। सामूहिक स्वामित्व के स्थान पर व्यक्तिगत स्वामित्व अत्यधिक प्रिय है। इस प्रकार की धारणाओं में परिवार प्रणाली के अनुकूल नहीं है। पाश्चात्य सम्पर्क के प्रभाव से हमारे देशवासियों में विशेषता नई पीढ़ी में इन आदर्शों अथवा धारणाओं का अनुकरण करने की प्रवृत्ति होती जा रही है।

नवयुवक और नवयुवतियाँ इसे प्रगतिशील का प्रतिक मानती हैं। क्योंकि संयुक्त परिवारों का विघटन होना स्वाभाविक है।

(4) **नयी सामाजिक सुरक्षाएँ**—वर्तमान युग में नई-नई सामाजिक सुरक्षाओं की व्यवस्था की जा रही है। बीमा, बोनस योजना, प्रोविडेण्ट फण्ड आदि के कारण समाज के एक बड़े भाग को आर्थिक और सामाजिक सुरक्षाएँ प्राप्त हो रही हैं। मजदूरों के कल्याण के लिए नई-नई योजनाएँ लागू की जा रही हैं। इन सब सुरक्षा योजनाओं के कारण संयुक्त परिवार की जड़ें खोखली होती जा रही हैं। अब लोग इस बात की परवाह नहीं करते कि सामूहिक परिवार में रहने से उन्हें आपत्तिकालीन संरक्षण प्राप्त हो सकेगा जब ऐसे संरक्षण अन्यत्र मिल जाते हैं और साथ ही व्यक्तिगत स्वतंत्रता पर भी कुठाराघात नहीं होता तो फिर भला सामूहिक परिवार की ओर आकर्षण क्यों रखने लगे।

(5) **जनसंख्या में बढ़ोत्तरी**—द्रुत गति से बढ़ती जनसंख्या भी संयुक्त परिवारों के विघटन के लिए उत्तरदायी है। जनसंख्या बढ़ने से कृषि-भूमि पर दबाव दिन-प्रतिदिन बढ़ता जा रहा है यह असंभव है कि परिवार के सब सदस्य उपलब्ध जमीन के टुकड़े पर खेती करके अपनी रोजी-रोटी कमा सकें इसलिए उन्हें दूसरे काम ढूँढने की तलाश में गाँव से बाहर जाना पड़ता है जहाँ काम-धन्धा मिल जाता है पर वहीं वे अपना अलग परिवार बसा लेते हैं।

(6) **परिवार के कार्यों में परिवर्तन**—वर्तमान समय में सभी प्रकार के परिवारों के सामाजिक तथा साँस्कृतिक कार्यों में परिवर्तन हो गए हैं। आरंभ में शिशुओं की देखभाल परिवार में ही की जाती थी लेकिन आज यह प्रवृत्ति बदल गई है। अब शिशु की देखभाल विशेषज्ञों द्वारा की जा रही है। पहले सन्तान की अधिक संख्या स्वाभाविक और वांछनीय मानी जाती थी लेकिन आज सन्तान की कम संख्या अच्छी समझी जाती है। इसके अतिरिक्त बच्चों को वैयक्तिक कार्यों में बाधक समझने की प्रवृत्ति भी बढ़ जाती है। पहले मनोरंजन, प्रेम-व्यापार तथा अन्य को बहुत कुछ बाँट लिया है। पहले

परिवार व्यक्ति के लिए जो कार्य करता था, आज विभिन्न क्लब, संघ और मित्र कर रहे हैं। कुछ समय पूर्व तक सामाजिक व सांस्कृतिक कार्य धर्म और प्रथाओं से नियन्त्रित होते थे और आज उनके बन्धन ढीले पड़ गए हैं। संयुक्त परिवार इन सभी नई-नई प्रवृत्तियों के शिकार बनते जा रहे हैं। जब उनके अनावश्यक कार्य दूसरी संस्थाओं द्वारा छीन लिए गए हैं और उनका महत्त्व नित्य-प्रति गौण होता जा रहा है तो स्वाभाविक ही है कि वे विघटन की ओर बढ़े।

संयुक्त परिवार के कार्यों में दूसरे नजरिये से भी कमी हो गई है। आज कपड़ों को सीने, अनाज कूटने-पीसने, कपड़े बुनने आदि के कार्य घर में नहीं होते बल्कि अधिकतर ये कार्य बाहर ही होते हैं। इस प्रकार के कार्यों के घट जाने से संयुक्त परिवार पर सदस्यों की आश्रितता कम होती जा रही है और परिवारों के बिखरने को बल मिल रहा है।

(7) नई राह दिखाने की शिक्षा प्रणाली—विद्यालयों और शिक्षण संस्थाओं में छात्रों को जो शिक्षा दी जाती है वह भारतीय संस्कृति के अनुरूप नहीं है। पश्चिमी सभ्यता आदर्शों और प्रभाव से ओत-प्रोत है ऐसी शिक्षा प्रणाली से यह आशा नहीं की जा सकती है कि वह हमारी सांस्कृतिक धरोहरों को सुरक्षित रख सकेगी। शिक्षा कोई भी बुरी नहीं होती है, लेकिन वह ऐसी निश्चित होनी चाहिए जिसका हमारी सांस्कृतिक आधारशिला पर कोई बुरा असर न पड़े। यह आवश्यक है कि वे दूसरों की अच्छाइयों का अनादर न करें। बदनसीबी से हमारी आधुनिक शिक्षा प्रणाली कुछ इसी ढंग की है। जब शिक्षा ही हमारी संस्कृति की पोषक नहीं है तो हम कैसे उम्मीद कर सकते हैं कि देश नई पीढ़ी भारतीय संस्कृति की विशेषता संयुक्त परिवार प्रणाली में आस्था रखेगी।

(8) भारतीय आदर्शों के प्रतिकूल वैधानिक व्यवस्थाएँ—ब्रिटिश हुकूमत ने देश में जो सामाजिक विधान बनाए और स्वदेशी हुकूमत आज जो सामाजिक विधान बना रही है, वे सभी दुर्भाग्यवश भारतीय आदर्शों के विपरीत हैं। उन पर पश्चिमी सभ्यता परम्पराओं और धारणाओं का ज्यादा प्रभाव है। हिन्दू स्त्रियों का सम्पत्ति पर अधिकार अधिनियम, 1937 (The Hindu Women's Right to Property Act, 1937) हिन्दू उत्तराधिकार अधिनियम, 1956 (The Hindu Succession Act, 1956), हिन्दू विवाह अधिनियम, 1956 (The Hindu Marriage Act, 1956) आदि का सम्मिलित प्रभाव यह पड़ा है कि हिन्दू सामूहिक परिवार दिन-प्रतिदिन कमजोर होते जा रहे हैं। इन अधिनियमों की व्यवस्थाएँ परिवार

के आदर्शों के अनुकूल नहीं हैं। इसलिए यह स्वाभाविक है कि इनका ऐसे परिवारों पर विपरीत प्रभाव पड़े विद्वानों की यह धारणा अस्वाभाविक और अनुचित नहीं है कि सामूहिक परिवार वर्तमान समय में न्यायालय द्वारा प्रोत्साहित की जाने वाली व्यष्टिवादी और स्वार्थपरक प्रवृत्ति का शिकार बन रहा है।" संयुक्त परिवार में स्त्रियों को सम्पत्ति का अधिकार देकर विघटन की प्रक्रिया को बहुत तीव्र कर दिया गया है। डॉ. कापड़िया के इस सम्बन्ध में विचार व्यक्त किया है कि वे (अधिनियम) न्यायालयों द्वारा मौलिकता प्राप्त किए हुए कार्य को आगे बढ़ाते हैं।"

(9) अप्राकृतिक पर्यावरण—जो संस्था लचीली एवं समय की माँग के अनुकूल होती है वही विकासमान और प्राणवान रहती है। बदनसीबी से संयुक्त परिवार इस विशेषता को ग्रहण नहीं कर सकते हैं। वर्तमान समय में भी अधिकतर परिवार वही पुरानी रूढ़िवादिता अपनाए हुए हैं। परिवार के बुजुर्ग अपने से छोटे सदस्यों को वांछित स्वतन्त्रता देना पसन्द नहीं करते। इस परिवार में पति-पत्नी परस्पर स्वतन्त्रपूर्वक मिल नहीं सकते, बातचीत नहीं कर सकते और एक-दूसरे के दुखदर्द बाँट नहीं सकते। अगर नव-वधू पर अत्याचार किया जाता हो अथवा उसके अनुकूल व्यवहार न होता हो तब भी पति उसका विरोध नहीं कर सकता है, वरना उसे 'बहू का गुलाम' माना जाता है और कई प्रकार के ताने सुनाए जाते हैं। कई परिवारों में तो यह स्थिति होती है कि पति-पत्नी का सम्बन्ध सिर्फ बिस्तर पर सोने का ही रह गया है। स्वाभाविक है इस तरह का नियन्त्रण आज की परिस्थितियों में चल नहीं सकता। फलस्वरूप सामूहिक परिवार बिखरने लग जाते हैं।

कर्त्ता की स्वेच्छाचारिता भी संयुक्त परिवारों के विभाजित होने का कारण है। कर्त्ता अधिकतर यह नहीं चाहता कि परिवार के दूसरे सदस्य अपनी इच्छानुकूल स्वतन्त्र आचरण करें। पुरुष-सदस्यों को अपनी परिश्रम से कमाई हुई आय कर्त्ता को सौंप देनी पड़ती है। परिवार का मुखिया उसे अपनी इच्छा के अनुरूप खर्च करता है। कई बार खर्च आय का गलत उपयोग होता रहता है लेकिन कर्त्ता के सामने दूसरे सदस्य बोल नहीं पाते। यह भी एक अप्राकृतिक बात है जिसका आखिरी परिणाम संयुक्त परिवार के रूप में निकलता है। संयुक्त परिवारों में यह भी बुराई पाई जाती है कि स्त्रियों पर अनावश्यक प्रतिबन्ध रखे जाते हैं। परिवार के बड़े सदस्य स्वयं जिन आदर्शों और परम्पराओं का निर्वाह नहीं करते उन पर चलने के लिए छोटों को बाध्य करते हैं। औरतें दिन-रात चौके-चूल्हे में पिसती रहती हैं, लेकिन उन्हें जरूरी स्वतन्त्रता भी नहीं दी जाती, आज के जमाने में यह सब कुछ चल नहीं सकता।

परिवार के परिवर्तित होते स्वरूप

वर्तमान समय में जब चारों ओर बदलाव हो रहे हैं, हमारे सामाजिक मूल्य और आदर्श नया रूप ले रहे हैं तो यह स्वाभाविक है कि परिवार जैसी सामाजिक संस्था भी आधुनिक प्रवृत्तियों से प्रभावित हो कोई भी सामाजिक, आर्थिक या राजनीतिक संस्था प्राणवान तभी रह सकती है जब वह समय के अनुसार ढलने को तैयार हो। यद्यपि भारतीय संरचना आज भी परम्परागत है और कार्यों, धारणाओं आदि की दृष्टि से आज भी हमारे परिवार अधिकतर रूढ़िवादी हैं, फिर भी वे आधुनिक बदलाव की चपेट में आते जा रहे हैं। परिणामतः भारतीय पारिवारिक क्षेत्र में नई-नई प्रवृत्तियाँ दिखाई देने लगी हैं, यद्यपि उनका प्रचार अभी बहुत कम है। जो परिवार पश्चिमी सभ्यता और संस्कृति से बहुत ज्यादा प्रभावित हो चुके हैं, जो वैज्ञानिक नजरिये से काफी आगे बढ़ चुके हैं, जो स्वच्छन्द प्रकृति का काफी विकास कर चुके हैं, आधुनिक प्रवृत्तियाँ धीरे-धीरे प्रवेश पाने लगी हैं, फिर भी परम्परागत और रूढ़िगत चरित्र और प्रबल है अतः इन परिवारों में प्राचीनता और आधुनिकता के बीच रस्साकशी चल रही है। समय की प्रगति के साथ स्पष्ट संकेत इसी बात के मिल रहे हैं कि अन्ततोगत्वा इन परिवारों को भी आधुनिक प्रवृत्तियों को स्थान देना होगा। ये जितना ज्यादा विरोध करेंगे, उतना ही ज्यादा इनके विघटन का मार्ग प्रशस्त होगा। संयुक्त परिवारों का आज विघटन इसलिए हो रहे हैं कि आधुनिक प्रवृत्ति से वे अपना सामंजस्य नहीं बैठा पा रहे हैं।

आगे की पंक्तियों में हम परिवार की आधुनिक प्रवृत्तियों, उनके कारणों आदि का उल्लेख करेंगे। यह सभी बदलाव और कारण भारतीय परिवारों पर ऐसे ही घटित होते हैं।

परिवार की वर्तमान प्रवृत्तियाँ

परिवार की वर्तमान प्रवृतियों को निम्नलिखित बिन्दुओं के द्वारा व्यक्त किया जा सकता है—

(1) स्त्रियों की शक्ति में बढ़ोत्तरी—आधुनिक समय के आधार पर परिवार में स्त्रियाँ घर की चारदीवारी में बन्द नहीं रहतीं और न ही पहले के समान उनकी स्थिति पुरुषों की अपेक्षा हीन मानी जाती है। आज लगभग सभी देशों में स्त्रियों को आर्थिक, सामाजिक एवं राजनीतिक क्षेत्र में पुरुषों के समान स्त्रियों में स्वतन्त्र सामाजिक और राजनीतिक चेतना बढ़ी है। शिक्षा के प्रसार से उनमें जागरूकता

उत्पन्न हुई है। जीवन की समस्याओं में वृद्धि होने से स्त्रियाँ स्वयं वे कार्य करने लगी हैं जो परिवार की बढ़ी हुई जरूरतों की पूर्ति में मददगार हो सकें। इस प्रकार वर्तमान समय में परिवारों में स्त्री की स्थिति तेजी से बदलती जा रही है। वह आज परिवार में सेविका के स्थान पर एक सहयोगिनी और मित्र की जगह लेती जा रही है।

(2) पैतृक शक्ति में बदलाव—आज के समय में परिवार में पिता की शक्ति और उनका सम्मान पहले जैसा नहीं रहा है। आज आयु की अपेक्षा व्यक्तिगत योग्यता को परिवार में ज्यादा महत्त्व दिया जाने लगा है। रूढ़ियों में कम हो जाने के कारण परिवार के सभी सदस्य समान अधिकारों की माँग करने लगे हैं। इस प्रकार आधुनिक परिवार 'अधिनायकवाद' की सीमा से बाहर निकालकर प्रजातान्त्रिक आदर्शों की ओर उन्मुख हो रहे हैं।

(3) परिवार के आकार में बदलाव—आकार का तात्पर्य परिवार के सदस्यों की संख्या से है। पहले की अपेक्षा आज के समय ज्यादातर परिवार का आधार अधिकतर पति-पत्नी और उनके अविवाहित बच्चों तक ही सीमित होता जा रहा है। इस परिवार में सदस्यों की संख्या 20-25 से घटकर 4-5 तक पहुँच गई है।

(4) आर्थिक कार्यों में बदलाव—परिवार के आर्थिक कार्यों में भी महत्त्वपूर्ण बदलाव आते जा रहे हैं। कुछ समय पहले तक सभी महत्त्वपूर्ण आर्थिक क्रियाएँ परिवार द्वारा ही की जाती थीं, विशेष रूप से श्रम-विभाजन करना, जीविकोपार्जन के साधनों को निश्चित करना, प्राप्त आय को एकत्र करना व समाजवादी नीति के आधार पर बाँटना परिवार का ही कार्य था लेकिन अब समय के अनुसार स्थिति बहुत बदलाव आ गया। व्यक्तिवादिता, निजीस्वार्थ और निजी सम्पत्ति की भावना के प्रसार के कारण आर्थिक क्रियाओं का चुनाव और लाभ-हानि का दायित्व व्यक्तिगत आधार पर ही तय होता है।

(5) धार्मिक कार्यों में परिवर्तन—पहले समय में परिवार में ही धार्मिक शिक्षा और कार्य होते थे। मन्दिरों, पूजागृहों या चर्चों में परिवार एक इकाई के रूप में भाग लेता था परन्तु आज परिवार में धार्मिक शिक्षण और कार्यों का महत्त्व ना के बराबर हो गया है। अब धर्म को परिवार के संगठन का आधार नहीं माना जाता। विचारों का महत्त्व बढ़ने से परम्परागत धार्मिक कार्यों में परिवार की आस्था लगभग खत्म होती जा रही है। वर्तमान जीवन में धार्मिक कार्यों में परिवार का होना जरूरी नहीं माना जाता है। आज पारिवारिक धार्मिक भोजों व धार्मिक उत्सवों के स्थान पर चाय पार्टी और मित्र-गोष्ठियों का प्रचलन ज्यादा लोकप्रिय होता जा रहा है।

(6) मनोरंजनात्मक कार्यों में बदलाव—वर्तमान समय में परिवार के मनोरंजनात्मक कार्यों में भी प्रमुख बदलाव आया है। पहले परिवार ही मनोरंजन का केन्द्र स्थल होता था। छुट्टी में परिवार के सभी सदस्य एक साथबैठकर स्वस्थ मनोरंजन करते थे लेकिन आज के समय में मनोरंजन का सम्पूर्ण अधिकार क्लबों, नाटकघरों, चल-चित्रों, रेडियो और मित्र-गोष्ठियों ने ले लिया है। नवयुवक श्रेणी के लोग तो ज्यादातर समझने लगे हैं कि परिवार से मनोरंजन के कार्य का कोई भी सम्बन्ध नहीं है।

(7) पारिवारिक कार्यों का राज्य द्वारा सम्पादन—आज परिवार के सारे द्वितीयक कार्य धीरे-धीरे राज्य के हाथों में पहुँचते जा रहे हैं। परिवार के प्रति राज्य के दो प्रकार के कार्य प्रमुख हो गए हैं—सहयोगी कार्य तथा नियन्त्रण सम्बन्धी कार्य। सहयोगी कार्य हैं—आवास-गृह, चिकित्सा, सेवा, पेंशन, प्रोविडेन्ट फण्ड, शिक्षा, बच्चों का पालन-पोषण, रोजगार आदि। नियन्त्रण सम्बन्धी कार्य हैं—विवाह की आयु निर्धारित करना, जीवनसाथी के चुनाव को नियन्त्रित और नियमित करना, साम्पत्तिक अधिकारों को निश्चित करना, विवाह-विच्छेद सम्बन्धी व्यवस्थाएँ करना आदि। इन सभी कार्यों की व्यवस्था करने में राज्य की भूमिका नित्यप्रति महत्त्वपूर्ण होती जा रही है।

(8) वैवाहिक स्वरूप में बदलाव—परिवार की रचना का मूल आधार विवाह का स्वरूप है। आधुनिक काल में परिवार एक-विवाही रूप अधिकाधिक धारण करते जा रहे हैं। इससे परिवार का आकार छोटा हो रहा है। बहु-विवाह प्रथा कानूनी रूप से अवैध हो गई है और सामाजिक क्षेत्र में भी उत्तरोत्तर कमी होती जा रही है। आज कल नवयुवकों में यह धारणा पनप रही है कि आत्मनिर्भर होने के उपरांत ही शादी की जाए। अन्तर्जातीय विवाह होने लगे हैं जिससे पारिवारिक संरचना तथा आदर्शों में बदलाव आ रहे हैं। विधवाओं तथा अविवाहित लड़कियों के प्रति सहानुभूति और सहिष्णुता के भाव जाग्रत हैं। कई ऐसे परिवारों में विधवा-विवाह होने लगे हैं। जिन परिवारों का आकार छोटा हो गया है अथवा होता जा रहा है, उनमें बच्चों का सम्बन्ध एक ही माँ से होने के कारण पारिवारिक सम्बन्धों पहले की अपेक्षा अधिक मधुरता आती जा रही है। फलस्वरूप यह हो रहा है कि विवाह में रोमांस का तत्त्व जुड़ता जा रहा है। प्रेम विवाह और तलाक की दरें बढ़ रही हैं।

(9) वैवाहिक रूप में बदलाव—परिवार की रचना का मुख्य आधार विवाह का रूप है। आधुनिक समय में परिवार एक-विवाही रूप अधिकाधिक ग्रहण करते जा रहे हैं जिससे परिवार का आकार छोटा हो रहा है। बच्चों का सम्बन्ध ज्यादातर

एक ही माँ से होने के कारण पारिवारिक सम्बन्धों में ज्यादा मिठासपन आता है और परिणामस्वरूप पारिवारिक संगठन में वृद्धि हुई है।

(10) अस्थायित्व—आधुनिक परिवार की संरचना पहले से ज्यादा अस्थायी हो गई है। सामाजिक गतिशीलता बढ़ने से और परिवार का आकार छोटा होने से स्त्रियाँ आर्थिक क्षेत्र में काम करने लगी हैं अतः कभी-कभी पति-पत्नी और बच्चों को एक-दूसरे से काफी दूर रहना पड़ता है। पति-पत्नी को वैधानिक रूप से तलाक का अधिकार प्राप्त हो जाने से परिवारों का सुखी जीवन कितनी ही बार एकाएक समाप्त हो जाता है। अनेक परिवार होटलों तक में रहने लगे हैं, इस प्रकार 'अपना घर' अथवा 'गृहस्थी' जैसी भावनाएँ उनमें लगभग खत्म हो गयी हैं।

(11) पारिवारिक सम्बन्धों में बदलाव—आधुनिक समय में पारिवारिक सम्बन्धों में भी तेजी से बदलाव होता जा रहा है। व्यक्तिवादिता और निजी सम्पत्ति की भावना अधिक से अधिक बढ़ती जा रही है एवं पारस्परिक कर्त्तव्य की भावना मिटती जा रही है और आज परिवार के मनोरंजन का क्षेत्र नहीं रह गया है बल्कि मनोरंजन परिवार से बाहर किया जाता है। पहले सामूहिक रूप में परिवार का अभियान किया जाता था; भाई-बहिन, माता-पिता आदि के सामाजिक सम्बन्धों को महत्त्व दिया जाता था और परिवार के सभी सदस्य एक-दूसरे के सम्मान को अपना सम्मान समझते थे किन्तु आज परिवार से बाहर अपनी वैयक्तिक भूमिकाओं को अधिक बल दिया जाता है।

(12) सामाजिक और सांस्कृतिक कार्यों में बदलाव—आधुनिक परिवारों के सामाजिक तथा सांस्कृतिक कार्यों में महत्त्वपूर्ण बदलाव होते जा रहे हैं। पहले शिशुओं की देख-रेख परिवार में ही की जाती थी आज यह प्रवृत्ति बदलती जा रही है कि शिशुओं की देखभाल विशेषज्ञों द्वारा की जाए। पहले सन्तान की अधिक संख्या वांछनीय तथा स्वाभाविक समझा जाता है तथा बच्चों को वैयक्तिक कार्यों में बाधक समझने की प्रवृत्ति बढ़ती जा रही है। पहले मनोरंजन, प्रेम-व्यापार तथा अन्य सामाजिक कार्यों का केन्द्र परिवार होता था लेकिन आज मनोरंजन, प्रेम-व्यापार आदि का केन्द्र परिवार से बाहर है। खाना-पीना और सोना तक घर से बाहर होता है। यौन-सम्बन्धों में उदार नजरिया अपनाया जाना चाहिए। कुछ समय पहले तक सामाजिक व सांस्कृतिक कार्य धर्म और प्रथाओं से नियन्त्रित होते थे लेकिन आज प्रथाओं, परम्पराओं, धर्म, रीति-रिवाजों और लोकाचारों के बन्धन ढीले पड़ रहे हैं। पहले भिन्न-भिन्न शिल्पों और व्यवसायों की शिक्षा एवं बौद्धिक शिक्षा घर से बाहर ही दी जाती है।

परिवार में आधुनिक बदलाव के कारण

आधुनिक समय में परिवार जिन नई प्रवृत्तियों या परिवर्तनों को धारण कर चुके हैं और करते जा रहे हैं, उसके मूल में जरूरी कुछ विशेष कारण हैं–विद्वानों ने अलग-अलग कारणों को महत्त्व दिया है, तथापि सामान्य रूप से निम्न तरह के कारण सार्वभौम हैं–

(1) आर्थिक कारण,

(2) राजनीतिक कारण,

(3) सामाजिक कारण, एवं

(4) दार्शनिक कारण।

1. आर्थिक कारण

अर्थ के विचार से परिवार के स्वरूप तथा प्रकृति को प्रभावित करने वाले मुख्य कारण निम्न हैं–

(1) औद्योगिक क्रान्ति के पहले परिवार का जीवन आत्मनिर्भर था, लेकिन औद्योगिक क्रान्ति ने परिवार के इस रूप को एकदम बदल दिया है। आज खाना बनाने से लेकर घर सफाई तक के कार्य मशीनों के माध्यम से सम्भव हो गये हैं। स्त्रियाँ गृहिणियाँ जरूर हैं लेकिन उनके जिम्मेदारी में लगातार कमी आती जा रही है। औरत तथा मर्द दोनों आर्थिक क्षेत्र में उतर आये हैं, इसलिए विवाह के बन्धनों में लचीलापन आ गया है। औद्योगीकरण के कारण जीवन की स्थिरता में कमी आई है और सम्पत्ति का प्रभाव बढ़ने से व्यक्ति के लिए बन गया है। विवाह के बन्धनों में पहले जैसी पवित्रता उदारता वाली बात नहीं रही है। विवाह का मुख्य आधार प्रेम-वासना की पूर्ति मात्र रह गया है।

(2) आर्थिक व्यवस्था ने स्त्रियों को वे सब सुविधाएँ प्रदान कर दी हैं जो पुरुषों को प्राप्त हैं। आर्थिक क्षेत्र में स्त्रियाँ आत्मनिर्भर होने लगी हैं जिसका सबसे अधिक प्रभाव पति-पत्नी के आपसी सम्बन्धों पर पड़ा है। परिवार मुख्य रूप में पति और पत्नी के आपसी सम्बन्धों का संस्थापक रूप में बदलाव आ जाना स्वाभाविक बात है स्त्रियाँ विवाह से पहले ही इतना अच्छा जीवन स्तर बना लेती हैं कि विवाह के उपरांत शायद ही ऐसा जीवन-स्तर बना सकें। ये परिस्थितियाँ विवाह की आयु, वैवाहिक सम्बन्धों, विवाह-विच्छेद और बच्चों की संख्या आदि पर प्रभाव डालती हैं। इन सभी से परिवार का ही रूप बदल जाता है।

(3) आज की आर्थिक व्यक्तिवादिता ने कुछ पुरुषों को इतना निर्दयी बना दिया है कि वे अपनी स्त्रियों को किसी भी अवस्था में काम पर भेजकर स्वयं आराम करते हैं। औद्योगीकरण के कारण कुछ परिवार तो इतने गरीब हो गए हैं कि बच्चों के पालन-पोषण के लिए स्त्रियों का कार्य करना आवश्यक हो गया है। अधिकतर माँ अपने 3-4 महीने के शिशु को लेकर जीविकोपार्जन करती है। स्पष्ट ही ऐसे परिवार अन्य परिवारों से अलग रूप धारण कर लेते हैं। उनमें बाल-अपराधियों की संख्या ज्यादा हो जाती है, सदस्यों की स्थिति अस्थायी होती है एवं पारिवारिक संगठन की पृष्ठभूमि सांस्कृतिक न होकर आर्थिक बन जाती है।

(4) आधुनिक समय के आर्थिक बदलावों के कारण परिवार के अनेक काम अनेक एजेन्सियों ने ले लिये हैं। आर्थिक उत्पादन कारखानों में शिक्षा, स्कूल और बालघरों में एवं मनोरंजन क्लबों व सिनेमा में होने लगा है। इससे पारिवारिक दृढ़ता में कमी आई और विकेन्द्रीकरण की प्रवृत्ति को बढ़ावा मिला है।

2. राजनीतिक कारण

परिवार के आधुनिक बदलावों का दूसरा प्रमुख कारण परिवार के सदस्यों की राजनीतिक और वैधानिक स्थिति में बदलाव हो जाता है। निम्न प्रकार के कारण पारिवारिक बदलाव के प्रति ज्यादा उत्तरदायी हैं–

(1) वर्तमान समय में माता-पिता की अपेक्षा राज्य की सत्ता का ज्यादा महत्त्व है। आजकल अधिक अयोग्य, दुराचारी अथवा निर्दयी माता-पिता के आदेशों को मानना जरूरी नहीं रहा क्योंकि बच्चे का समाजीकरण होना राज्य द्वारा खोले गए शिशुगृहों और बाल न्यायालयों से सम्भव हो गया है। प्राचीन भारतीय परिवारों में माता-पिता की इच्छा के विरुद्ध सही या गलत काम करके एक पल भी परिवार में रहना नामुमकिन था लेकिन अब यह स्थिति नहीं रही है। सम्पत्ति का हस्तान्तरण आज केवल माता-पिता की इच्छा का ही विषय नहीं है। परिवार के जीवन में राज्य का हस्तक्षेप बढ़ता जा रहा है। आधुनिक समय में यह माना जाने लगा है कि बच्चे की अनुशासनहीनता परिवार को इतना प्रभावित नहीं करती जितना की सम्पूर्ण को। इसलिए शिक्षा, रहन-सहन, विवाह की आयु, विवाह की स्थिरता आदि के सम्बन्ध में इतने ज्यादा राजकीय कानून बन गए हैं कि जिनसे परिवार के रूप और स्थिति में आमूल परिवर्तन आते जा रहे हैं।

(2) आधुनिक समय में स्त्रियों को राजनीतिक मताधिकार मिल गया और वे परिवार की सीमा के बाहर आकर राष्ट्रीय और अन्तर्राष्ट्रीय विषयों पर विचार करने

लगी हैं। उन्होंने पुरुषों की मनमानी नीति का विरोध करके अपनी स्थिति को और भी दृढ़ बना लिया है। इस स्थिति ने पारिवारिक संगठन को बहुत ही प्रभावपूर्ण बना दिया है।

(3) राज्य परिवार के शिक्षा आदि अनेक कार्यों को ले लिया है और वह बच्चों के शारीरिक तथा मानसिक स्वास्थ्य के साथ-साथ उनके भविष्य का भी अध्ययन रखता है। राज्य के नियन्त्रण का क्षेत्र बढ़ने के साथ-साथ बालकों पर परिवार के नियन्त्रण का क्षेत्र कम होता जा रहा है।

3. सामाजिक कारण

सामाजिक कारण भी परिवार में आये नये बदलावों में विशेष महत्त्व रखते हैं। कई सामाजिक शक्तियाँ पृथक्-पृथक् रूपों में पारिवारिक जीवन को प्रभावित कर रही हैं। जनसंख्या की गतिशीलता, स्त्रियों की स्थिति में विकास, नैतिकता के मापदण्ड में परिवर्तन, नगरीकरण की प्रक्रिया आदि ऐसे सामाजिक कारण हैं जो परिवार को सदैव प्रभावित कर रहे हैं। इन्हें हम अग्र रूपों में स्पष्ट कर सकते हैं–

(1) औद्योगीकरण के फलस्वरूप जनंसख्या की गतिशीलता में वृद्धि हुई है, इससे एक ओर तो पारिवारिक नियन्त्रण में कमी आ गई है तो दूसरी ओर परिवार की स्थिरता पर भी अलग प्रभाव पड़ा है। गतिशीलता के कारण नये पड़ोस और नये वातावरण में रहना होता है तो परिवार की सुख-सुविधाओं को नये पर्यावरण के अनुरूप बनाना पड़ता है। अधिक से अधिक पति-पत्नी एक-दूसरे से पर्याप्त समय तक दूर रहते हैं और बच्चों को भी पिता से काफी समय दूर रहना पड़ता है इससे पारिवारिक प्यार उतना घनिष्ठ नहीं रहता जो एक विशुद्ध परिवार के लिए जरूरी है।

(2) स्त्रियों में आधुनिक समुदायों में शिक्षा-प्रसार मताधिकार की प्राप्ति, आर्थिक समानता आदि के कारण स्त्रियों की स्थिति बड़ी हो गई है। इसका प्रभाव परिवार के ढाँचे पर पड़ा है। शिक्षा के प्रसार के साथ-साथ स्त्रियों में विवाह की उम्र बढ़ रही है और अविवाहित रहने की प्रवृत्ति का भी विकास हो रहा है। विवाह का आधार वासना को पूरा करना मात्र रह गया है। उच्च शिक्षा के कारण स्त्रियों में अपने अधिकारों के प्रति जागरूकता बढ़ी है और स्वतन्त्र रूप से निर्णय लेने की भावना का प्रसार हुआ है। इससे परिवार में पुरुषों के एकाधिकार में कमी आई है। स्वतन्त्र रूप से निर्णय लेने की भावना विकसित होने के कारण जीवनसाथी के चुनाव में स्वतन्त्रता बढ़ती जा रही है और युवक-युवती स्वयं मिलकर विवाह तय करने लगे

हैं। प्रेम-विवाहों की संख्या बढ़ने के साथ-साथ तलाकों की संख्या भी बढ़ रही है क्योंकि आर्थिक दृष्टि से स्वतन्त्र हो जाने के उपरांत विवाह में प्रेम न मिलने से वह स्त्री के लिए बेकार हो जाता है। स्त्रियों की स्थिति में प्रगति होने से परिवार का आकार भी छोटा होता जा रहा है। आधुनिक शिक्षित स्त्रियाँ अधिक सन्तान पैदा नहीं करना चाहतीं। उनमें यह भावना पनप रही है कि ज्यादा संतान के पैदा होने से जीवन-स्तर नीचे गिरता है और स्त्री पुरुष के वैवाहिक जीवन का आनन्द नहीं ले पाते हैं। स्त्रियों की उच्च-शिक्षा पारिवारिक कलह का भी कारण बनती हैं।

(3) स्त्रियों की दशा में उन्नयन होने के साथ-साथ यौन नैतिकता के दोहरे मापदण्ड की समाप्ति ने आधुनिक परिवार और विवाह के स्वरूप में भी बदलाव आया है। आधुनिक समाजों में यौन नैतिकता के विषय में स्त्री-पुरुष के लिए अधिकतर एक समान नियम हैं। स्त्री-पुरुष किसी के भी व्यभिचारी होने पर दूसरा उसे किसी तरह का शारीरिक कष्ट नहीं दे सकता है। यह कानूनी व्यवस्था है कि दोनों में से कोई भी दूसरे को तलाक दे सकता है। इस तरह शादी की संस्था का रूप ही बदल गया है और परिवार में स्त्री-पुरुष में समानता आ गई है। शिक्षित पति-पत्नी दोनों या तो उन्मुक्त भोगी होते हैं और कोई किसी को नहीं रोकता या फिर उनमें वैवाहिक नैतिकता बड़ी दृढ़ रहती है। इस तरह आधुनिक परिवार में दोहरी नैतिकता खत्म-सी होती जा रही है।

(4) आधुनिक जीवन में नगरीकरण के कारण परिवारों के रूप तथा कार्यों में अधिक परिवर्तन हुआ है। पुरुष अधिकतर धन अर्जित करने में मगन रहते हैं और घर पर स्त्रियों की समस्या से लगभग अनभिज्ञ से रहते हैं, जबकि स्त्रियाँ घर और बाजार के सभी कार्य करने के कारण पुरुषों की समस्याएँ समझने की चिन्ता नहीं कर पातीं। फलस्वरूप स्त्री और पुरुष दोनों एक-दूसरे की समस्याओं के प्रति चिंतित नहीं रहते और उनके पारिवारिक जीवन में असन्तोष बना रहता है। नारीकरण के कारण युवा-वर्ग यौन को चरित्र का सामान्य अंग मानता है बल्कि बड़े व्यक्ति यौन को चरित्र की एकमात्र कसौटी मानते हैं। इस हालत ने कई आधुनिक परिवारों में बड़ी विचित्र और असन्तोषजनक स्थिति पैदा कर दी है। नगरों में जनसंख्या का घनत्व अधिक होने से मकानों की बड़ी कमी रहती है। जो परिवार एक या दो कमरों में अपना जीवन बिताया करता है, वहाँ पति-पत्नी और बच्चों में स्वस्थ सम्बन्धों की कल्पना करना मुश्किल है। पुरुष को काम की थकान के उपरांत कुछ पल आराम करने के लिए शान्त स्थान नहीं मिल पाता है तथा पत्नी को अपने विचार व्यक्त

करने के लिए एकान्त मौका प्राप्त नहीं हो पाता। बच्चे भी सभी वांछित और अवांछित बातों को सुनते रहते हैं। इन सभी कारणों से परिवार के संगठन पर बड़ा हानिकारक प्रभाव पड़ता है।

(5) व्यावहारिक मनोरंजन की वृद्धि के कारण पारिवारिक मनोरंजन लगभग समाप्त-सा हो गया है। व्यावहारिक मनोरंजन ज्यादा चिंताकर्षक व्यवस्थित और नवीनतम रुचियों के आज अनुरूप होता है बल्कि परिवार में प्राप्त मनोरंजन प्रायः परम्परागत, पौराणिक कथाओं व धार्मिक विश्वासों पर आधारित होता है इसलिए आज के समय में अधिकतर व्यक्ति व्यावसायिक साधनों से ही मनोरंजन की पूर्ति करते हैं। परिणामस्वरूप स्वस्थ मनोरंजन प्रदान करने का परिवार का वह प्रमुख कार्य समाप्त-सा हो गया है, जो परिवार के सभी सदस्यों को एक सूत्र में बाँधने में मदद करता था। व्यावसायिक मनोरंजन रुचिकर होने के साथ-साथ महँगा भी पड़ता है, इसलिए पारिवारिक अर्थव्यवस्था पर इसका विपरीत प्रभाव पड़ने के मौके नित्य-प्रति देखे जाते हैं।

4. दार्शनिक कारण

दार्शनिक कारणों से हमारा आशय व्यक्तियों के सोचने-विचारने की उन परिस्थितियों से है जिन्होंने परिवार के संगठन को एक बड़ी सीमा तक प्रभावित किया। कुछ विद्वानों ने इन्हीं दार्शनिक कारणों को सांस्कृतिक कारणों के नाम से भी पुकारा। परिवार के परम्परागत रूप को बदलने वाले मुख्य दार्शनिक कारण ये हैं—

(1) वर्तमान समय में व्यक्तिवादिता विचारों और भौतिकवादी आदर्शों में भी वृद्धि होने से परिवार के पुराने मूल्यों की निन्दा होने लगी है। परिवार के सदस्य आज नैतिक विचारों की उपेक्षा करके भौतिकता की ओर प्रवृत्त हो रहे हैं। उनमें एक-दूसरे के प्रति त्याग की भावना कम होकर व्यक्तिगत सुख सम्बन्धी विचार पनप रहा है। प्रत्येक व्यक्ति अपने श्रम का स्वयं ही प्रयोग करने को लालायित रहता है। फलस्वरूप परंपरागत परिवारों के स्थान पर मूल परिवारों की संख्या में निरंतर वृद्धि हो रही है।

(2) विवाह की धार्मिक पृष्ठभूमि में शिथिलता आ जाने से परिवार के नैतिक बन्धन को आघात पहुँचा है। आधुनिक युग में पश्चिमी सभ्यता के आधार पर विवाह एक धार्मिक बन्धन न रहकर मैत्री और समझौते का बन्धन है इसलिए परिवार का स्थायित्व तभी तक बना रहता है जब तक व्यक्ति को इससे लाभ है। नुकसान विचार

मन में आते ही स्त्री या पुरुष त्याग और सहानुभूति के परम्परागत आदर्शों को भूल कर विवाह-विच्छेद के द्वारा परिवार की पवित्रता खत्म कर देते हैं। इससे यह स्पष्ट होता है कि परिवार में धार्मिक विचारों में गिरावट होने से इसका ढाँचा और कार्य दोनों ही परिवर्तित हो गया है।

(3) नैतिकता का एक नया स्तर जन्म ले लिया है जिससे परिवार के पूर्ववर्ती रूप को बड़ा आघात पहुँचा है। आज परिवार में बड़े व्यक्तियों के आदेशों का पालन करना नैतिकता नहीं समझी जाती। तर्क और अपने को न्यायपूर्ण सिद्ध करना उपयुक्त समझा जाता है। इसी प्रकार विषम लिंग के व्यक्तियों की पारस्परिक एक-दूसरे से मिलना अनैतिकता नहीं समझा जाता जबकि इसको 'आधुनिकता' कहा जाता है। आज 'संयोग' का विषय हो गया है और विवाह-विच्छेद का प्रयोग सामाजिक अधिकार के रूप में उचित समझा जाने लगा है। व्यक्तिगत स्वतन्त्रता इतनी चरम सीमा पर पहुँच गई है कि वह व्यक्तियों की देख-रेख करना बच्चों की जिम्मेदारी नहीं रह गयी है। नैतिकता के इस नवीन स्तर ने कुछ समय पहले के परिवारों का रूप ही बदल दिया है।

परिवार में आधुनिक परिवर्तन के उक्त कारणों के सम्बन्ध में यह कहना उचित होगा कि कोई एक या दो वजह ही परिवार के रूप को बदल नहीं सकते जबकि कई वजहों के सामूहिक प्रभाव से ही परिवार नये रूप धारण कर रहे हैं।

पारिवारिक विभाजन तथा पुनर्संगठन

हम ज्यादातर पारिवारिक बँटवारे की बात सुनने को मिलती है। विभाजन संगठन की विभाजन स्थिति है। जिन सम्बन्धों और सूत्रों से संगठन की नींव पड़ती है, जब वे ही टूटने लगते हैं तो खत्म होना है। इस तरह पारिवारिक सम्बन्धों में अनुकूलता, दृढ़ता आदि का पारिवारिक विघटन कहा जा सकता है। इस अवस्था में परिवार के सदस्यों में तनाव उत्पन्न हो जाता है। वे मिलजुल कर एक सबके लिए और सब एक के लिए वाली भावना से काम नहीं कर पाते। अगर बाहर से वे एक परिवार के रूप में बने भी रहते हैं तो भी उनके भीतर वे मधुर सम्बन्ध कायम नहीं रहते जो एक परिवार के सदस्यों में रहने चाहिए। अन्दर ही अन्दर कटुता चलती रहती है और एक प्रकार का अलगाव छाया रहता है। जब कभी इसका तेजी से बाहर विस्फोट होता है तो पारिवारिक विभाजन की प्रक्रिया और तेज हो जाती है और चरम सीमा पर पहुँच सकती है। तब परिवार के सदस्य एक-दूसरे से बिछुड़ भी जाते हैं।

तात्पर्य यह हुआ कि पारिवारिक विघटन का अर्थ अनिवार्य रूप से सदस्यों का तथा पति-पत्नी का एक-दूसरे से अलग हो जाना ही नहीं है। यह सम्भव है कि अन्दर ही अन्दर एक-दूसरे को न चाहते हुए या आचार-व्यवहार में एक-दूसरे से सहमत न होते हुए भी पति-पत्नी या भाई-भाई या अन्य पारिवारिक सदस्य ऊपरी तौर पर सामाजिक लोकलाज के कारण, बँधे रहें। अन्य अर्थों में पारिवारिक बन्धनों की नियन्त्रण शक्ति में कमी आ जाना, पारस्परिक मधुर सम्बन्धों और एक ममता का खत्म हो जाना ही पारिवारिक बँटवारा है जिसका चरम रूप पृथकता, तलाक, विभाजन, शारीरिक उत्पीड़न आदि के रूप देखने को मिलता है।

पारिवारिक विभाजन के तात्पर्य को ज्यादा स्पष्ट करने के लिए कुछ समाजशास्त्रीय परिभाषाओं का अवलोकन करना उचित होगा। मोरर (Mowrer) के मतानुसार "पारिवारिक विभाजन का अर्थ है पारिवारिक सम्बन्धों में कठिनाई का आना है अथवा इसे संघर्षों की शृंखला का वह चरम रूप माना जा सकता है जा पारिवारिक एकता को खतरा उत्पन्न कर देता है। ये संघर्ष किसी भी प्रकार के हो सकते हैं और इनकी एक ममता अथवा क्रमबद्धता को पारिवारिक विभाजन कहा जा सकता है।" स्पष्ट है कि सामान्य पारिवारिक तनावों से परिवार का विभाजन होना जरूरी नहीं है बल्कि जब पारिवारिक संघर्ष चरम सीमा को छूने लगते हैं तभी पारिवारिक विभाजन की स्थिति पैदा होती है।

एक अन्य समाजशास्त्री मार्टिन न्यू मेयर के कथनानुसार (Martin Newmeyer) "पारिवारिक बँटवारा का तात्पर्य परिवार के सदस्यों में मतैक्य और निष्ठा का (Consensus and Loyalty) का अभाव या पूर्व-सम्बन्धों का बहुधा टूट जाना, पारिवारिक चेतना का खत्म हो जाना अथवा पृथकता का विकसित हो जाना है।" मार्टिन न्यू मेयर ने विभाजन की प्रकृति और कारणों को ध्यान में रखकर ही परिवार को एक सूत्र में बाँधे रखने वाली आपसी चेतना तथा निष्ठा एवं दायित्व की भावना समाप्त होने लगती है तभी पारिवारिक विभाजन की दशा पैदा हो जाती है?

इलियट तथा मेरिल (Elliot and Merrill) के मत में–''पारिवारिक विभाजन के विभाजन को विभिन्न तरह के परिवारों के किसी भी प्रकार्यात्मक असन्तुलन के रूप में सोचा जा सकता है। इस तरह पारिवारिक विभाजन के अन्तर्गत हम केवल पति-पत्नी के बीच पाए जाने वाले तनावों को ही नहीं लेते जबकि माता-पिता और बच्चों के बीच पाए जाने वाले तनावों को भी शामिल कर सकते हैं।"

पारिवारिक विभाजन के इस सम्पूर्ण विश्लेषण से यह निष्कर्ष स्पष्ट होता है कि इसके तहत अग्रलिखित अवयव प्रभावशाली रहते हैं–

(i) पारिवारिक सदस्यों के आपसी सम्बन्धों का ताना-बाना टूटने लगता है।

(ii) केवल पति-पत्नी के बीच ही तनाव पैदा होने के अतिरिक्त माता-पिता, बच्चों आदि के बीच कलह पैदा हो जाते हैं।

(iii) सम्बन्धों का पूर्णतः अलग होने से ही केवल पारिवारिक विघटन नहीं होता, बल्कि पारिवारिक निष्ठा के भंग होने से भी विघटन की स्थिति उत्पन्न हो जाती है। पति-पत्नी के मध्य चाहे तलाक न हो उनके आन्तरिक स्नेह-बन्धनों में शिथिलता आना भी पारिवारिक विघटन का सूचक है। इस तरह तलाक की संख्या से पारिवारिक विघटन का प्रतिशत निकालना ठीक नहीं है क्योंकि विवाह-विच्छेद की संख्या से कई गुना अधिक परिवार आज विभाजन की चक्की में पिस रहे हैं। तलाक तो पारिवारिक विभाजन की प्रक्रिया पूर्ण होने की स्थिति है, आरंभ होने की नहीं। डासन और गैटिस (Dawson and Gettis) विचार में "इन संस्थाओं की अपेक्षा निस्सन्देह पारिवारिक विघटन एक बहुत अधिक फैला हुआ लक्षण है क्योंकि यह संख्या उन दशाओं की ओर संकेत करती है जहाँ पर प्रक्रिया पूरी हो जाती है।"

पारिवारिक विघटन के जिम्मेदार घटक

पारिवारिक विघटन के कई कारण सार्वभौम प्रकृति के हैं, इसलिए भारतीय परिवारों के विघटन पर भी वह पूरी तरह लागू होते हैं। आधुनिक समय परिवर्तन का युग है जिसमें नई-नई आर्थिक, सामाजिक तथा वैज्ञानिक शक्तियाँ जन्म ले रही हैं। समाज में नये आदर्शों तथा मूल्यों की स्थापना हो रही है जिनके फलस्वरूप पारिवारिक संरचना तथा आदर्शों में भी परिवर्तन आ रहे हैं। जो परिवार इन परिवर्तनों से अनुकूलन करते जा रहे हैं, वे विघटन से बच जाते हैं। इसके अनुकूल आचरण करने वाले रूढ़िवादी परिवार पृथक् हो रहे हैं और विघटन के शिकार बन रहे हैं। अनुकूलता धारण करने वाले परिवारों का स्वरूप अगर पहले से बदल रहा है तो उसे विभाजित नहीं मानना चाहिए, वह तो स्वरूप परिवर्तन है लेकिन प्रतिकूलता लिये हुए जो परिवार आन्तरिक कलह, तनाव तथा संघर्ष के शिकार बने हुए हैं, उनमें विघटन की स्थिति है जो अपने महत्तम रूप में भी आए दिन प्रस्फुटित होती रहती है।

हम उन विभिन्न कारणों को अग्रिम पंक्तियों में लेंगे जो भारतीय ही नहीं बल्कि विश्व के समाज को विघटित कर रहे हैं। यथा–आर्थिक, सामाजिक, राजनीतिक, शैक्षणिक, वैज्ञानिक कारण आदि।

आर्थिक कारण

वर्तमान समय आर्थिक युग है जिसमें मानव का नजरिया सर्वाधिक आर्थिक बनता जा रहा है। वह समय दूर नहीं दिखाई देता जब हम दैनिक बोलचाल में आर्थिक मानव की चर्चा करेंगे। यह तथ्य स्वाभाविक और मनोवैज्ञानिक दोनों ही है कि सम्पत्ति का साँप जितना अधिक हमारे मन-मन्दिर के भीतर प्रवेश करता जाएगा, उतनी ही हमारी मानसिक शान्ति भंग होकर हमारी स्वार्थपरता बढ़ती जाएगी। जहाँ स्वार्थ और लोभ की अधिकता होगी वहाँ त्याग और सहिष्णुता के आधार पर स्थापित बन्धन कमजोर होते जायेंगे। आधुनिक समय में यही स्थिति हमारे परिवारों के भी परम्परागत आदर्श बने हुए हैं। संसार के अन्य परिवार भी इन विचारों से अछूते नहीं हैं लेकिन वर्तमान आर्थिक परिस्थितियों, विवशताओं और मूल्यों ने इस तरह के उच्च आदर्शों पर आघात किया है कि जिससे विघटन की प्रक्रिया और भी तेज होती जा रही है।

जिन विभिन्न कारणों से आज परिवार विघटन की ओर बढ़ रहे हैं, वे थोड़े में इस प्रकार हैं—

(1) औद्योगीकरण—पारिवारिक विभाजन हेतु आधुनिक औद्योगिक परिस्थितियाँ बहुत हद तक जिम्मेदार हैं—

(क) परिवार के अधिकतर आर्थिक कार्य अन्य संस्थाओं और समितियों ने ले लिये हैं। परिणामस्वरूप उत्पादक और आर्थिक इकाई के रूप में परिवार का महत्त्व कम होता जा रहा है और परिवार के सदस्य आर्थिक कारणों से एक-दूसरे के प्रति निकट महसूस नहीं करते।

(ख) परिवार के कार्यशील सदस्य घर छोड़कर रोजी-रोटी के लिए दूर-दूर के नगरों में बस जाते हैं। उन पर परिवार का नियन्त्रण नहीं रह पाता और न ही उनमें सेवा, त्याग, सहयोग, आत्म-संयम आदि के पारिवारिक गुणों का विकास हो पाता है।

(ग) युवक-युवतियों को मिलों, कारखानों तथा अन्य औद्योगिक संसाधनों में साथ-साथ कार्य करने का मौका मिलता है जिससे प्रेम-विवाह अथवा रोमांटिक-विवाह होने लगे हैं। ऐसे विवाहों की जड़ें विवाहों के प्रति मजबूत नहीं होतीं। जितनी जल्दी-जल्दी युवक-युवती प्रेम-पाश में बँधते हैं उतनी ही जल्दी वे अलग भी हो जाते हैं।

(घ) स्त्रियाँ भी परिवार के बाहर कमाई के लिए जाती हैं जिससे उनमें पारिवारिक कर्त्तव्यों के प्रति उदासीनता बढ़ रही है। ये बच्चों की भली

प्रकार देखभाल तक नहीं कर पातीं इसलिए आए दिन पारिवारिक क्लेश और तनाव होते रहते हैं।

(ङ) औद्योगीकरण से नगरों में काम की समस्या उत्पन्न हो गई है। कई स्त्री-पुरुष होटलों और मेस (Mess) में अपना जीवन निर्वाह करते हैं। घर बसाकर न रहने की इस प्रवृत्ति से वे बुरी आदतों के शिकार हो जाते हैं जिसका बुरा प्रभाव पारिवारिक जीवन पर पड़ता है।

औद्योगीकरण के इन सब प्रभावों के सामूहिक नतीजा से यह निष्कर्ष निकलता है कि पारिवारिक सुख-शान्ति, पारिवारिक बन्धन एवं मेल-मिलाप शिथिल पड़ने लगे हैं और विघटन की प्रक्रिया ज्यादा तीव्र हो गई है।

(2) **स्त्रियों की आर्थिक स्वतन्त्रता**—इस अर्थ-प्रधान युग में स्त्रियाँ कई कारणों से आर्थिक आत्म-निर्भरता की ओर बढ़ रही हैं। कई परिवारों की स्त्रियाँ इसलिए विभिन्न उद्योगों और कार्यालयों में नौकरी करने लगी हैं जिससे पारिवारिक आवश्यकताओं की पूर्ति की जा सके। इस तरह की स्थिति तो बड़ी सुखदायी होती है लेकिन धीरे-धीरे इससे पारिवारिक विभाजन की दशाएँ उत्पन्न हो जाती हैं। नौकरी कर्त्तव्यों और पारिवारिक कर्त्तव्यों के बीच संघर्ष आरम्भ हो जाता है जिससे पारिवारिक जीवन असन्तुलित हो जाता है। आर्थिक आत्म-निर्भरता के कारण स्त्रियों में स्वतन्त्र विचार जन्म ले लेते हैं और वे गृह-कार्यों में समान अधिकारों की माँग करने लगती हैं। इसके अलावा उनमें परिवार की दूसरी स्त्रियों के प्रति, जो कमाई नहीं करतीं, उपेक्षा भाव उत्पन्न हो जाता है। यह दशा परिवार की सुख-शान्ति को भंग कर देती है। पारिवारिक तनाव उत्पन्न हो जाते हैं और कभी-कभी तो विघटन अपनी चरम सीमा पर पहुँच जाती है। इस सन्दर्भ में प्रों बोगाड्र्स का विचार है कि "अगर माँ ताश खेलने अथवा नौकरी करने अथवा अन्य कोई काम करने के लिए सारे दिन घर से बाहर रहे तो घर टूटना और बच्चों का बिगड़ना स्वाभाविक है इसे कोई भी नहीं टाल सकता।"

(3) **बेरोजगारी**—यद्यपि बेरोजगारी सभी देशों में कुछ न कुछ मात्रा में विद्यमान है तथापि भारत में तो यह बहुत गम्भीर रूप धारणा किए हुए है। भारत के अधिकतर परिवार बेरोजगारी से न्यूनाधिक रूप में पीड़ित हैं। बेरोजगारी से गरीबी का जन्म होता है और कई प्रकार के मानसिक और पारिवारिक तनाव उत्पन्न करती है। आजीविका का कोई व्यवस्था न होने से पति-पत्नी अधिकतर एक-दूसरे से बिछुड़े भी रहते हैं। पुरुष कार्य की खोज में इधर-उधर भटकता रहता है और मानसिक ग्लानि के कारण कितनी ही बार दुर्गुणों का शिकार बन जाता है। खाली बैठे रहने

से शैतान अपना सिक्का जमा लेता है। परिवार की स्त्रियों और बच्चों पर भी कोई नियन्त्रण नहीं रह पाता इसलिए वे भी अनैतिक जीवन की ओर बढ़ने लगते हैं। इस प्रकार परिवार का विघटन आरम्भ हो जाता है।

(4) निर्धनता—निर्धनता हर समाज के लिए एक अभिशाप है क्योंकि पारिवारिक आवश्यकताओं की पूर्ति नहीं हो पाती, मानसिक असन्तोष की भावना उत्पन्न हो जाती है और परिवार का भली प्रकार पालन नहीं कर पाता जिससे परिवार के सदस्यों में उसके प्रति उपेक्षा भाव पैदा होता है। कई बार पत्नी को कार्य की खोज में इधर-उधर भटकना पड़ता है तथा पुरुष का मन अपनी पत्नी को लेकर शक करने लगता है। उचित शिक्षा न मिलने से बच्चों में उद्दंडता पनपती है और पारिवारिक वातावरण तनावपूर्ण बना रहता है। इस तरह गरीबी पारिवारिक विघटन के लिए जिम्मेदार है।

(5) व्यावसायिक तनाव—पारिवारिक विभाजन के लिए उत्तरदायी आर्थिक कारणों में व्यावसायिक तनाव भी एक प्रमुख कारण है। कुछ व्यवसायों की प्रकृति इस प्रकार की होती है जिससे पारिवारिक और सामाजिक तनाव बढ़ते एवं विभाजन की स्थिति उत्पन्न होती है। जैसे—अरुचिकर व्यवसायों में काम करने से व्यक्तियों के पद और भूमिका (Role) में असन्तुलन पैदा हो जाता है एवं मानसिक स्थिति तनावपूर्ण हो जाती है। एक साहित्यकार सर्कस कम्पनी में काम नहीं कर सकता और एक आदर्शवादी व्यक्ति वकील का पेशा नहीं अपना सकता। आर्थिक दृष्टि से चाहे वह सफल हो जाए, लेकिन मानसिक दृष्टि से उसका असन्तोष बना ही रहेगा। इसी प्रकार अगर व्यवसाय अस्थायी प्रकृति के होते हैं तो लोग अपने को आर्थिक और सामाजिक दृष्टि से असुरक्षित महसूस करते हैं। परिणामस्वरूप परिवार में खर्चे आदि को लेकर नोंक-झोंक चलती ही रहती है और सारा पारिवारिक वातावरण कलहपूर्ण बन जाता है। पुनश्च कुछ व्यवसायों की प्रकृति ऐसी होती है जिनमें स्त्री-पुरुषों को साथ-साथ काम करना पड़ता है। उदाहरण के लिए चलचित्रों में अभिनेताओं और अभिनेत्रियों का लगातार एक-दूसरे से अति निकट सम्पर्क बना रहता है। अस्पतालों, कॉलेजों आदि में भी इसी तरह विषमलिंगी व्यक्तियों का बहुत अधिक पारस्परिक सम्पर्क रहता है। यह सम्पर्क स्त्री-पुरुष को कई बार प्रेमपाश में बाँध देता है, लेकिन ऐसा बन्धन कुछ समय बाद ही टूट भी जाता है। इसके अतिरिक्त इस स्थिति में यौन-अनैतिकताओं को भी प्रोत्साहन मिलता है जिनसे अन्ततोगत्वा पारिवारिक तनाव तथा विभाजन जन्म लेते हैं। कई बार व्यावसायिक प्रतिनिधियों को ज्यादातर समय घर से बाहर रहना पड़ता है और उनके परिवारों में

पत्नी तथा बच्चों को असन्तोष बना रहता है। थोड़े में यह स्पष्ट किया जा सकता है कि व्यावसायिक तनाव पारिवारिक तथा सामाजिक तनाव में वृद्धि करते हैं जिससे विघटन की प्रक्रिया दिन-प्रतिदिन तीव्र होती जा रही है।

सामाजिक कारण

पारिवारिक विघटन के लिए अनेक सामाजिक कारण जिम्मेदार हैं। आज व्यक्ति के सामाजिक मूल्य औंर आदर्श बदलते जा रहे हैं। सामाजिक संरचना में बदलाव हो रहा है। सामाजिक सम्बन्धों का स्वरूप बदल रहा है। स्त्रियाँ स्वयं को पति की दासी न मानकर सहयोगी मानने लगी हैं। ये पुरुषों के समान ही शैक्षणिक, राजनीतिक और सामाजिक अधिकारों की माँगें करती हैं। विवाह को जन्म-जन्मान्तर का पवित्र बन्धन मानने की भावना शिथिल पड़ती जा रही है। कई परिवारों और नई पीढ़ी के अधिकतर युवक-युवती विवाह को एक सामाजिक समझौता मानने लगे हैं। आज परिवार को मनोरंजन का क्षेत्र नहीं माना जाता। परिवार के बाहर मनोरंजन के ऐसे साधनों में लोगों की रुचि बढ़ती जा रही है जिसका मन और शरीर पर बुरा प्रभाव पड़ता है। सामाजिक क्षेत्र में रोमांस अधिक होने लगा है और भी कई ऐसे सामाजिक कार्यकलापों का उद्‌भव हो गया है जिनसे मानसिक तनाव बना रहता है। यह सारी स्थिति पारिवारिक संगठन को शिथिल बनाने वाली है।

अधिक स्पष्टता के नजरिये से अग्र तरह के सामाजिक कारण आधुनिक समय में पारिवारिक विघटन के लिए जिम्मेदार माने जा सकते हैं–

(1) कार्यों की बहुलता–आधुनिक समय में परिवारों में पारिवारिक जरूरतें बढ़ती जा रही हैं जिनकी पूर्ति के लिए स्त्रियों और पुरुषों सभी पर कार्य-भार बढ़ता जा रहा है। पुरुष को सदैव अर्थोपार्जन की चिन्ता लगी रहती है और स्त्रियों को भी गृह-कार्य के साथ-साथ बाहर के कार्य निभाने पड़ते हैं । कार्यों का यह बोझ दोनों ही पक्ष सह नहीं पाते, इसलिए उनमें मानसिक असन्तोष और तनाव बढ़ता रहता है जो कई मौकों पर पारिवारिक विघटन के रूप में प्रस्फुटित होता है। इसके अतिरिक्त व्यापारिक और औद्योगिक वर्ग स्त्रियों से मुश्किल कामों की उम्मीद करने लगा है। चूँकि स्त्रियाँ इस स्थिति से अनुकूलन करने में स्वयं को असमर्थ पाती है, इसलिए पारिवारिक विघटन होती जा रही है।

(2) बहुमुखी और प्रतिकूल उत्तरदायित्वों के मध्य संघर्ष–साधारण अर्थों में पत्नी का कार्य क्षेत्र घर का माना जाता है और पति का घर से बाहर। आज के युग में इस प्रकार का कार्य विभाजन असम्भव नहीं है पत्नी भी आर्थिक कार्य सम्पन्न

करती है और पति भी। इस प्रकार पारिवारिक कार्यों का सम्पादन अच्छी प्रकार नहीं हो पाता एवं पति-पत्नी में मनमुटाव और संघर्ष पैदा हो जाता है। जब यह संघर्ष की सीमा पार हो जाती है तो सारी पारिवारिक संरचना बँट जाती है। वास्तव में बहुमुखी कार्यों से आज कई भारतीय परिवारों में इतना असन्तोष उत्पन्न हो गया है कि वह पूरी तरह विघटन के कगार पर आ गया है।

(3) स्त्रियों की शिक्षा और उनके राजनीतिक अधिकार—पश्चिमी समाजों की तरह ही भारतीय समाज में भी अब स्त्रियों को अधिक से अधिक शिक्षित बनाने का प्रयत्न हो रहे हैं। संविधान में स्त्रियों को पुरुषों के समान ही आर्थिक, सामाजिक और राजनीतिक अधिकार दे दिए गए हैं। परिणामतः स्त्रियों की स्थिति में सुधार हुआ है और उनके व्यक्तित्त्व का विकास होने लगा है, लेकिन सुखदायी होने पर भी पारिवारिक दृष्टि से कई घरों में यह दशा दुखदायी सिद्ध हो रही है। इसका पारिवारिक संगठन और जीवन पर बुरा असर पड़ रहा है। भारतीय स्त्रियों में अधिकतर सभी अधिकारों के साथ कर्त्तव्यों का समुचित भान नहीं है। फलस्वरूप शिक्षित स्त्रियाँ पति के लिए प्रेमिका, बच्चों के लिए माता, गृहस्थ के लिए गृहिणी आदि के रूप में सफल सिद्ध नहीं हो पातीं, वे अपने अनेक कर्त्तव्यों को निभा नहीं पातीं और अपने नारी-सुलभ व्यवहार का प्रदर्शन नहीं कर पातीं। फलस्वरूप पारिवारिक क्लेश बढ़ गए हैं और कई परिवार विघटित होते जा रहे हैं।

(4) नगरीकरण—औद्योगीकरण के फलस्वरूप नगरीकरण तेजी पर है। नये-नये नगर जन्म ले रहे हैं और पुराने नगरों का पुनरुत्थान हो रहा है। नगरों में जनसंख्या की विपुलता, मिलों, कारखानों आदि के कारण कई प्रकार की जटिलताएँ बढ़ती जा रही हैं। शहरी जीवन इतना व्यस्त हो गया है कि लोग पारिवारिक जीवन से कोई अपनापन अथवा मोह महसूस नहीं करते। शराबखोरी, जुएबाजी, वेश्यागमन आदि के चक्कर में भी बहुत से लोग फँस जाते हैं। पारिवारिक जीवन पर इन सभी का प्रभाव अच्छा नहीं पड़ता। अगर हम देश के बड़े-बड़े शहरों में परिवारों का गहराई से अध्ययन करें तो यह देखने में आएगा कि अधिकांश परिवारों का वातावरण दूषित, क्षुब्ध तथा तनावपूर्ण है। यह स्थिति पारिवारिक विभाजन को दर्शाती है।

(5) सामाजिक मूल्यों में बदलाव—आज जीवन की समरसता न होने से सामाजिक आदर्शों तथा मूल्यों में इतनी अलगाव आ गई है कि उनसे पारिवारिक संगठन शिथिल हो रहे हैं। एक ही परिवार में हम पृथक्-पृथक् सामाजिक, आर्थिक, राजनीतिक विचारधाराओं का मौका देखते हैं। माँ समाजवादी है तो पिता साम्यवादी और बच्चा पूँजीवादी। इसी प्रकार आदर्शों की विभिन्नता है। बुजुर्ग माता-पिता पुराने

वैवाहिक और पारिवारिक आदर्शों को अच्छा समझते हैं तो सन्तान नये आदर्शों को प्रगतिशीलता का चिन्ह मानती है। जब एक ही परिवार के सदस्यों में भिन्न-भिन्न आदर्शों और मूल्यों का बोलबाला होता है तो स्वभावतः उनमें मतभेद, तनाव और कलह की स्थिति आए दिन पैदा होती रहती है। इस प्रकार का कलहपूर्ण वातावरण परिवार के सदस्यों में परस्पर वांछित आत्मीयता पैदा नहीं होने देता है फलस्वरूप पारिवारिक विभाजन की प्रक्रिया आरम्भ हो जाती है।

(6) सामाजिक ढाँचे में बदलाव—पारिवारिक विभाजन और सामाजिक ढाँचे अथवा संरचना में बहुत ही सम्बन्ध है। सामाजिक ढाँचे अथवा सरंचना द्वारा व्यक्तियों की स्थिति, कार्य आदि का निर्धारण होता है। हमारे परिवारों का जो परम्परागत ढाँचा है, वह हजारों वर्षों में बन पाया है, लेकिन अब यह ढाँचा लड़खड़ाने लगा है क्योंकि पूरा समाज क्रान्तिकारी बदलावों से गुजर रहा है जिसका उल्टा असर पारिवारिक संगठन पर पड़ रहा है। अनेक परिवारों में पुरुष और स्त्रियाँ यह भी निश्चित नहीं कर पाते कि उनके काम क्या हैं? पढ़ी-लिखी स्त्रियाँ अपने लिए पर्व-निश्चित परम्परागत कार्यों को अच्छा नहीं समझतीं। दूसरी ओर पति अपने परम्परागत स्थान और सम्मान को नहीं खोना चाहता। दोनों की यह टकराहट पारिवारिक विभाजन को जन्म देती है। इसी प्रकार परिवार में बुजुर्गों और माता-पिता के परम्परागत महत्त्व में भी बदलाव आ रहा है। आज माता-पिता की आवाज को उतना महत्त्व नहीं दिया जाता जितना सन्तान की इच्छा को। अधिकतर परिवारों में यही प्रवृत्ति बढ़ रही है। बुजुर्ग माँ-बाप का स्थान गौण होता जा रहा है। यह स्थिति आपसी क्लेश में बढ़ोत्तरी करती है और पारिवारिक विभाजन का कारण बनती है।

(7) भौतिकवादी तथा व्यक्तिवादी प्रवृत्ति का विकास—सम्पूर्ण राष्ट्र में आदर्शवाद और अध्यात्मवाद की परम्परा सदियों से चली आ रही है। भारत के संयुक्त परिवार समष्टिवाद के सूचक हैं, व्यष्टिवाद के नहीं, लेकिन पश्चिमी सभ्यता सम्पर्क और आधुनिक शिक्षा प्रणाली के कारण देश की नई पीढ़ी में भौतिकवादी तथा व्यक्तिवादी विचारधाराएँ ज्यादा से ज्यादा पनप रही हैं। इन विचारधारा में अपने स्वार्थ की पूर्ति का सर्वोपरि स्थान है। स्वभावतः इस प्रकार की विचारधारा हमारे देश के परम्परागत पारिवारिक आदर्शों से मेल नहीं खाती। परिणामस्वरूप हमारे पारिवारिक संगठन की जड़ कमजोर होती जा रही है।

(8) विवाह के आधार में बदलाव—देश की बहुसंख्यक जनता में विवाह का परम्परागत आधार धार्मिक है। इसके अनुरूप विवाह एक ऐसा पवित्र और अटूट

बन्धन है जो सिर्फ मृत्यु पर टूट सकता है, लेकिन विवाह का नया आदर्श इसके बिल्कुल भिन्न है। नई पीढ़ी विवाह को एक समझौता मानने लगी है। सामाजिक विधि-विधान भी इस प्रवृत्ति को बढ़ावा दे रहे हैं। विवाह को आज के तथाकथित प्रगतिशील युवक गलत मानते हैं। इससे स्पष्ट है कि इस प्रवृत्ति के विकास के साथ-साथ पारिवारिक बँटवारा भी तेज हो रहा है। विवाह के भौतिक आधार ने या समझौते की भावना ने हमारे कई परिवारों की नींव को हिला दिया है।

(9) प्रेम विवाह—पश्चिमी देशों की भाँति भारत में भी प्रेम पर आधारित विवाहों की संख्या बढ़ती जा रही है। प्रेम मुख्यतः भोग-विलास और कामुकता पर आधारित होता है, इस प्रकार इसमें स्थायित्व नहीं पाया जाता। रोमांटिक विवाह से बने परिवार बालू की नींव पर खड़े रहते हैं जो पति-पत्नी की जरा सी तुनक-मिजाजी पर ढह जाते हैं। इस प्रकार के विवाह का रोमांसवादी आदर्श पारिवारिक विभाजन को अधिकतर अनिवार्य रूप से ला पटकता है। इलियट तथा मेरिल के शब्दानुसार, "प्रेमपूर्ण विवाह हकीकत में तलाक की ओर परिचालन करता है।"

दार्शनिक, धार्मिक एवं व्यक्तिगत कारण

उपयुक्त कारणों के अतिरिक्त कुछ और भी ऐसे दार्शनिक, धार्मिक एवं व्यक्तिगत कारण हैं जिनसे पारिवारिक विघटन को पर्याप्त प्रोत्साहन मिल रहा है। ये कारण थोड़े में अग्र प्रकार हैं—

(1) कई परिवारों में माता-पिता बदलती हुई स्थितियों के साथ तालमेल नहीं कर पाए हैं। वे चाहते हैं कि नव-वधू उनकी खूब सेवा करे, पूर्णरूपेण उनके नियन्त्रण में रहें, उनके पैर दबाए, बाहर आजादी से घूमने-फिरने न जाए, पर्दा करे घर के सभी कार्यों को गधे की तरह अपने पर लादे फिरे आदि। जब नई बहू से ये आशाएँ पूरी नहीं होतीं तो उसे फटकारा जाता है, उसकी अवहेलना की जाती है और इस तरह परिवार का सम्पूर्ण वातावरण तनावपूर्ण हो जाता है। माता-पिता अथवा सास-ससुर की इस तरह की वैयक्तिक आदतों और आकांक्षाओं के कारण हम आज देश के ज्यादातर परिवारों में अशान्ति और फूट के बीज देखते हैं। रोज नये संघर्ष होते हैं एवं परिवारों का बंटवारा होता है।

(2) आज के वैज्ञानिक युग में धर्म का महत्त्व घटता जा रहा है। विवाह बन्धन को तोड़ना नई पीढ़ी के लिए अधार्मिक नहीं है। इसी तरह पति-पत्नी के आदर्शों के मूल में धार्मिक भावना समाप्त होती जा रही है पारिवारिक जीवन की पवित्रता और उच्चता में विश्वास होता जा रहा है।

(3) पति-पत्नी की आयु में अगर अधिक भिन्नता होती है तो भी पारिवारिक विभाजन की दशाएँ पैदा हो जाती हैं। यह स्वाभाविक है कि एक प्रौढ़ पुरुष के मनोभावना और अभिरुचियों से अल्प आयु की लड़की का लगाव न हो यौन-सम्बन्धी अनुकूलन की समस्या भी उत्पन्न हो सकती है।

(4) मदिरापान, जुएबाजी, वेश्यागमन, अप्राकृतिक यौन आकर्षण आदि के व्यक्तिगत दोष भी परिवार के वातावरण को क्षुब्ध और कष्टमय बना देते हैं। ऐसी परिस्थितियों में परिवार कलह का अखाड़ा बना रहता है और पारिवारिक विभाजन हो जाता है।

(5) अगर पति-पत्नी के जीवन दर्शन में, आचार-विचार में काफी फर्क होता है तो भी पारिवारिक विभाजन का रास्ता खुल जाता है। पति-पत्नी में ज्यादातर रोज ही कहा-सुनी होती रहती है और सन्तोषजनक वैवाहिक जीवन न बिता पाने पर कभी-कभी दोनों में तलाक भी हो जाता है।

(6) यौन-सम्बन्धों की असन्तुष्टि पति-पत्नी में एक-दूसरे के प्रति घृणा उत्पन्न करती है। इससे दोनों के दिमाग में चिड़चिड़ाहट भरी रहती है और छोटी-छोटी बातें बवंडर बना जाती हैं। एच. इलिस के विचार में—''यौन सम्बन्धी शान्ति भंग होने पर विवाह का ढाँचा बहती हुई बालू रेत पर खड़ा होता है।''

सम्पूर्ण वर्णन से यह स्पष्ट होता है कि वैयक्तिक, सामाजिक, आर्थिक दार्शनिक और पारिवारिक तनाव सम्पूर्ण परिवार की शान्ति और सुव्यवस्था पर आघात करके पारिवारिक विभाजन को जन्म देते हैं। वर्तमान समय में पारिवारिक विभाजन का सबसे अधिक उत्तरदायित्व वर्तमान औद्योगिक को है, क्योंकि इसी से कई प्रकार के पारिवारिक, आर्थिक और सामाजिक तनाव विकसित हुए हैं एवं लोगों में अत्यधिक भौतिकवादी दृष्टिकोण पनपा है।

पारिवार का पुनर्संगठन

अगर हमें व्यक्ति, समाज और राष्ट्र को स्थिरता और प्रगति देती है तो पारिवारिक और सामाजिक बँटवारा की प्रवृत्तियों को समाप्त करना होगा। जब तक हम इस दिशा में प्रभावशाली कदम नहीं उठाए जाएँगे, तब तक हम आधुनिक समय की अलग-अलग प्रकार की पारिवारिक और सामाजिक एवं साथ ही राष्ट्रीय समस्याओं का संसाधन नहीं कर सकेंगे। पारिवारिक विघटन को रोकने के कुछ मुख्य उपाय अग्रलिखित हैं—

(1) विवाह गलत ढंग से न हों। दोनों पक्ष एक-दूसरे का चुनाव पलभर के आवेश या प्यार के झौंके में आकर न करें, समय और धैर्य एवं विवेक का आश्रय लें। वे बुजुर्गों की सहमति को और उनके ज्ञान को ठोकर न मारें। व्यक्तिवादिता के झौंके में बहकर अपने माता-पिता या अन्य भला चाहने वालों की सलाह की तुलना न करें।

(2) विवाह-सूत्र में बँधने वाले लड़के-लड़की की उम्र में ज्यादा विभेद न हो। साथ ही वे एक-दूसरे की प्रकृति के अधिक उचित हों।

(3) दोनों की सांस्कृतिक पृष्ठभूमि में भी अधिक फर्क न हो। वे इस तथ्य की उपेक्षा न करें कि जीवन की वास्तविकता के बीच रहते हुए उन्हें अपना दाम्पत्य जीवन निभाना है पति-पत्नी अपने हृदय में एक-दूसरे के प्रति विश्वास, सहानुभूति और प्रेम रखें। विवाह को वे एक पवित्र बन्धन मानें, जिसे तोड़ने में अपना ही नहीं अपितु राष्ट्रीय नुकसान को भी समझें।

(4) व्यक्तिवादी आदर्शों के पीछे इतना पागल न बन जाएँ कि पारिवारिक स्थायित्व ही भंग हो जाए। मैं-मैं की धारा में बहकर 'हम-हम' की धारा में बहकर बहा जाए।

(5) धार्मिक और सामाजिक संस्थाएँ लोगों को विवाह एवं परिवार का महत्त्व समझाएँ। वे उन्हें पारिवारिक जीवन सम्बन्धी सलाह दें। इस उद्देश्य को पूरा करने के लिए वे अनुकूल साहित्य का भी प्रकाशन करें। शिक्षण संस्थाएँ इस क्षेत्र में अपना योग देने के लिए आगे आएँ। यह भी अनुकूल होगा कि विद्यालय और महाविद्यालय अपने पाठ्यक्रम में विवाह एवं परिवार को प्रभावशाली ढंग से सम्मिलित करें।

(6) राजकीय स्तर पर नगरों में परिवार-परामर्शदात्री एवं समितियाँ स्थापित की जाएँ जो घरेलू और पारिवारिक जीवन का स्थायी एवं सुखी बनाने की स्थिति में लोगों की मदद करें। अमेरिका में इस प्रकार की समितियाँ अधिकतर नगरों में पाई जाती हैं।

(7) सामाजिक विधान इस तरह का न बने जिसका पारिवारिक जीवन पर बुरा असर पड़ने की सम्भावना हो। इससे सम्बन्धित जो आधुनिक समय में बातें भी दोषपूर्ण हैं उन्हें दूर किया जाए। विधान का जो हमारे देश की संस्कृति और आदर्शों के अनुसार हो। पश्चिमी सभ्यता का जीवन और आदतों से प्रभावित विधानों का हमारे देश के आपसी और सामाजिक

जीवन पर वांछित प्रभाव न पड़ना स्वाभाविक है। सरकार नशीले पदार्थों के सेवन पर प्रभावशाली नियंत्रण लगाए। ऐसा होने से बहुत ज्यादा लोगों की मानसिक उत्तेजना शान्त हो सकेगी, उनका आर्थिक अपव्यय बच सकेगा और फलतः पारिवारिक जीवन में अधिक मधुरता की भावना आ सकेगी।

रियूबिन हिल के आधार पर पारिवारिक जीवन को पुनर्गठित करने के लिए अग्रलिखित पाँच बातों पर बहुत ज्यादा बल दिया है—

(1) बच्चों के पालन-पोषण के तरीकों में सुधार लाया जाए एवं परिवार में प्रशिक्षण का कार्यक्रम आयोजित किया जाए।

(2) परिवार के सदस्यों के स्वास्थ्य में सुधार के कार्यक्रम में सुधार के कार्यक्रम आयोजित हों।

(3) पारिवारिक नस्ल में सुधार के लिए उत्पत्ति शास्त्र के प्रचार की व्यवस्था हो।

(4) पारिवारिक एकता की बुद्धि से सम्बन्धित अनेकों कार्यक्रमों का प्रचार हो, जैसे विवाह तथा परिवार सम्बन्धी परामर्श आदि।

(5) पारिवारिक प्रशासन और पारिवारिक जीवन की एकता में सुधार के लिए अनिवार्य शिक्षण कार्यक्रम जारी किए जाएँ।

श्री रियूबिन हिल के द्वारा पारिवारिक पुर्नसंगठन के लिए उचित आधारों पर जबर्दस्त आन्दोलन छेड़ने पर बल दिया है। संयुक्त राज्य अमेरिका में पारिवारिक बँटवारा एक बहुत ही जटिल समस्या है। इनके समाधान के लिए वहाँ पारिवारिक पुनर्संगठन के कई कार्यक्रम चल रहे हैं। भारत भी उनसे बहुत कुछ लाभान्वित ही हो सकता है निराश होने जैसी कोई बात नहीं है। हमारे देश में पारिवारिक विभाजन की प्रक्रिया का आरम्भ आवश्यक हो गयी है, लेकिन पारिवारिक एकता के धागे आज भी बहुत मजबूत हैं। कमजोर पड़ गए धागों को बदलना या मजबूत बनाना जरूरी है और टूट गए धागों को दुबारा जोड़ने की कोशिश करना जरूरी है, बर्गेस तथा लॉक के विचारानुसार, "वर्तमान दिशा मात्र विघटन का ही प्रतिनिधित्व नहीं करती है अपितु पुनर्गठित करने का भी करती है।" आधुनिक युग में बदलाव पारिवारिक विभाजन को जन्म दे रहे हैं, लेकिन अगर उपयोगी कदम उठाए जाएँ और परिवर्तनों को सही रूप से स्वीकार किया जाए तो नयी पारिवारिक ढाँचों के पुनर्गठन होने की बात से हम इनकार नहीं कर सकते।

परिवार की आवश्यकता

प्राचीन काल से ही मानव सम्बन्ध में परिवार का केन्द्रीय स्थान रहा है, व्यक्ति असभ्यता से सभ्यता की ओर बढ़ने में सफलता हासिल की है। मनुष्य एक ऐसा प्राणी है जिसकी इच्छाओं का कभी भी अन्त नहीं होता है। मनुष्य की इन इच्छाओं में जो प्रभावपूर्ण होती हैं वे बाद में जरूरतों का रूप ले लेती हैं। इन आवश्यकताओं को पूरा करने के लिए परिवार का होना बहुत ही जरूरी होता है क्योंकि परिवार के बिना मनुष्य अपनी भौतिक, मनोवैज्ञानिक तथा सामाजिक जरूरतों की पूर्ति नहीं कर सकता है। इन आवश्यकताओं की पूर्ति के साथ-साथ अपने जीवन की सुनियोजित और संगठित ढंग से चलाने के लिए मनुष्य की शारीरिक, आर्थिक, सामाजिक एवं नैतिक सुरक्षा की भी जरूरत पड़ती है जो कि परिवार से ही मिलती है। इस तरह व्यक्ति के उचित व्यक्तित्त्व विकास के लिए परिवार की आवश्यकता होती है। समाज की संस्कृति को बनाए रखने तथा उसको आगे बढ़ाने के लिए परिवार एक परम आवश्यक घटक है।

निम्नलिखित कारणों से परिवार की जरूरत होती है–

(1) मनुष्य की शारीरिक एवं मनोवैज्ञानिक जरूरतों को पूरा करने के लिए।

(2) मनुष्य को शारीरिक, आर्थिक, धार्मिक एवं नैतिक सुरक्षा देने के लिए।

(3) मानव संस्कृति को जीवित रखने के लिए।

इन सभी बिन्दुओं का पारिवारिक कार्यों के तहत विस्तार किया जा चुका है।

6

पारिवारिक उत्तरदायित्व

परिवार का समाज के निर्माण में अत्यंत महत्त्वपूर्ण भूमिका होती है। यह समाज की मूलभूत इकाई होती है। एक सुखी एवं विकसित परिवार अपने उत्तरदायित्वों का निर्वाह निष्ठापूर्वक करता है।

1. परिवार के लिए सन्तोषजनक उद्देश्यों एवं मूल्यों का निर्धारण तथा निर्माण करना।

2. परिवार के सदस्यों की बुद्धि का विकास करना।

3. गृह-प्रबन्ध का उत्तरदायित्व वहन करना।

4. पारिवारिक जीवन के शारीरिक कार्य करना।

5. गृह-निर्माण का कार्य करना।

6. पारिवारिक सदस्यों में समाज एवं राष्ट्र के कल्याण के प्रति समर्पित होने की भावना पैदा करना।

(1) परिवार के लिए सन्तोषजनक उद्देश्यों एवं मूल्यों का निर्धारण तथा निर्माण करना—प्रत्येक परिवार का अपना अलग जीवन-दर्शन होता है। परिवार के जीवन-दर्शक का निर्धारण एवं निर्माण तब होता है जबकि दो भिन्न-भिन्न परिवारों की पृष्ठभूमि से आए वर-वधू मिलते हैं। जब ये वर-वधू अपना नया परिवार बनाते हैं, तो अपने पूर्वाग्रहों और मान्यताओं के आधार पर उचित रुचियों और मान्यताओं को मानते हुए तथा बुरे धारणाओं को छोड़कर अपने जीवन-दर्शन का दृष्टिकोण निर्धारित करते हैं।

प्रत्येक परिवार में जीवन-दर्शन का अपना महत्त्व होता है क्योंकि परिवार का जीवन-दर्शन सदस्यों के आचरण को बनाने में सहयोग करता है। जब पूरे परिवार का जीवन-दर्शन एक-सा होता है तो परिवार के सभी सदस्य भावनात्मक रूप से एक-दूसरे से जुड़े रहते हैं। लेकिन यदि परिवार का कोई जीवन-दर्शन नहीं होता है तो परिवार के प्रत्येक सदस्य का रास्ता भिन्न-भिन्न हो जाता है। जीवन-दर्शन परिवार के सामूहिक और व्यक्तिगत उद्देश्यों के निर्धारण में सहायक प्रतीत होता है।

पारिवारिक जीवन-दर्शन का निर्माण दो प्रकार से किया जा सकता है—

(क) पति-पत्नी की रुचियों एवं अभिरुचियों से मिलकर एक जीवन-दर्शन का निर्धारण स्वतः ही हो जाता है जिसे परिवार के सभी सदस्य मानते हैं। लेकिन यह जीवन-दर्शन परिवार में तभी तक कायम रहता है जब तक सदस्यों को सारे व्यक्तिगत अनुभव प्राप्त नहीं हो जाते हैं।

(ख) जब परिवार के सदस्यों का सामाजिक दायरा बढ़ता है तो उन्हें अपने रोजाना के जीवन में विभिन्न अनुभव प्राप्त होते हैं, तब इन अनुभवों के आधार पर पूरे परिवार का जीवन-दर्शन ही बदल जाता है एवं नये जीवन-दर्शन की स्थापना हो जाती है। उदाहरण के लिए अगर किसी परिवार का यह जीवन-दर्शन है कि जीवन में जो भी प्राप्त करना है, वह मेहनत, ईमानदारी से ही प्राप्त करना है तो यह भावना परिवार के सभी सदस्यों में पाई जाती है। बच्चे में भी यह भावना अप्रत्यक्ष रूप से घर कर जाती है।

जीवन के प्रति परिवार के सदस्यों में स्वस्थ दृष्टिकोण के निर्धारण तथा निर्माण में अग्रलिखित प्रवृत्तियाँ सहायक होती हैं—

(अ) विद्यालय की प्रवृत्तियाँ,

(ब) सामाजिक प्रवृत्तियाँ,

(स) धार्मिक प्रवृत्तियाँ,

(द) सांस्कृतिक प्रवृत्तियाँ,

(य) मनोरंजनात्मक प्रवृत्तियाँ।

(अ) विद्यालय की प्रवृत्तियाँ—शुरुआती दौरे में बालक परिवार में ही शिक्षा ग्रहण करता है उसका विकास बाद में विद्यालय में होता है। परिवार में रहकर बच्चे का जो जीवन के प्रति नजरिया बनता है, वह दृष्टिकोण कहाँ तक स्थायी रहेगा, यह इस बात पर आश्रित करता है कि बच्चे को जिस विद्यालय में प्रवेश दिलाया गया है, उसकी प्रवृत्तियाँ, किस प्रकार की हैं। इस तरह बच्चे को विद्यालय भेज देना ही पर्याप्त नहीं है बल्कि विद्यालय का चयन भी विद्यालय में बच्चों के खेलने के लिए मैदान, कमरों में सूर्य का प्रकाश तथा साफ हवा की भी व्यवस्था है कि नहीं। विद्यालय में पुस्तकीय ज्ञान के अतिरिक्त जीवन-सम्बन्धी अन्य ज्ञान देने के लिए पाठ्यतर प्रवृत्तियाँ भी हैं कि नहीं। चूँकि किसी भी विद्यालय का कार्य मात्र निश्चित पाठ्यक्रम को पढ़ाना ही नहीं होता है बल्कि छात्र का सर्वांगीण विकास करना भी होता है। इसलिए विद्यालय का चुनाव करते समय यह [illegible] िए कि

विद्यालय में पढ़ाई के साथ-साथ अन्य पाठ्येतर प्रवृत्तियों को कितना महत्त्व दिया जाता है।

(ब) सामाजिक प्रवृत्तियाँ—मनुष्य स्वभावतः एक सामाजिक प्राणी है, इसलिए वह समाज से पृथक् नहीं रह सकता। लेकिन समाज में रहने के लिए मनुष्य में सामाजिक गुणों का होना बहुत आवश्यक है। मनुष्य समाज के विभिन्न व्यक्तियों के सम्पर्क में आकर जीवन के रहस्य तथा जीवन की वास्तविकताओं से परिचय प्राप्त करता है। अनुभव ही उसके जीवन के दृष्टिकोण आदर्श के निर्माण में सहायता करता है। इसलिए हर परिवार का कर्त्तव्य होता है कि वह परिवार के सदस्यों में सामाजिक समायोजन पैदा करने के लिए घर पर छोटे-मोटे सामूहिक कार्यक्रमों का आयोजन करे। परिवार से बाहर होने वाली इन सामाजिक प्रवृत्तियों में परिवार के सदस्यों को खुलकर भाग लेने के लिए बढ़ावा करना चाहिए जिससे वे समाज के सम्बन्धों को आसानी से समझ सकें।

(स) धार्मिक प्रवृत्तियाँ—मनुष्यों का जीवन-दर्शन उनकी धार्मिक भावनाओं से प्रभावित होता है। चूँकि धार्मिक प्रवृत्तियाँ हमारे जीवन-दर्शन को एक आधार और सुदृढ़ता देती हैं एवं परिवार के वातावरण को पवित्र बनाती हैं। इसलिए परिवार में समय-समय पर धार्मिक प्रवृत्तियों का आयोजन भी अवश्य होना चाहिए जिससे सदस्यों को नैतिक दृढ़ता प्राप्त होता रहे।

(द) सांस्कृतिक प्रवृत्तियाँ—सभी परिवारों का यह उत्तरदायित्व होता है कि वह अपने सदस्यों को अपनी जाति, धर्म, संस्कृति एवं महत्त्व से परिचित कराये। चूँकि सभी मनुष्य का जीवन-दर्शन, अप्रत्यक्ष रूप से उसके समाज की संस्कृति तथा सभ्यता से प्रभावित होता है। संस्कृति का ज्ञान, मनुष्य के जीवन-दर्शन के निर्माण में बहुत ही ज्यादा मददगार सिद्ध होता है। इसलिए समाज में होने वाले सांस्कृतिक समारोहों में सदस्यों को भाग लेने के लिए सदैव प्रेरित करना चाहिए जिससे उन्हें अपनी संस्कृति का अच्छी तरह से जानकारी प्राप्त हो सके।

(य) मनोरंजनात्मक प्रवृत्तियाँ—हर मनुष्य को अपनी शारीरिक थकावट मिटाने के लिए आराम की जरूरत होती है। मानसिक थकावट को दूर करने के लिए मनोरंजन की जरूरत होती है। हमारे द्वारा प्रयुक्त मनोरंजन के साधन हमारे विचारों को प्रभावित करते हैं इसलिए मनोरंजन के रूप में पढ़े जाने वाले साहित्य तथा चलचित्र का चुनाव उसके स्तर को देखते हुए करना चाहिए।

इस प्रकार उपर्युक्त पाँचों प्रवृत्तियाँ मनुष्य की मददगार होती हैं। इन प्रवृत्तियों के माध्यम से मनुष्य अपने जीवन में नये-नये अनुभव प्राप्त करता है जिससे उसके

जीवन के आदर्श या दर्शन को दृढ़ता प्राप्त होती है तथा उनमें आवश्यकता के आधार पर बदलाव भी करने में वह सफल होता है। परिवार के सदस्यों में जीवन-दर्शन के निर्माण के लिए माता-पिता को चाहिए कि वे अपने आचरण के द्वारा उनमें अच्छे गुणों का विकास करें।

(2) परिवार के सदस्यों की बुद्धि का विकास करना—परिवार का दूसरा प्रमुख दायित्व परिवार के समस्त सदस्यों के व्यक्तिगत का सर्वांगीण विकास करना होता है इस सर्वांगीण विकास के लिए परिवार के सदस्यों में एक-दूसरे को समझने की योग्यता पैदा करना, मानवीय गुणों को पैदा करना जिससे वे जीवन में आने वाली समस्याओं को समझ सकें, उनके समाधान के लिए जरूर निर्णय ले सकें एवं परिवार के साथ समायोजित जीवन बिता सकें।

परिवार के सदस्यों की आयु, लिंग तथा रुचि में अन्तर होने के कारण हर सदस्य के व्यक्तिगत लक्ष्य पृथक्-पृथक् होते हैं एवं इनके अतिरिक्त परिवार के सामूहिक लक्ष्य भी होते हैं। इन सब लक्ष्यों की प्राप्ति के लिए परिवार के सदस्यों में आपसी समायोजन होना बहुत जरूरी होता है।

परिवार अपने सदस्यों का सर्वांगीण विकास करके समाज को एक आदर्श नागरिक देता है। परिवार के सदस्यों के विकास की प्रक्रिया उनके जन्म से शुरू होकर मरण तक चलती रहती है। इस पूरी आयु में बच्चे की बाल्यावस्था का विशेष महत्त्व होता है क्योंकि इस अवस्था के विकास पर ही बच्चे का भविष्य आश्रित होता है।

परिवार में व्याप्त सुविधाओं को प्राप्त करने के लिए परिवार के सदस्यों के बीच प्रतियोगिता होती है। जिस सदस्य को कम सुविधा प्राप्त होती है वह ज्यादा सुविधा प्राप्त करने वाले सदस्य को ईर्ष्या, घृणा एवं आक्रोश की भावना से देखता है। इसलिए परिवार के मुखिया की यह जिम्मेदारी होती है कि सदस्यों के सर्वांगीण विकास के लिए परिवार के सभी सदस्यों के साथ समानता का व्यवहार करे।

(3) गृह-प्रबन्ध का उत्तरदायित्व वहन करना—गृह-प्रबन्ध पारिवारिक जीवन का एक महत्त्वपूर्ण जिम्मेदारी है क्योंकि पति-पत्नी विवाह के बाद जो घर बसाते हैं उस घर की समृद्धि के लिए वे स्वयं दोनों तथा उनसे भविष्य में पैदा होने वाले बच्चे मिलकर कोशिश करते हैं। परिवार की विभिन्न तरह की आवश्यकताएँ एवं कार्यों को सीमित, भौतिक तथा मानवीय साधनों के द्वारा पूरा करना पड़ता है। अतः साधनों के उचित उपयोग के लिए योजना बनाकर उसके क्रियान्वयन पर

नियन्त्रण रखना ही गृह-प्रबन्ध कहलाता है। उचित गृह-प्रबन्ध में उचित साधनों के उपलब्ध होने पर भी परिवार की जरूरतें पूरी नहीं हो पाती हैं।

गृह-प्रबन्ध का अर्थ सिर्फ घर की सजावट एवं देखभाल से ही नहीं है अपितु इन कार्यों के साथ-साथ परिवार के हर सदस्य में ऐसे मानवीय गुणों का विकास करना भी होता है जिससे कि पारिवारिक वातावरण में हर सदस्य में प्रेम, दया, स्नेह एवं त्याग आदि गुणों का सदैव संचार होता रहे।

गृह-प्रबन्ध से प्राप्त विभिन्न सुविधाओं से ही आदर्श जीवन-दर्शन का निर्माण होता है। इसलिए एक प्रबन्ध को गृह-प्रबन्धक करते समय अग्रलिखित बातों का ध्यान अवश्य रखना चाहिए–

(1) स्वस्थ एवं सन्तोषप्रद व्यक्ति सम्बन्धों का निर्माण करना।

(2) परिवार में उपलब्ध सीमित धन, समय एवं शक्ति के साधनों का इस तरह से उपयोग करना कि परिवार की ज्यादातर आवश्यकताएँ हमेशा पूरी होती रहें।

(3) पारिवारिक सदस्यों के आर्थिक उत्थान एवं विकास के लिए जरूरी मार्गदर्शन एवं आयोजन करना।

(4) घर की सजावट और निर्माण सम्बन्धी कार्य इस तरीके से करना कि परिवार के प्रत्येक सदस्य की जरूरतों को पूरा किया जा सके।

(5) परिवार की आवश्यकताओं के अनुसार योजना बनाकर सुविधा प्रदान करने की व्यवस्था करना।

(6) इस प्रकार का गृह-प्रबन्ध करना जिससे परिवार के सदस्यों को आवश्यक जीवन-रक्षक-वस्तुओं की यथासमय पूर्ति की जा सके।

(7) परिवार के सदस्यों की उचित स्वास्थ्य व्यवस्था।

(8) इस प्रकार के प्रबन्ध की योजना कर कार्यान्वित करना जिससे कि प्रत्येक सदस्य का शैक्षणिक एवं सामाजिक विकास हो।

(4) पारिवारिक जीवन के शारीरिक कार्य करना–एक समुचित एवं सफल गृह-प्रबन्ध में शारीरिक क्रियाओं का प्रमुख स्थान होता है क्योंकि बिना शारीरिक क्रियाओं के गृह-प्रबन्ध असम्भव होता है। इस तरह गृह-प्रबन्ध की सफलता शारीरिक क्रियाओं पर आश्रित होती है। परिवार में होने वाली प्रमुख शारीरिक क्रियाएँ अग्रलिखित हैं–

(1) परिवार के बच्चों की उचित देखभाल एवं इनकी शिक्षा की व्यवस्था करना।

(2) खाद्य पदार्थों को खरीदना इनसे भोजन बनाना, उसे परोसना, भविष्य के लिए खाद्य पदार्थों एवं भोजन को इकट्ठा एवं संरक्षित करना।

(3) घर की साफ-सफाई एवं मरम्मत आदि कार्य करना।

(4) वस्त्र आभूषण का काम, सिलाई, कढ़ाई एवं निर्माण, मरम्मत तथा इनकी सफाई एवं सुरक्षा का ध्यान रखना।

(5) घर की साज-सज्जा सम्बन्धी वस्तुओं को खरीदना, बनाना, मरम्मत एवं इन्हें साफ करना।

(6) घर के आसपास के वातावरण, आँगन, बगीचा, गाड़ी के रख-रखाव आदि कार्यों को करना।

(7) घर की आर्थिक गतिविधियों को करना जैसे कि पारिवारिक आमदनी-खर्च में तालमेल रखना, लेखांकन करना, बैंक आदि का कार्य करना।

कुछ परिवार गृह-प्रबन्ध में होने वाली शारीरिक क्रियाओं को सदस्यों के मध्य उनकी योग्यताओं के अनुरूप विभाजित कर देते हैं। कुछ परिवारों में ये सारे गृह-कार्य गृहिणी स्वयं तथा सम्भव हो तो नौकरों की सहायता से पूरा कर लेती है।

इन भिन्न-भिन्न शारीरिक क्रियाओं को करने में शारीरिक और मानसिक शक्ति का भी होता है, क्योंकि इन क्रियाओं की सफलता इन क्रियाओं की योजना और निर्देशन पर आश्रित करती है। वे परिवार जहाँ गृहिणी को योजना बनाकर स्वयं क्रियान्वित करना पड़ता है, वहाँ उसे शारीरिक और मानसिक दोनों क्रियाएँ करनी पड़ती हैं। लेकिन जहाँ गृहिणी योजना बनाकर उसे परिवार के अन्य सदस्यों एवं नौकरों से पूरा करवाती है वहाँ उसे सिर्फ मानसिक श्रम करना पड़ता है।

(5) गृह-निर्माण का कार्य करना—हर परिवार को रहने के लिए एक घर की आवश्यकता होती है। किसी घर के निर्माण की सफलता इस बात पर आश्रित करती है कि कम से कम धन, समय एवं शक्ति का प्रयोग कर बिना शारीरिक थकावट महसूस किए यह कार्य सम्पन्न किया जाय। इसके लिए यह आवश्यक है कि गृह-निर्माण से पूर्व जरूरी योजना एवं योजना को क्रियान्वित करने में प्रयुक्त होने वाले साधनों का आवश्यक चयन कर लिया जाय। यदि परिवार के सदस्य इन क्रियाओं में रुचि लेते हैं एवं उनमें पारस्परिक सहयोग होता है तो गृह-निर्माण का काम सफलतापूर्वक सम्पन्न हो जाता है।

(6) पारिवारिक सदस्यों में समाज एवं राष्ट्र के प्रति समर्पित होने की भावना पैदा करना—परिवार समाज की प्रथम इकाई कहलाता है या परिवार समाज

का प्रमुख अंग है, परिणामस्वरूप परिवार के समाज के प्रति कुछ प्रमुख जिम्मेदारी होते हैं क्योंकि आज के वैज्ञानिक युग में घर के वातावरण, पड़ोस, गाँव, नगर, राज्य, राष्ट्र तथा कभी-कभी विश्व के अन्य देशों तक अपना प्रभाव डालते हैं। इसलिए परिवार के मुखिया की यह जिम्मेदारी है कि वे ऐसे व्यक्तित्त्व का निर्माण करें, जो समाज में सामूहिक एवं सहकारी प्रयासों का एक रचनात्मक अंग बन सके। किसी भी परिवार अपने समाज की सेवा का कार्य सफलतापूर्वक तभी कर सकता है। परिवार के सदस्यों में समाज के कार्यों को समझने की प्रवृत्ति, पसंद तथा समर्पण की भावना वाले व्यक्ति ही समाज में सबसे उत्तम सामाजिक मूल्यों तथा न्याय की स्थापना करते हैं जिस पर परिवार ही नहीं पूरा देश गर्व करता है।

सामाजिक उत्तरदायित्वों की शिक्षा सबसे पहले घर में ही परिवार के द्वारा प्रदान की जाती है। इस शिक्षा का आरम्भ व्यक्तिगत सम्बन्धों की प्रकृति से होती है जो माता-पिता के मध्य, माता-पिता एवं बच्चों के मध्य सम्बन्धों तथा परिवार के सदस्यों, विशेषकर माता-पिता द्वारा अभिव्यक्त, अभिवृत्तियों से स्पष्ट होता है । माता के कार्य के प्रति पिता की अभिवृत्ति, उसका सामाजिक समस्याओं के प्रति बुद्धिमतापूर्ण तथा मूर्खतापूर्ण अथवा न्यायपूर्ण एवं अन्यायपूर्ण समाधान, नागरिक के रूप में अपने कार्य एवं महत्त्व के विषय में अपनी अभिवृत्ति, बच्चों के प्रति माता-पिता दोनों का व्यवहार तथा समूह एवं समाज के कार्यों में उनका भाग लेना बच्चों की अभिवृत्ति के स्वरूप का निर्धारण करता है। स्वयं एक अन्य व्यक्तियों एवं सामाजिक समूहों के प्रति घर में स्थापित अभिवृत्तियों तथा परिवार के कार्य करने के ढंग का बच्चों के दूसरे के साथ रहने की विधि का निर्धारण करते हैं।

समाज सेवा के काम से आत्म-सन्तुष्टि प्राप्त होती है। इसके अतिरिक्त सामाजिक प्रतिष्ठा भी मिलती है। इस प्रकार जब समाज को विभिन्न परिवारों का मदद मिलता है तो समाज समृद्धि के पथ पर आगे बढ़ता है। समाज की प्रगति होने पर सम्पूर्ण राष्ट्र भी स्वतः ही उन्नति करता है। इसलिए किसी भी राष्ट्र की उन्नति के लिए उस राष्ट्र के हर परिवार को एक ऐसा वातावरण तैयार करना चाहिए जो कि पारिवारिक सदस्यों को प्रेम, त्याग एवं समर्पण की भावना प्रदान करे जिससे वे समाज और राष्ट्र की समस्याओं को समझकर उनका समाधान खोजने में समर्थ हो सके।

परिवार के सदस्यों का अन्तः सम्बन्ध

परिवार प्रमुख रूप से पति-पत्नी, बच्चा एवं अभिभावक के सम्बन्धों पर आश्रित करता है। ये सम्बन्ध अधिक मधुर होते हैं। परिवार का स्थायित्व उतना ही

अधिक मधुर होता है। इस प्रकार यहाँ पर हम सम्बन्धों पर विस्तारपूर्वक अध्ययन करेंगे।

दाम्पत्य पर आधारित सम्बन्ध

किसी भी परिवार का शुभारम्भ विवाह से होता है। विवाह नवदम्पत्ति को परिणयसूत्र में बाँध कर एक नये परिवार के सृजन का आधार प्रस्तुत करता है। विवाह एक ऐसा प्रबन्ध है जो पुरुष एवं स्त्री को यौन सम्बन्ध स्थापित करने की सामाजिक एवं वैधानिक अनुमति प्रदान करता है। अतः जीवनसाथी का चयन जितना ज्यादा विवेकपूर्ण ढंग से किया जाएगा उतना ही ज्यादा दोनों का वैवाहिक जीवन सुखद, शान्तिमय एवं सन्तोष प्रदान करने वाला होता है।

हर परिवार की सफलता का आधार सफल दाम्पत्य जीवन ही है। अगर पत्नी-पति में सही समायोजन नहीं है तो परिवार का टूटना आरम्भ हो जाता है। कई बार भिन्न-भिन्न परिस्थितियों के कारण परिवार प्रत्यक्ष रूप से टूटते तो नहीं हैं, लेकिन दाम्पत्य समायोजन न होने के कारण ऐसे परिवारों का जीवन धीमी गति से रेंगता हुआ आगे बढ़ता है। परिवार में शान्ति भंग हो जाती है, आए दिन लड़ाई-झगड़े होते हैं सदस्यों के पारस्परिक स्वार्थ टकराते हैं जिससे सभी सदस्यों का रास्ता भिन्न-भिन्न हो जाता है।

भारतीय समाज में वर-वधू चुनाव से पहले दोनों परिवारों की आर्थिक और सामाजिक समानता को ध्यान में रखा जाता है लेकिन फिर भी विवाह के बाद इन वर-वधू की रुचियों, विचारधाराओं व इच्छाओं में कुछ न कुछ अन्तर रहता ही है। इस अन्तर को दूर करना ही सबसे अच्छा दाम्पत्य समायोजन कहलाता है।

विवाह के उपरांत जैसे-जैसे वर-वधू एक-दूसरे के पास आते हैं, वे दूसरे की विशेषताओं तथा कमजोरियों से अवगत होते जाते हैं। जब कमजोरियों एवं वैचारिक मतभेदों की जानकारी दी जाती है तब दोनों में ही नफरत की भावना पैदा होने लगती है एवं दोनों में ही एक-दूसरे को नीचा दिखाने की प्रवृत्ति में वृद्धि होने लगती है। ऐसे समय में पति-पत्नी दोनों को एक-दूसरे की भावनाओं को समझकर बुद्धिमानी, सहानुभूति तथा त्याग की भावना से एक-दूसरे की विचारधारा का सम्मान करते हुए पारस्परिक अन्तर को जल्दी से जल्दी दूर करने का प्रयास करना चाहिए, तभी एक सुखी परिवार का निर्माण किया जा सकता है। पारस्परिक समायोजन के लिए दृढ़ संकल्प-शक्ति की जरूरत होती है। इसलिए सुखी परिवार के निर्माण के लिए हमारी संकल्प-शक्ति जितनी मजबूत होगी आपसी मतभेद भी उतनी ही आसानी से दूर हो

जाते हैं, चूँकि तब हम बड़े त्याग के लिए तैयार रहते हैं। यदि हमारी संकल्प-शक्ति दृढ़ नहीं है तो छोटे-छोटे मतभेद भी आपसी दूरी को बढ़ा देते हैं।

दाम्पत्य जीवन में समायोजन के लिए समझौता करने के लिए स्वयं को दोषी मानना है। कई बार भूल न होने पर भी समझौता करने के लिए स्वयं को दोषी मानना पड़ता है। यदि वर-वधू में समझौता करने की तैयारी है, तो उनके वैवाहिक जीवन में समायोजन न हो, इसका सवाल ही पैदा नहीं होता है। लेकिन यदि पति-पत्नी अपनी 'मैं' या 'अहम' की भावना में डूबे रहेंगे तथा कोई भी झुकने के लिए तैयार नहीं होता तो ऐसी परिस्थिति में दोनों में समायोजन होना बहुत कठिन हो जाता है तथा परिवार में अशान्ति का माहौल बन जायेगा।

प्रसिद्ध मनोवैज्ञानिक टरमन के विचारानुसार सुखी विवाहित जीवन के लिए स्त्री में अग्रांकित विशेषताएँ होनी चाहिए—

(1) पत्नी में दया की भावना होनी चाहिए।
(2) पत्नी को शीघ्र क्रोध नहीं आना चाहिए।
(3) पत्नी में मदद की भावना होनी चाहिए।
(4) पत्नी को दूसरों से सलाह लेने में शर्म महसूस नहीं करनी चाहिए।
(5) पत्नी को दूसरों के द्वारा दी गई अच्छी सलाह को स्वीकार करने में तत्पर रहना चाहिए।
(6) पत्नी को हमेशा दूसरों की मदद के लिए तैयार रहना चाहिए।
(7) पत्नी को सदैव उन कार्यों को करने के लिए तत्पर रहना चाहिए जिससे कि दूसरों का लाभ होता है।
(8) पत्नी कार्य में सुव्यवस्था पसन्द करने वाली होनी चाहिए तथा सुव्यवस्था लाने के लिए हर तरह की मेहनत करने के लिए तैयार रहने वाली होनी चाहिए।
(9) परिवार की आवश्यकताओं तथा धन में समायोजन स्थापना के लिए धन के बारे में विशेष सतर्क रहने वाली होनी चाहिए।
(10) पत्नी ईश्वर में विश्वास रखने वाली होनी चाहिए।

इसी प्रकार पुरुष में भी अग्रलिखित विशेषताएँ होनी चाहिए—

(1) पति में भी स्त्री के समान दूसरों की मदद करने की भावना होनी चाहिए, क्योंकि बिना मदद के समायोजन सम्भव नहीं होता है।
(2) पति को आत्म केन्द्रित न होकर बहिर्मुखी होना चाहिए।
(3) पति धन के मामले में मितव्ययी तथा संयमी होना चाहिए।

(4) पति सुव्यवस्था और नियमबद्धता का पालन करने वाला होना चाहिए तथा दूसरों से भी इन दोनों की आशा करने वाला होना चाहिए।
(5) पति धार्मिक प्रवृत्ति वाला तथा ईश्वर से डरने वाला होना चाहिए।
(6) पति रोजाना घटने वाली घटनाओं को महत्त्व देने वाला होना चाहिए।
(7) पति जिम्मेदारी उठाने की भावना रखने वाला होना चाहिए।

टरमन के मत में किसी भी परिवार में पति-पत्नी में उपर्युक्त विशेषताओं के अतिरिक्त सुखी दाम्पत्य समायोजन के लिए वर-वधू के परिवार की अवस्था, स्तर, रुचियों तथा अभिरुचियों का भी हाथ होता है। इसलिए किसी भी परिवार की प्रसन्नता और सम्पन्नता का अनुमान अग्रलिखित स्थितियों के आधार पर भी लगाया जा सकता है—

(1) इस विवाह के प्रति माता-पिता की स्वीकृति एवं प्रसन्नता की प्रवृत्ति कैसी रही है?
(2) वर-वधू का बाल्यकाल कैसा बीता है?
(3) अभिभावक-बालक सम्बन्ध कैसे रहे हैं?
(4) वर-वधू के परिवार का अनुशासन प्रबंध कैसी है?
(5) माता के साथ ज्यादा लगाव था अथवा पिता के साथ?
(6) माता-पिता द्वारा बच्चों को यौन शिक्षा किस प्रकार दी गई है?
(7) विवाह से पूर्व यौन सम्बन्धों के प्रति स्वास्थ्य अभिरुचियों का निर्माण कैसे सम्भव हुआ?

मानसिक समायोजन—अधिक यह समझा जाता है कि दाम्पत्य समायोजन शारीरिक सम्बन्धों के समायोजन पर आश्रित करता है, पर मनोवैज्ञानिक तथा समाजशास्त्रियों ने अपने खोज के आधार पर यह स्पष्ट कर दिया है कि दाम्पत्य समायोजन शारीरिक यौन सम्बन्धों पर आश्रित होता है। पति-पत्नी के मध्य सन्तुलित मानसिक समायोजन हो जाता है तो वहाँ शारीरिक आकृष्ट गौण हो जाता है। मानसिक समायोजन पति-पत्नी में सहनशीलता को उत्पन्न करता है जिससे उनमें यौन-सम्बन्धों की कमी को सहने की शक्ति प्राप्त हो जाती है। सुखमय दाम्पत्य जीवन के लिए पति-पत्नी में प्रेम होना चाहिए क्योंकि ऐसा होने से दोनों में एक-दूसरे के लिए प्रेम के केन्द्र-बिन्दु बने रहते हैं एवं यह जगह और कोई नहीं ले सकता है। इसी तरह सफल दाम्पत्य के लिए समझौता की भावना और तत्परता भी आवश्यक होती है। एक-दूसरे की भावनाओं का आदर करते हुए जीवन के मूल्यों का निर्माण करना सहयोग की भावना से परिवार में कार्य करना। विवाह के उपरांत

पति-पत्नी एक-दूसरे की भावनाओं को समझकर उसके अनुकूल आचरण करना, विवाह के बाद पति-पत्नी एक-दूसरे की ओर से सुरक्षा तथा आत्मीयता की भावना प्राप्त करके एक-दूसरे पर अटूट विश्वास के साथ कार्य करें तभी सफल दाम्पत्य समायोजन सम्भव है। इसके लिए पति-पत्नी के मध्य स्वार्थ की भावना नहीं होनी चाहिए।

इसी प्रकार परिवार में सन्तान का जन्म तभी होना चाहिए जब पति-पत्नी यह समझने लगें कि वे एक नये सदस्य का उत्तरदायित्व उठाने के लिए आर्थिक, मानसिक और सामाजिक रूप से तैयार हैं।

यौन सम्बन्धों में समायोजन—विवाह के बाद वर-वधू को जो मधुरात्रि का अवसर दिया जाता है, उसके पीछे मुख्य भावना यह होती है कि दोनों एक-दूसरे की रुचियों, अभिरुचियों को समझने के साथ-साथ यौन सम्बन्धों का समायोजन भी स्थापित कर सकें क्योंकि अतृप्त यौन-इच्छाओं के समायोजन में पुरुष की अपेक्षा स्त्री की ओर से बाधा आती है जिसके निम्नलिखित कारण हैं—

(1) स्त्री में पुरुष की अपेक्षा संकोच भावना का अधिक होना।

(2) दोषपूर्ण यौन-शिक्षा।

(3) गर्भ-धारण का भय।

उपर्युक्त कारणों से मधुरात्रि व्यतीत करने का प्रयोजन यौन सम्बन्धों में समायोजन का होता है, वर्तमान समय में स्त्री-शिक्षा के कारण स्त्री के दृष्टिकोण में बदलाव आ रहा है। अब वह विवाह के पहले यौन-सम्बन्धी समस्याओं पर जानकारी प्राप्त कर लेती है। अभिभावकों की ओर से भी बालकों को उचित यौन शिक्षा दी जानी चाहिए जिससे वे भावी जीवन में स्वस्थ यौन समायोजन स्थापित करने में सफल हो सकें।

भारतीय परिवेश में लड़कियों के दिमाग में यह बात बैठा दी जाती है कि यौन-संबंध पाप होता है। यह भावना उनके दिमाग में इस प्रकार से घर कर जाती है कि वह विवाह के उपरांत भी काफी समय तक स्वस्थ यौन-सम्बन्ध स्थापित नहीं कर पाती है। परिणामस्वरूप जब पुरुष की यौन-इच्छाओं की पूर्ति पत्नी द्वारा नहीं होती है तो पुरुष का वेश्याओं से सम्पर्क हो जाता है इससे परिवार का विघटन हो जाता है। इस प्रकार यह स्पष्ट होता है कि जहाँ मानसिक, सामाजिक और आर्थिक समायोजन जरूरी है वहीं शारीरिक समायोजन भी अपना उतना ही महत्त्व रखता है। इस तरह इस कमी को उचित यौन शिक्षा के द्वारा ही दूर किया जा सकता है। इसके

अतिरिक्त यौन-सम्बन्धों के समायोजन में यह भी ध्यान रखने योग्य बात है कि इनको इतना अधिक महत्त्व नहीं दिया जाए कि अन्य सम्बन्धों से ध्यान ही हट जाए इसलिए पति-पत्नी के सफल दाम्पत्य सम्बन्धों के लिए यह जरूरी है कि उनका आपसी और परिवार के अन्य सदस्यों के साथ भी सम्बन्ध अच्छे रहने चाहिए।

ससुराल वालों के साथ समायोजन—विवाह के उपरांत वधू अपने माता-पिता का घर छोड़कर पति के घर आ जाती है जहाँ पर सभी व्यक्ति अनजान होते हैं। फलतः उस पर दोहरी उत्तरदायित्व आ जाती है क्योंकि अब वह दो परिवारों की सदस्य हो जाती है। जिससे उसका यह उत्तरदायित्व हो जाता है कि वह अपनी गतिविधियों का इस प्रकार से संचालन करे जिससे दोनों परिवारों की मान-मर्यादाएँ कायम रह सके। इसलिए यह इस बात पर निर्भर करता है कि जब वह अपने ससुराल आती है तब वह नये परिवार के सदस्यों की रुचियों, अभिरुचियों, आचार-व्यवहार के आधार पर अपने आपको किस सीमा तक ढाल सकने में सफल होती है। यदि वधू ससुराल के नये वातावरण के अनुकूल स्वयं को ढाल लेती है तो ससुराल में समायोजन यथाशीघ्र हो जाता है। वरना अनेक प्रकार की परेशानियाँ परिवार में उत्पन्न हो जाती हैं।

वधू को ससुराल में सबसे ज्यादा समायोजन की समस्या ससुराल की स्त्रियों के साथ होती है, जो कि सास, ननद, जेठानी के रूप में होती हैं। चूँकि परिवार के पुरुष वर्ग का अधिकतर समय घर के बाहर ही बीतता है और औरतें सारे दिन घर पर रहती हैं। इसलिए समायोजन की जरूरत स्त्रियों में ज्यादा होती है।

इसके अतिरिक्त स्त्रियों में जाने-अनजाने में एक-दूसरे के रूप और गुण के प्रति घृणा की मनोवैज्ञानिक भावना रहती है जिससे कि समायोजन की समस्या और भी गम्भीर हो जाती है। इसके अतिरिक्त जहाँ पर वर अपने परिवार से बहुत अधिक जुड़ा रहता है, वह अपनी माँ तथा बहनों को ही आदर्श नारी का रूप समझता है, तथा जिन विशेषताओं के कारण वह अपनी माँ एवं बहनों को आदर्श नारी समझता है वही विशेषताएँ वह अपनी पत्नी में भी देखना चाहता है इस दशा में भी पत्नी का पारिवारिक सदस्यों के साथ समायोजन कठिन हो जाता है। क्योंकि वधू का अपना व्यक्तित्त्व होता है एवं जब वर के द्वारा अपनी पत्नी के गुण-अवगुणों की परिवार की अन्य स्त्रियों से बहुत अधिक मात्रा में तुलना करता है तो उससे वधू के आत्मसम्मान को ठेस पहुँचती है। यदि वधू बहुत ही ज्यादा सहनशील है तब तो समायोजन हो जाता है। अन्यथा परिवार विखरने लगते हैं। जिन परिवारों में घर

के हर काम में घर की बुजुर्ग औरतों का वर्चस्व होता है तथा जहाँ पर औरतें अनावश्यक हस्तक्षेप करती हैं उस परिवार में नई वधू के लिए समायोजन मुश्किल काम हो जाता है।

एकल परिवारों में वधू के लिए ससुराल में समायोजन की समस्या नहीं उठती है चूँकि एकल परिवारों में ससुराल वालों का हस्तक्षेप कम होता है। आपस में कभी-कभी मिलते हैं इसलिए वहाँ का वातावरण बहुत ही शांतिपूर्ण बना रहता है। समायोजन की समस्या सामूहिक परिवारों में उठती है। अगर वर आर्थिक रूप से आत्मनिर्भर नहीं है या वह आर्थिक रूप से अपने माता-पिता पर आश्रित होता है तो समायोजन की समस्या और भी अधिक गम्भीर हो जाती है।

परिवारों में समायोजन की समस्या सदैव मुश्किल नहीं होती है क्योंकि अगर संयुक्त परिवार के सदस्य शिक्षित और प्रगतिशील विचारों के होते हैं तो वे सामूहिक रूप से रहने के बावजूद भी एक-दूसरे के काम में हस्तक्षेप नहीं करते हैं। परिणामस्वरूप ऐसे संयुक्त परिवारों में वधू को समायोजन करने में आसानी रहती है। कहने का आशय यह है कि ससुराल वालों के साथ वधू की समायोजन की सफलता इस बात पर ज्यादा निर्भर करती है कि पति-पत्नी में आपस में समायोजन किस प्रकार का है।

वर्तमान समय में जबकि स्त्रियाँ शिक्षित होती हैं विवाह अब शादी-योग्य अवस्था में होने लग गये हैं तथा स्त्रियाँ अपने अधिकारों के प्रति अधिक सजग रहने लगी हैं। ऐसी स्थिति में सफल दाम्पत्य सम्बन्धों का समायोजन अग्र बातों पर आधारित होता है–

(1) अधिकारों के स्वरूप की स्थापना,

(2) मतभेदों को वास्तविक परिप्रेक्ष्य में समझना,

(3) समझौतावादी होना।

(1) अधिकारों के स्वरूप की स्थापना–पुरातन परम्परा के आधार पर पति का आधिपत्य पत्नी को स्वीकार करना पड़ता है। समस्त पारिवारिक कार्यों का आखिरी निर्णय पति के द्वारा ही लिया जाता है एवं जो भी फलाफल निर्णय होते हैं उसकी सम्पूर्ण उत्तरदायित्व पति का माना जाता है। चूँकि समाज पर पुरुष जाति का वर्चस्व है इसी कारण से समाज को पुरुष प्रधान समाज कहा जाता है। लेकिन आधुनिक विवाह का आदर्श यह माना जाता है कि परिवार में पति तथा पत्नी की स्थिति समानता एवं मित्रता की होनी चाहिए। कोई भी व्यक्ति किसी पर भी अपना

आधिपत्य स्थापित करने की कोशिश नहीं करेगा। अपने-अपने क्षेत्रों में दोनों को ही अन्तिम रूप से निर्णय लेने का अधिकार होगा। विवाहों में विशेषकर शुरुआती अवस्था में यह देखने में आया है कि पति-पत्नी दोनों में से एक तय रूप से आधिपत्य स्थापित करता है तथा दूसरा आज्ञाकारी हो जाता है।

नाना तरह के अनुसन्धानों से यह स्पष्ट हो चुका है कि समानता के सिद्धान्त पर आधारित दाम्पत्य सम्बन्ध सबसे आनन्ददायक होते हैं। इसके बाद दूसरे स्थान पर पुरुष द्वारा आधिपत्य स्थापित विवाह होते हैं एवं तीसरे स्थान पर पत्नी द्वारा आधिपत्य स्थापित किये गये विवाह होते हैं जो कि प्रसन्नता की दृष्टि से सबसे निम्न दर्जे के होते हैं।

इन अनुसन्धानों से यह भी स्पष्ट हो चुका है कि वैवाहिक परिस्थितियों में पति की अपेक्षा पत्नियाँ अधिक समायोजन स्थापित करती हैं। भारतीय नारी तो पति द्वारा उस पर अन्याय एवं अत्याचार किये जाने के बावजूद भी उसके साथ समायोजन स्थापित करने का हर सम्भव कोशिश करती है। पति के नाम पर वंश-परम्परा का संचालित होना इस बात का प्रतीक है कि पुरुष की तुलना में स्त्री समायोजन स्थापित करने का कार्य करे।

जब पुरुष परम्परागत ढंग से अपनी पत्नी पर आधिपत्य स्थापित करने का इच्छुक हो किन्तु उसकी पत्नी उसे इस प्रकार सहन करने के लिए बिल्कुल भी तैयार नहीं हो तो ऐसी अवस्था में समायोजन की समस्या और भी मुश्किल हो जाती है।

अतः किसी भी दम्पत्ति को अपने बीच सफल समायोजन के लिए दोनों को प्रजातान्त्रिक सिद्धान्तों के आधार पर अपने-अपने क्षेत्र में आधिपत्य स्थापित करके एवं सामान्य पारिवारिक मामलों में मिल-जुलकर काम करना चाहिए।

(2) मतभेदों को वास्तविक परिप्रेक्ष्य में समझना—पति-पत्नी में जो समस्याएँ बिना सुलझाई हुई रह जाती हैं, तथा जिनका समाधान नहीं खोजा जाता है, परिवार में सदैव लड़ाई-झगड़े का कारण बनी रहती हैं एवं कभी भी इनके विकराल रूप को लेकर कलह की सम्भावना पैदा होती है। भारत में ज्यादातर पति-पत्नी विवाह से पहले एक-दूसरे से निकट सम्पर्क स्थापित नहीं कर पाते हैं इस प्रकार विवाह के कुछ समय उपरांत ही उनमें लड़ाई-झगड़े होने की सम्भावना रहती है। हनीमून की समयावधि में पति-पत्नी एक-दूसरे के ज्यादा निकट सम्पर्क में आते हैं जिससे वे एक-दूसरे के गुण एवं अवगुणों से अच्छी तरह से परिचित हो जाते हैं, लेकिन उस समय यौवन के मद में दोनों ही एक-दूसरे के दोषों को अनदेखा कर

देते हैं। लेकिन जैसे ही दोनों में शारीरिक आकर्षण अल्प होता जाता है एवं जिन्दगी की वास्तविकता सामने आती जाती है, परिवार का उत्तरदायित्व बढ़ता है तब इन्हें एक-दूसरे की कमजोरियाँ नजर आने लगती हैं। फलतः वे एक-दूसरे पर दोषारोपण करने लगते हैं जिससे समस्याएँ सुलझने की बजाय और ज्यादा उलझ जाती हैं एवं परिवार कलह का अखाड़ा बन जाता है। यहाँ पर यह आशय नहीं है कि पति-पत्नी के बीच कभी लड़ाई-झगड़े हों ही नहीं। जीवन की नीरसता को दूर करने के लिए कभी-कभी ये लड़ाई-झगड़े लाभदायक सिद्ध होते हैं चूँकि इन लड़ाई-झगड़ों के बाद जो पारिवारिक वातावरण पैदा होता है वह दाम्पत्य सम्बन्धों को और सुदृढ़ बनाता है। चूँकि लड़ाई-झगड़े में एक-दूसरे के प्रति दोनों के मन में जो गुबार होते है। उन्हें बोलकर निकाल देते हैं। इस तरह लड़ाई-झगड़ा पति-पत्नी की समानता का प्रतीक है। समानता की अवस्था में ही मतभेद सम्भव है। जिन समस्याओं के सम्बन्ध में पति-पत्नी का झगड़ा होता है, हकीकत में वे ही समस्याएँ ऐसी होती हैं जिनके सम्बन्ध में दोनों में समायोजन स्थापित करना जरूरी होता है। अगर विस्फोटक स्थिति समाप्त हो जाने के बाद पति-पत्नी दोनों ही समस्याओं पर विचार-विमर्श करते हैं, उनका समाधान ढूँढ़ने का कोशिश करते हैं तो उनका यह प्रयास समायोजन की प्रथम कड़ी सिद्ध होता है, अगर दोनों ही समझौते की नीति अपनाएँगे।

पति-पत्नी में होने वाले लड़ाई-झगड़े उनके अहम (Ego) को समाप्त करने में भी बड़े मददगार सिद्ध होते हैं। इस प्रकार अहम की समाप्ति विचार-विमर्श के लिए उपयुक्त वातावरण का निर्माण करती है। इस प्रकार नियन्त्रित लड़ाई-झगड़े स्वस्थ सम्बन्धों को स्थापित करने के लिए मार्ग प्रशस्त करते हैं एवं दोनों के बीच सम्बन्धों में घनिष्ठता एवं दृढ़ता को बढ़ाते हैं। जो व्यक्ति झगड़ सकते हैं, वे गम्भीर मनोवैज्ञानिक समस्याओं के चंगुल में उतने ज्यादा नहीं फँसते जितने कि वे जो झगड़े से बचने या उसमें शान्त रहने का प्रयास करते हैं। सोचने तथा पलायन करने की तुलना में झगड़ना समायोजन स्थापित करने की अधिक अच्छी प्रविधि है।

(3) समझौतावादी होना—दो अलग-अलग पारिवारिक पृष्ठभूमि से आये पति-पत्नी में धन, धर्म, नैतिकता के मापदण्डों, मनोरंजन तथा सम्बन्धियों आदि की धारणा में मतभेद होना एक बहुत आवश्यक चीज है लेकिन इसके साथ ही जो दो व्यक्ति अपने भावी जीवन को विवाह-सूत्र में बाँधकर एक साथ चलने की शपथ लेते हैं उनमें एक-दूसरे के प्रति समर्पण एवं त्याग की भावना भी प्रबल होती है। वे अपने अहम को त्याग कर अपने जीवन साथी के लिए कुछ भी करने के लिए मन से सदैव तैयार रहते हैं। इस प्रकार जिस दम्पत्ति में त्याग की भावना एवं समर्पण की भावना

प्रबल होती है वहाँ कैसे भी मतभेद क्यों न हों उन पर वे आपस में समझौता करके काबू कर सकते हैं। इस प्रकार सुखी दाम्पत्य के लिए यह आवश्यक है कि दोनों ही समझौतावादी बनें।

पत्नी का परिवार में मूल्यांकन—आदिकाल से ही पत्नी को पति का पूरक अथवा मददगार माना गया है। स्त्री के बिना पुरुष अधूरा माना जाता है। पत्नी से ही पुरुष को समाज में प्रतिष्ठा मिलती है। पत्नी से प्राप्त प्रशंसा, प्रेम, भक्ति एवं प्रोत्साहन आदि के कारण पति जीवन में कई प्रकार की सफलता प्राप्त करता है जिसका अप्रत्यक्ष रूप से श्रेय पत्नी को ही जाता है। पत्नी का मुख्य कार्य घर की एवं बच्चों की देखभाल करना है। उसके इस काम में पति ने कभी भी पत्नी के प्रति प्रतिद्वन्द्वात्मक रुख नहीं अपनाया है। लेकिन आज स्त्री शिक्षा के कारण और सभ्यता के विकास के कारण आधुनिक महिला अपने व्यक्तिगत अधिकारों एवं अहम की सन्तुष्टि के लिए निरंतर संघर्षरत है जिसके फलस्वरूप वर्तमान में पत्नी की 'पति की सहायिका' की भूमिका समाप्त होती जा रही है। आज पत्नी के द्वारा जीवन के हर क्षेत्र में पति के साथ प्रतिद्वन्द्विता की जा रही है। सुखी दाम्पत्य जीवन के नजरिये से उसकी यह स्थिति उपयुक्त नहीं लगती है।

आज लगभग शत प्रतिशत घरों में पत्नी पति से प्रतियोगिता में लगी हुई हैं। आज की पत्नी पति को अपना गुलाम बनाने के लिए उसको हर समय नीचा दिखाने के प्रयत्न में लगी रहती है। परिवार के अन्य सदस्य तो दूर जाएँ अपने बच्चों के समक्ष भी पत्नी अपने पति को जलील करने को कोई मौका नहीं छोड़ना चाहती है। एक ओर तो स्त्रियाँ समानता का अधिकार माँगती हैं तो दूसरी ओर यही स्त्रियाँ पतियों एवं अन्य परिवार वालों को परेशान करके अपना आधिपत्य जमाने के लिए पराकाष्ठाओं की महत्ता को पाना चाहती हैं। विवाह तो घनिष्ठ सहयोग पर आधारित संस्था है। परिवार के कल्याण के लिए एक-दूसरे की मान्यताओं, विश्वासों, रुचियों का सम्मान करते हुए बराबरी के आधार पर सामूहिक फैसला लेकर भावी जीवन बितना चाहिए। इस समायोजन में पत्नी जो कि अपने माता-पिता का घर छोड़कर नये परिवार में आती है उसे सभी सदस्यों की भावनाओं की इज्जत करते हुए समर्पण एवं त्याग की भावनाओं से काम करना चाहिए। अगर कोई पत्नी इस तरह का कार्य करती है तो निश्चित ही उसका पूरे परिवार पर स्नेहमय आधिपत्य स्थापित हो जाता है तथा सभी उसके आदेश का पालन इज्जत के साथ करते हैं। इसके प्रतिकूल अगर कोई पत्नी पूर्वाग्रहों से प्रेरित होकर तथा अपने अहम की भावना से प्रेरित होकर कार्य करती है तब अन्त में उसकी स्थिति बुरी ही होती है। क्योंकि पुरुष प्रधान समाज

में पुरुष को प्रेम, त्याग एवं समर्पण की भावना से जीता जा सकता है न कि प्रतियोगिता करके और उसे नीचा दिखा कर।

इस तरह दाम्पत्य सम्बन्ध प्रमुख रूप से प्रेम, त्याग, समर्पण एवं समझौता-वादी रुख पर ही आश्रित करता है।

अभिभावक का अपने बच्चों के साथ सम्बन्ध

परिवार की संकल्पना एक ऐसी संस्था के रूप में की जाती है जो बालक को जन्म देकर उसका पालन-पोषण करती है तथा उसे सामाजिक प्राणी बनाती है। बच्चा जन्म लेने के उपरांत से ही परिवार की सदस्यता स्वीकार करने के लिए मजबूर होता है। वह अपने जीवन का निर्माण परिवार में ही करता है। जिस तरह का परिवार होगा वैसा ही बालक बनेगा।

प्यार और सहानुभूति का पाठ बालक को सबसे पहले अपने परिवार में ही सिखाया जाता है। इस तरह परिवार प्रथम पाठशाला है।

अगर बालक को जीवन के प्रारम्भिक वर्षों में सही पारिवारिक वातावरण नहीं मिलता है तो वह आजीवन कमजोर, असुरक्षित व अपराधी प्रवृत्ति का बन जाता है। परिवार से दूर या सभ्यता से दूर बालक का व्यक्तित्त्व अविकसित रहता है। माता-पिता व परिवार के अनुपम अनुभव ही उसके विकास में महत्त्वपूर्ण योगदान देते हैं।

जन्म के समय बालक सांसारिक ज्ञान से अनजान होता है, उसे किसी भी चीज का ज्ञान नहीं होता। उसे न चलना आता न ही बोलना आता है, वह सभी चीज के सन्दर्भ में परिवार में रहकर ज्ञान प्राप्त करता है। जन्म के समय वह पशु के समान होता है। धीरे-धीरे वह व्यक्तियों तथा परिस्थितियों के साथ अनुकूलन करना सीखता है। बालक में महान आदर्शों और भावनाओं का जागरण भी परिवार में ही होता है।

बालक का पालन और पोषण उसके माता-पिता द्वारा मानव-प्रकृति के तहत ही उचित तरीके से किया जा सकता है। जो प्यार, सहानुभूति और उचित देख-रेख माता-पिता द्वारा बालक को मिलती है, वह संसार में किसी अन्य माध्यम से बालक को नहीं दी जा सकती है। परिवार की आवश्यकता किसी एक कार्य के लिए नहीं होती, बल्कि इसकी आवश्यकता नाना तरह के कार्यों के लिए होती है।

1. भौतिक कार्य वश परिवार की आवश्यकता—परिवार की सबसे पहली जरूरत शारीरिक अथवा भौतिक दृष्टि पर आधारित होती है। मनुष्य की सभी प्रारम्भिक भौतिक आवश्यकताओं की पूर्ति परिवार में ही हो सकती है। परिवार का

प्रमुख कार्य संतानोत्पत्ति करना होता है। परिवार का यह कार्य मानव-समाज के अस्तित्त्व के लिए आवश्यक है। प्राणीशास्त्र के दृष्टिकोण से परिवार का एक महत्त्वपूर्ण कार्य यौन इच्छा की सन्तुष्टि करना भी है।

परिवार के मूल कार्यों में बालकों का पालन-पोषण करना भी है। परिवार में बालक जब असहाय परिस्थिति में जन्म लेता है तो उसके प्रारम्भिक पालन-पोषण की यहाँ पहले से ही व्यवस्था होती है। परिवार अपने सदस्यों की शारीरिक रक्षा की व्यवस्था करता है। उनके भोजन, वस्त्र तथा रहने की जगह का प्रबन्ध करता है। यहां पर गर्मी, सर्दी, बरसात, धूप आदि से रक्षा होती है। इन मूलभूत जरूरतों (Basic Needs) की पूर्ति के बिना व्यक्ति का जीवित रहना असम्भव होता है। इस प्रकार परिवार मनुष्य की भौतिक आवश्यकताओं की पूर्ति करता है।

2. सामाजिक कार्य वश परिवार की आवश्यकता—परिवार का पहला कार्य बच्चे को एक सामाजिक प्राणी बनाना है। परिवार बच्चों के लिए सामाजिक सन्तुष्टियों का पहला और सामान्य रूप में प्रधान केन्द्र है। परिवार में माता-पिता, भाई-बहिन आदि के प्रेम, सद्भावना, सहानुभूति आदि से बच्चों के समाजीकरण में बहुत ही मदद मिलती है। परिवार बच्चे को सभी बातें सिखाता है जो उसके लिए आवश्यक है। इसलिए परिवार ही उसकी पहली पाठशाला है जिसके तहत वह सभी ज्ञानवर्द्धक बातें सिखाता है। परिवार में ही बच्चा सामाजिक उत्तरदायित्व का अनुभव, क्षमा का महत्त्व और सहयोग की जरूरत के सम्बन्ध में पहला पाठ पढ़ता है। अपनी सामाजिक भावनाओं को व्यक्त करना सीखता है। परिवार के आधार पर ही यह तय किया जाता है कि व्यक्ति किनसे मिलेगा तथा किस प्रकार जीवनयापन करेगा।

3. मनोवैज्ञानिक कार्य वश परिवार की आवश्यकता—परिवार बालक की मनोवैज्ञानिक आवश्यकताओं को पूरा करता है। अगर परिवार द्वारा यह कार्य न किया जाए तो परिवार एक निरर्थक संस्था बन जाए। परिवार के तहत व्यक्ति की सुरक्षा और प्रेम सम्बन्धी आवश्यकताओं की पूर्ति होती है। सुरक्षा की भावना जीवन को सफल बनाने के लिए बहुत आवश्यक है और परिवार सुरक्षा की भावना को बिना किसी शर्त के पूरी करता है। समय पर परिवार में मनुष्य को मानसिक, शारीरिक और आर्थिक सुरक्षा मिलती है। हम घर में रहकर अपने को सुरक्षित महसूस करते हैं। परिवार एक तरह का मनोवैज्ञानिक आराम स्थल है जहाँ पर व्यक्ति सुरक्षित रहकर आराम कर सकता है। असहनीय स्थिति में माँ का प्यार, दुलार व एक मुस्कान बच्चे के सभी दुखों को दूर कर देती है। यह सुरक्षा मानव के जीवन को सफल बनाने में बहुत सहायक साबित होती है।

प्रेम के तहत कई मनोवैज्ञानिक जरूरतें होती हैं, जैसे—सहानुभूति, अहम की सन्तुष्टि, सुरक्षा की भावना, प्यार एवं प्रशंसा किया जाना, पारस्परिक आदर आदि। अगर ये भावनाएँ व्यक्ति को प्राप्त होती रहें तो उसे काफी खुशी और आत्म-सन्तोष प्राप्त होता है। स्वाभाविक रूप से यह सब परिवार में ही मिलता है। पारिवारिक स्नेह और विवाह परिवार का बहुत ही महत्त्वपूर्ण आधार बनता जा रहा है।

इस प्रकार कहा जा सकता है कि परिवार ही जीवन का मुख्य आधार है। यही एक मात्र ऐसी संस्था है जो मनुष्य की सभी आवश्यकताओं को पूरा करने में अपना सम्पूर्ण योगदान रखती है।

माता-पिता की जिम्मेवारी

परिवार एक सामाजिक संस्था है जो जन्म से आरम्भ होकर मृत्यु के कारण समाप्त हो जाती है। हर परिवार की अपनी परम्पराएँ होती हैं। जिन्हें वह अगली पीढ़ी तक पहुँचाता है। सभी परिवारों की अपनी एक व्यवस्था होती है। पिता घर की आर्थिक व्यवस्था की जिम्मेदारी का निर्वाह करता है तो माता घरेलू दायित्वों को निभाने में जुटी रहती है। अन्य सदस्य भी अपनी-अपनी दशा में अपने कर्त्तव्यों को पूरा करते हैं। जब परिवार उत्कृष्ट कोटि का होता है तो बालक में उच्च कोटि की परम्पराएँ, आदर्श, मैत्रीपूर्ण भाव और सहकारिता की प्रवृत्ति का विकास होता है।

बालक का सर्वांगीण विकास करना माता-पिता का कर्त्तव्य है। अगर माता-पिता के आपस में सम्बन्ध अच्छे होंगे तो बालक के भी उनसे अच्छे सम्बन्ध होंगे।

माता-पिता के उत्तरदायित्वों को निम्नलिखित तरीकों से बाँटा जा सकता है—

(1) **शारीरिक** उत्तरदायित्व

(2) **सामाजिक** उत्तरदायित्व

(3) **मनोवैज्ञानिक** उत्तरदायित्व

(4) **आर्थिक** उत्तरदायित्व

1. शारीरिक उत्तरदायित्व—माता-पिता की यह पहली जिम्मेदारी है कि वे बच्चों की शारीरिक देख-रेख का कार्य करें। इसके तहत उन्हें अग्रांकित कार्य करने चाहिए—

(अ) **शारीरिक रक्षा**—माता-पिता को बालकों की शरीरिक सुरक्षा करनी चाहिए। शारीरिक चोट और बीमारी की अवस्था में सेवा-शुश्रूषा की व्यवस्था करें। जन्म के समय और जन्म के उपरांत नवजात शिशु और माँ की देख-रेख करें।

(ब) **निवास तथा वस्त्रों की व्यवस्था**—माता-पिता अपने परिवार के रहने के लिए घर की व्यवस्था करते हैं। जहाँ वे धूप, गर्मी, सर्दी और वर्षा आदि से अपनी रक्षा कर सकें एवं आराम से रह सकें। घर में पर्याप्त शुद्ध वायु और सूर्य का प्रकाश आना चाहिए। मकान के पास हरियाली तथा खेलने का स्थान हो। ऋतु के अनुरूप वस्त्रों का प्रयोग कर बालकों को कपड़े पहनाएँ।

(स) **स्वच्छता सम्बन्धी ध्यान**—माता-पिता को बालकों की व्यक्तिगत एवं सामाजिक सफाई पर भी ध्यान देना चाहिए। बालक सोकर उठते ही शौचादि जाए, दाँत, मुँह साफ करे, स्नान करे, वस्त्रों की सफाई पर ध्यान दें। स्वच्छता की महत्ता के गुण बताना बहुत आवश्यक है।

2. सामाजिक उत्तरदायित्व—समाज के कई कार्यों का संचालन परिवार के आधार पर ही होता है। माता-पिता के सामाजिक जिम्मेदारी का आधार अग्र होता है—

(अ) **सामाजिक नियन्त्रण**—माता-पिता को बालकों पर नियन्त्रण रखना चाहिए एवं अनुशासन की शिक्षा देनी चाहिए। परिवार में ही बालकों को नागरिकता का पहला पाठ पढ़ाया जाता है। परिवार में माता-पिता से बालकों को दूसरों के साथ अनुकूलन (Adjustment) करने की शिक्षा, सहनशीलता, कर्त्तव्यपरायणता, आज्ञापालन, परोपकार, सहयोग आदि सद्गुण प्राप्त होते हैं, जो उन्हें समाज का एक आदर्श नागरिक बनाने में सहायक साबित होते हैं।

(ब) **सामाजिक स्थिति प्रदान करना**—परिवार की जाति और धर्म के तहत सामाजिक परिस्थिति का निर्धारण होता है। यह तय किया जाता है कि परिवार के सदस्य किनके साथ खाएँ-पिएँगे, किनके साथ विवाह-सम्बन्ध स्थापित करेंगे और किस प्रकार जीविका कमायेंगे।

(स) **मानव अनुभवों का स्थानान्तरण**—परिवार मनुष्य के अनुभवों की एक पीढ़ी से दूसरी पीढ़ी तक पहुँचाने का कार्य करता है। बालक अपने माता-पिता के अनुभवों को एक पीढ़ी से दूसरी पीढ़ी तक पहुँचाता है। बालक अपने माता-पिता के अनुभवों को प्राप्त करता है। माता-पिता कुछ ही वर्षों में अपने अनुभवों को बच्चों को सिखा देते हैं जिससे सभ्यता का विकास आसानी से हो जाता है।

(द) **खेलकूद पर ध्यान**—माता-पिता को बालकों के खेलकूद पर ध्यान देना चाहिए। छोटे बालकों को उसकी पसंद के अनुरूप खिलौने देना आवश्यक है। खेलने से बालकों का शारीरिक, मानसिक और सामाजिक विकास ठीक

रहता है। समय निकालकर माता-पिता को बालकों के साथ खेलना भी चाहिए।

(य) **सर्वांगीण विकास के लिए उपयुक्त वातावरण**—माता-पिता का दायित्व है कि ऐसा वातावरण निर्मित करें कि बालक अपनी रुचि तथा स्वभाव के अनुकूल सर्वांगीण विकास कर सकें। परिवार में खेल, संगीत, पढ़ाई, मनोरंजन सभी पर समान रूप से जोर दिया जाना चाहिए जिससे बालक अपना उचित विकास कर सकें।

(र) **प्रारम्भिक शिक्षा पर ध्यान देना**—बालक के जीवन को बनाने-बिगाड़ने वाले प्रारंभिक अनुभव बालक को उसके माता-पिता से ही मिलते हैं। माता बालक की प्रथम अध्यापिका है जिसकी शिक्षा का बालक पर अमिट प्रभाव पड़ता है। माता के बाद पिता का स्थान आता है जो बालक को नाना प्रकार के अनुभवों को प्राप्त करने में सहायता करता है। उसके बाद भाई-बहन तथा घर के अन्य सदस्यों से कोई न कोई सीख प्राप्त होती है।

(ल) **जीवनसाथी का चुनाव**—माता-पिता बालकों को जवान होने पर जीवनसाथी के चुनाव में सहायता करते हैं। सभी परिवार में इस सम्बन्ध में कुछ आदर्श व प्रतिबन्ध होते हैं जिनके आधार पर यह निर्धारित होता है कि एक सदस्य को किस समूह में विवाह करना है तथा किन-किन प्रतिबन्धों का पालन करना है।

3. मनोवैज्ञानिक उत्तरदायित्व—माता-पिता इस मौलिक जिम्मेदारी का निर्वाह अग्र प्रकार से कर सकते हैं—

(अ) **मनोवैज्ञानिक सुरक्षा**—माता-पिता के माध्यम से बालक को वात्सल्य प्रदान किया जाता है जो कि उसके व्यक्तित्त्व के निर्माण में महत्त्वपूर्ण है। असहाय हालत में माँ का प्यार-दुलार और एक मुस्कान बालक के सभी दुःखों को दूर कर देता है। इस प्रकार माता-पिता बालक को मनोवैज्ञानिक सुरक्षा देते हैं एवं बालक के जीवन को सफल बनाने में मदद करते हैं।

(ब) **स्नेह देना**—माता-पिता बालकों में प्यार तथा स्नेह आदि सद्गुणों का विकास करते हैं। ये गुण बालकों को पशुता से मानवता की ओर ले जाते हैं। अगर प्यार, प्रशंसा, आदर, प्रेम आदि भावनाएँ बालक को प्राप्त होती रहें तो उसको काफी खुशी तथा आत्म-सन्तोष प्राप्त होता है। यह सभी कुछ बालक को अपने परिवार में ही मिलता है।

(स) **बालक के स्वभावानुकूल विकास करना**—माता-पिता बालक की रुचि के अनुरूप ही व्यावसायिक शिक्षा की व्यवस्था करें। इस बात पर वे निश्चित रूप से ध्यान दें कि हर व्यवसाय में अथवा हस्तकार्य में शारीरिक अवयवों के प्रशिक्षण की जरूरत होती है। उन्हें बालक के जरिए निश्चित रूप से सीख लिया जाए। किसी भी व्यावसायिक कार्य में रुचि और स्वावलम्बन की जरूरत होती है।

(द) **बौद्धिक विकास पर जोर देना**—माता-पिता का यह उत्तरदायित्व है कि वह बालक के बौद्धिक विकास के लिए प्रयासरत रहें। खिलौनों से बालकों का बौद्धिक विकास होता है। उसके उपरांत पुस्तकों की बारी आती है। घर में अवस्था के अनुकूल शिशु तथा बाल-साहित्य की व्यवस्था होनी बहुत जरूरी है। आरम्भ में बालकों के लिए चित्रात्मक और रंगीन आकर्षक पुस्तकें लायी जाएँ। बाद में उनके स्तर की कथा-कहानियों बाल्य शिक्षा से सम्बन्धित किताबों की व्यवस्था करना उचित होगा।

(य) **कल्पना-शक्ति का विकास करना**—बालकों की कल्पना-शक्ति को बढ़ाया जा सकता है। इसलिए माता-पिता को बच्चों को रोचक एवं शिक्षाप्रद कहानियाँ सुनानी चाहिए। पहेलियाँ भी कल्पना-शक्ति के विकास में सहायता करती हैं। इनसे मानसिक व्यायाम और एकाग्रता (Concentration) का विकास होता है। बालकों से उपयुक्त पहेलियाँ पूछते रहना चाहिए।

(र) **जिज्ञासा को सन्तुष्ट करना**—बालक अपनी जिज्ञासा को प्रकट करते हैं। माता-पिता की जिम्मेदारी है कि वे उनके सवालों का सही उत्तर दें। बालक द्वारा प्रश्न पूछने पर डाँटने के बजाय उसे सवाल को समझाना चाहिए। बालक की जिज्ञासा उसकी जानकारी का आरम्भ है। जिज्ञासा को कभी दबाने का प्रयास नहीं करना चाहिए। उनकी शंकाओं का उचित समाधान करना चाहिए।

4. आर्थिक उत्तरदायित्व—परिवार आर्थिक क्रियाओं के संचालन की एक प्रमुख कड़ी है। इसी के आधार पर परिवार का भरण-पोषण होता है। माता-पिता को आर्थिक काम करने के लिए अग्रांकित तरीके अपनाने चाहिए—

(अ) **श्रम-विभाजन**—सबसे पहले श्रम-विभाजन परिवार से ही आरम्भ होता है। परिवार के सभी सदस्य अपने-अपने काम करते हैं। पिता घर से बाहर धन अर्जित करने जाता है। स्त्री घर की देख-रेख एवं बच्चों का पालन-पोषण

करती है। यद्यपि शिक्षा के क्षेत्र में वृद्धि के कारण स्त्रियाँ भी अब घर के बाहर धन अर्जित करने लगी हैं।

(ब) **आय तथा सम्पत्ति का प्रबन्ध**—परिवार-व्यवस्था के अनुकूल यह तय होता है कि सम्पत्ति एवं आय का महत्त्वपूर्ण स्थान है। इसके बिना बच्चों की जरूरतों को पूरा करना असम्भव है। माता-पिता अपनी आयु को उचित ढंग से खर्च करने की व्यवस्था करते हैं। सम्पत्ति की देख-रेख करना और उसे नष्ट होन्ने से बचाना परिवार का एक आर्थिक कार्य है।

(स) **उत्तराधिकार का निश्चय**—हर परिवार-व्यवस्था के अनुकूल यह तय होता है कि सम्पत्ति का जिम्मेदार कौन होगा? पितृ-सत्तात्मक परिवार में सम्पत्ति का उत्तराधिकारी सबसे बड़ा लड़का तथा मातृ-सत्तात्मक परिवार में सबसे बड़ी लड़की उत्तराधिकारी माने जाते हैं।

(द) **उत्पादक-इकाई**—कृषि प्रधान युग तक परिवार एक प्रमुख इकाई के रूप में काम करता था। अब भी अनेक गृह उद्योग परिवार के आधार पर ही होते हैं। इनमें परिवार के सभी सदस्य मिलकर वंशानुगत व्यवसाय करते हैं। माता-पिता को बालकों को उद्योग-धंधों के प्रति प्रोत्साहित करना चाहिए।

इस प्रकार हम यह स्पष्ट कर सकते हैं कि परिवार वह उदगम स्थल है जिसमें भविष्य का उद्‌भव और विकास होता है। मनुष्य का जन्म, विकास और समाजीकरण परिवार में ही होता है और उसी परिवार के प्रसार से समस्त समाज का सृजन होता है।

माता-पता की अभिवृत्तियाँ

माता-पिता की अभिवृत्तियों का बालक पर बहुत प्रभाव पड़ता है। बालक और माता-पिता के सम्बन्धों का महत्त्वपूर्ण तथ्य घर का प्रेमपूर्वक वातावरण है। अगर माता-पिता बालक के साथ अच्छा बर्ताव करते हैं तो बालक अपने माता-पिता के साथ अच्छा सम्बन्ध रखता है।

माता-पिता की अभिवृत्तियों को तीन वर्गों में विभाजित किया गया है—

(1) निरंकुश दृष्टिकोण

(2) लोकतान्त्रिक दृष्टिकोण

(3) स्वीकृति देने वाला दृष्टिकोण

1. निरंकुश दृष्टिकोण—अगर माता-पिता बालक के साथ सभी कार्य, व्यवहार आदि में निरंकुशता बरतेंगे तो बालक का उचित विकास नहीं हो सकता। निरंकुश बर्ताव करने वाले माता-पिता अपने बालकों पर नियन्त्रण रखते हैं एवं अपने

आदेश के अनुरूप उनसे कार्य करवाते हैं। बड़े होकर ऐसे बालक या तो बहुत सीधे बनते हैं अथवा बहुत तेज, दूसरों पर हुक्म चलाने वाले। इस प्रकार का व्यवहार करने वाले माता-पिता बालकों की कोई बात नहीं मानते एवं न ही बालकों का कोई कार्य करते हैं। वे उनकी इच्छाओं को भी नहीं समझते न ही बालकों का कोई कार्य करते हैं। वे उनकी इच्छाओं को भी नहीं समझते। ऐसे बालकों का व्यवहार असामाजिक हो जाता है। निरंकुश व्यवहार के कारण बालक में झूठ बोलना, चोरी करना, क्रूरता और आक्रामकता आदि का विकास हो सकता है। इस प्रकार बालकों के सही विकास के लिए माता-पिता का ऐसा व्यवहार उचित नहीं रहता।

2. **लोकतान्त्रिक दृष्टिकोण**—कई माता-पिता बालक का अत्यधिक ध्यान रखते हैं। उसे स्वतन्त्र रूप से कोई कार्य नहीं करने देते ऐसे बालकों को कोई भी काम करने में घबराहट होती है। उनमें आत्मविश्वास की कमी आ जाती है। वे दूसरों पर ज्यादा निर्भर होते हैं। माता-पिता से ज्यादा सम्पर्क के कारण बाहरी समाज से उनका ज्यादा सम्पर्क नहीं रहता। इससे बालकों में बाहरी रुचियों का विकास नहीं हो पाता। उनमें आलोचना सहन करने की शक्ति नहीं रहती।

3. **स्वीकृति देने वाला दृष्टिकोण**—बालक के कार्य को माता-पिता द्वारा स्वीकृति दिये जाने से बालक को बढ़ावा मिलता है। ऐसा व्यवहार रखने वाले माता-पिता बालक से प्रेम करते हैं। वे बालक को स्वयं भी कार्य करने उनकी मदद करते हैं। बालक को जरूरत के अनुसार स्वतन्त्रता दिये जाने पर वह कार्य को अपनी पूर्ण योग्यता व विश्वास से करता है। ऐसा बालक ज्यादा सामाजिक, सहयोगी, मित्रतापूर्ण तथा खुशमिजाज होता है। वह अपनेआपको समाज में अधिक समायोजित कर पाता है। स्वीकृति देने वाला दृष्टिकोण बालक के समुचित विकास के लिए अच्छा रहता है।

इस प्रकार माता-पिता का बालकों के साथ समुचित दृष्टिकोण होना चाहिए जिससे उनका विकास अच्छा हो। उन्हें बालकों के साथ नम्र तथा प्रेमपूर्वक व्यवहार करना चाहिए परन्तु बालकों को ज्यादा स्वतन्त्रता न दें तथा न ही कठोर नियन्त्रण रखें। बालकों को अच्छी बातें सिखानी चाहिए।

माता-पिता की अभिवृत्तियों का बालकों पर प्रभाव

बालक के सामाजिक एवं व्यक्तित्त्व के विकास के लिए अग्रांकित बातें आवश्यक हैं जिनका कि माता-पिता को ध्यान रखना आवश्यक है। ये बातें बालक के व्यक्तित्त्व और सामाजिक विकास को प्रभावित करती हैं—

1. बालकों को स्वयं कार्य करने के मौके प्रदान करना—बालक के विकास के लिए यह आवश्यक है कि उसे स्वयं कार्य करने के मौके प्रदान किये जाएँ। इससे उसकी निर्णय शक्ति का विकास होगा। बालक की आयु जैसे-जैसे बढ़ती जाती है उसे अपने अस्तित्त्व तथा व्यक्तित्त्व की जानकारी होने लगती है। स्वयं कार्य करने से वह स्वावलम्बी बनेगा जो कि उसके व्यक्तित्त्व के लिए आवश्यक है।

2. बालकों की जिज्ञासा की तृप्ति करना—माता-पिता को बालकों के सवालों का सन्तोषजनक उत्तर देना चाहिए इससे उनकी जिज्ञासा पूर्ण होती है तथा वे नया अनुभव प्राप्त करते हैं और समाज में दूसरों के साथ अच्छी तरह समायोजन कर सकते हैं। माता-पिता को बालकों की उपेक्षा नहीं करनी चाहिए, इससे उनमें असुरक्षा की भावना उत्पन्न होती है। उन्हें बालकों की उचित देखभाल करनी चाहिए। बालकों की जिज्ञासा को दबाना नहीं चाहिए तथा न ही डाँटना-फटकारना चाहिए।

3. नैतिक गुण—माता-पिता के व्यवहार के समान बालक सहानुभूति, उदारता, न्यायप्रियता, सत्यता जैसे गुण धारण करता है। इसी तरह अनेक अवगुण जैसे झूठ बोलना, आलस्य, चोरी आदि गुण भी ग्रहण कर सकता है। वह अपने विचारों को व्यक्त करना परिवार में सीखता है। इस प्रकार यह आवश्यक है कि उचित सामाजिक तथा व्यक्तित्त्व विकास के लिए माता-पिता बालक में उचित नैतिक गुण पैदा करे।

4. बालकों के साथ एक समान व्यवहार—बालक के व्यक्तित्त्व के विकास में माता-पिता का प्रमुख योगदान होता है। परिवार की परिस्थितियों के अनुकूल बालक या तो बहुत लाड़-प्यार पाता है या इसके प्रतिकूल अवहेलना पाता है। ये दोनों स्थितियां बालक को बिगाड़ती हैं, सुधारती नहीं। इस प्रकार माता-पिता का बालक के प्रति व्यवहार में तालमेल होना चाहिए। बालक की पसंद के अनुसार स्वाभाविक विकास का मौका मिले। अच्छे कार्य के लिए उसकी प्रशंसा हो तथा बुरे कार्य के लिए निन्दा हो। ज्यादा डाँट-फटकार से व्यक्तित्त्व अच्छा नहीं बनता। इसके लिए प्रेमपूर्वक व्यवहार आवश्यक है।

5. माता-पिता का आचरण—बालक अपने माता-पिता का अनुकरण करते हैं। वे उन्हीं को अपना आदर्श मानकर नकल करने का प्रयास करते हैं। माता-पिता के व्यवहार पर बालक का व्यक्तित्त्व निर्भर करता है एवं बालक का समाजीकरण भी माता-पिता के पास होता है। बालक के परिवार की परम्पराओं तथा रहन-सहन को देखकर ही समाज उससे किसी आचरण की तुलना करता है। जो बालक अच्छे

परिवार में रहकर उच्चकोटि की परम्पराओं का पालन करता है। उससे समाज अच्छे आचरण की आशा करता है। लेकिन निकृष्ट परम्पराओं वाले परिवार के बालक से समाज अच्छे आचरण की तुलना नहीं करता है। जो माता-पिता चोर तथा आचरणहीन होते हैं उनके बालकों के आचरण पर लोगों का शक बना रहता है। अतः माता-पिता के आचरण की तुलना होनी चाहिए।

6. बालकों से स्नेह रखना—परिवार को एक स्वाभाविक सामाजिक समूह की संज्ञा दी गई है। परिवार के सभी सदस्य नैतिक भावना से जुड़े रहते हैं तथा एक-दूसरे के प्रति संवेगात्मक भावनाओं से युक्त रहते हैं। इन्हीं भावनाओं के कारण परिवार बालक के व्यक्तित्त्व का निर्माण करने में सहायक होते हैं। माता-पिता को बालकों से स्नेह रखना चाहिए। कोई मुश्किल उत्पन्न होने पर उसका समाधान करना चाहिए। परिवार के प्रेमपूर्ण वातावरण में ही व्यक्तित्त्व रूपी बीज का अंकुरण एवं विकास होता है।

7. परिवार की संस्कृति—बालक ज्यादा समय तक अपने माता-पिता के सम्पर्क में रहता है उनकी संस्कृति के अनुरूप स्वयं को सुसंस्कृति करता है। माता-पिता के अतिरिक्त घर के अन्य सदस्य भी बालक के व्यक्तित्त्व-निर्माण में योगदान करते हैं। इनके सम्पर्क में आकर बालक उनकी कई आदतें सीखता है और उनके व्यवहार से प्रभावित होता है एवं परिवार की संस्कृति अपना लेता है। स्कूल में वह अपने परिवार की संस्कृति का प्रतिनिधित्व करता है। स्कूल में भिन्न-भिन्न परिवारों की संस्कृतियों का मेल होता है। बालक पर पड़ने वाला स्कूल का प्रभाव आंशिक होता है और परिवार का प्रभाव स्थायी एवं तुलनात्मक रूप से अधिक होता है।

इस प्रकार यह स्पष्ट किया जा सकता है कि माता-पिता के व्यवहार के अनुरूप बालक का सामाजिक स्तर तथा आचरण तय होता है एवं बालक के व्यक्तित्त्व के विकास में भी माता-पिता की महत्त्वपूर्ण भूमिका होती है।

मार्गदर्शन और निर्देशन

बालक अपने आप सब कुछ नहीं सीखता। उसे सफल व्यक्ति बनाने के लिए उसका मार्गदर्शन तथा निर्देशन जरूरी है। दूसरों के साथ रहने के लिए उसे कई अच्छे गुण अपनाने होते हैं, जैसे सहयोग, नम्रता, आदर आदि। बालक इन गुणों के साथ जन्म नहीं लेता ये बाद में सीखता है। अच्छे माता-पिता ही बालकों को कुशल मार्गदर्शन प्रदान कर सकते हैं। मार्गदर्शन की सहायता से बालक का तो विकास

होता ही है साथ ही वह समाज के कल्याण और प्रगति में भी योगदान दे पाता है। वर्तमान सामाजिक मूल्यों में तेजी से बदलाव आता जा रहा है। आज की परिस्थिति में पुराने मूल्यों में आस्था कम होती जा रही है और दूसरी ओर नयी कीमत तय नहीं हो पा रहे हैं। इसलिए ऐसी स्थिति में निर्देशन जरूरी है।

किशलोम के विचार में, ''मार्गदर्शन सभी व्यक्ति की स्वयं के सम्बन्ध में विस्तारपूर्वक जानकारी प्राप्त करने में सहायता करता है।''

मार्गदर्शन एवं निर्देशन का महत्त्व

मार्गदर्शन एक क्रिया है जो बालक को अपने आप आगे बढ़ने तथा अपनी योग्यताओं के आधार पर कुछ प्राप्त करने में सहायता करती है। मार्गदर्शन का उद्देश्य है व्यक्तित्त्व का विकास, स्वयं को समझना एवं सामाजिक समायोजन। मार्गदर्शन से निम्नलिखित फायदे हैं–

1. नये वातावरण के साथ समायोजन में मददगार–माता-पिता से नये वातावरण के संदर्भ में ज्ञान पाकर बालक अपने वातावरण के साथ उचित समायोजन कर सकता है एवं उसका व्यक्तित्त्व भी अच्छा बनता है। यह सब कुशल निर्देशन एवं मार्गदर्शन पर निर्भर करता है।

2. मान्य व्यवहार को समझने में मददगार–बालक जन्म के उपरांत ही मान्य व्यवहार के सम्बन्ध में जानकारी प्राप्त करता है। उसे तब तक मार्गदर्शन की आवश्यकता होती है जब तक कि वह स्वअनुशासन नहीं सीख लेता है। आज चिन्तन में अनुशासन से अर्थ है निर्देशन। अनुशासन द्वारा बालक को अनुभव होता है कि उसका व्यवहार किस प्रकार का होना चाहिए। समाजीकरण की प्रक्रिया में बालक को सामाजिक मूल्यों के अनुकूल आचरण करने के लिए प्रेरित किया जाता है जैसे कि मिल-जुलकर रहना। इस तरह उचित निर्देशन द्वारा ही वह मान्य व्यवहारों को सीख पाता है।

3. बालक के व्यक्तित्त्व के विकास में सहायक–मार्गदर्शन करते समय बालक के व्यवहार के बारे में पता चलता है एवं यह भी कि कौन से बालक तीव्र बुद्धि और मन्द-बुद्धि वाले हैं। दोनों तरह के बालकों का अलग ढंग से निर्देशन करने पर उनके व्यक्तित्त्व का उचित विकास किया जा सकता है।

4. बालकों को समाज का अच्छा सदस्य बनाने में सहायक–बालक को सामाजिक मूल्यों के बारे में बताना चाहिए कि कौन-सी बातें समाज में सही और कौन-सी गलत। जिस प्रकार से बालक को बताया जा सकता है कि यद्यपि क्रोध

एवं ईर्ष्या स्वाभाविक है लेकिन इन पर नियन्त्रण (Control) जरूरी है। इस प्रकार उचित मार्गदर्शन पाने पर बालक दूसरों को दुख नहीं पहुँचाएगा एवं समाज का अच्छा सदस्य बनेगा।

5. बालकों में कई मूल्यों का निर्माण—दूसरों के साथ रहने के कई महत्त्व हैं। जैसे—दया, सहनशीलता, मदद आदि। माता-पिता के कुशल निर्देशन, प्रेम एवं विश्वास द्वारा ये बालकों में पैदा किये जा सकते हैं। इन महत्त्वों द्वारा बालक में सुरक्षा और आत्मनिर्भरता उत्पन्न होती है।

6. बालकों की योग्यताओं तथा रुचियों को समझने और विकसित करने में मददगार—निर्देशन हर व्यक्ति को स्वयं की योग्यताओं, रुचियों को समझने तथा उनका सम्भावित विकास करने में मदद प्रदान करता है। निर्देशन द्वारा बालकों को उनकी रुचि के अनुकूल कार्य की ओर प्रेरित किया जा सकता है एवं उन्हें स्वयं की रुचियों तथा योग्यताओं का ज्ञान अच्छी तरह करवाया जा सकता है।

7. व्यावसायिक दृष्टि से सहायक—व्यावसायिक नजरिये से भी निर्देशन और मार्गदर्शन की परम आवश्यकता है। बालक को उचित व्यवसाय के चुनाव में मार्गदर्शन की जरूरत होती है, तभी वह आगे सही तरीके से विकास कर सकता है।

8. घर पर बालक की गतिविधियों का निर्देशन और मार्गदर्शन—बालक जब जन्म लेता है तो उसे यह मालूम नहीं होता है कि उसे कैसे रहना है? उसे क्या करना है? उसे ज्ञान प्राप्त करने के लिए उचित निर्देशन की जरूरत होती है। माता-पिता का यह दायित्व है कि ये बालकों का उचित निर्देशन करें। बालकों के उचित निर्देशन के लिए अग्रलिखित बातें जरूरी हैं—

(1) साधारण तरीके से बालक को समझाया जाए।
(2) कोई कार्य सीखने या करने के बाद उसकी प्रशंसा की जाए। इस तरह बालक जल्दी सीखता है।
(3) दण्ड का उपयोग कभी-कभी करें।
(4) वातावरण को खुशमिजाज बनाया जाए।
(5) नियमितता से सही मार्गदर्शन किया जा सकता है।
(6) बालकों में अनुशासन जरूरी है।
(7) सभी बालकों पर ध्यान देना चाहिए।

बालक की रुचि पता करने के तरीके

बालक की रुचियाँ अग्रांकित तरीके से ज्ञात कर सकते हैं—

(1) गतिविधियों का निरीक्षण करके।
(2) प्रश्न पूछकर।
(3) बात करने के विषय।
(4) इच्छा द्वारा।

बालक में रुचियों का विकास

बालकों की रुचि अलग-अलग वस्तुओं में होती है लेकिन उनकी रुचि खेलों में अधिक होती है। रुचि एक भावात्मक अनुभव है जो कि रुचिकर वस्तु की ओर व्यक्ति का ध्यान फेर देता है।

बालकों में रुचियाँ जन्मजात नहीं होतीं, ये वातावरण में विकसित की जाती हैं। शैशवावस्था, बाल्यावस्था, किशोरावस्था में व्यक्ति में अलग-अलग रुचियाँ दिखाई देती हैं। एक बालक खिलौने से खेलने में तो दूसरा साइकिल चलाने अथवा रेडियो सुनने या टेलीविजन देखने में रुचि रखता है।

बालक की रुचियों को सही दिशा में मोड़ने के लिए उसके सम्मुख आदर्श उपस्थित करना चाहिए। बालक बड़ों को देखकर बहुत कुछ सीखते हैं। बालक की रुचियों का पता लगाने के लिए अनेक उपाय अपनाए जा सकते हैं। सामान्यतया यह देखना चाहिए कि बालक स्वाभाविक रूप से कौन से कार्य करना अधिक पसन्द करता है। बालक की रुचियों को उससे पूछकर भी जाना जा सकता है। इसके अलावा बालक की इच्छाओं से भी उसकी रुचियों का पता चलता है।

बालक की मुख्य रुचियाँ

बाल रुचियों को अग्रलिखित बिन्दुओं के तहत व्यक्त किया जा सकता है–

(1) चलचित्र–बालकों की रुचि चलचित्र में अधिक होती है इसलिए वर्तमान समय में लगभग सभी देशों में बालक की रुचि के अनुरूप विशिष्ट प्रकार की फिल्में तैयार की जाती हैं। सामान्यतया बालक सुखान्त फिल्में पसन्द करते हैं। लड़के अपराध सम्बन्धी फिल्में अधिक पसन्द करते हैं जबकि लड़कियाँ घेरेलू कथाओं पर आधारित फिल्में अधिक पसन्द करती हैं। बच्चों को डरावनी एवं गन्दी फिल्में नहीं दिखानी चाहिए। जानवरों की तथा शिक्षाप्रद फिल्में बालकों के लिए अच्छी रहती हैं तथा इनसे बालकों का मनोरंजन होता है।

(2) खेल–बालक को खेल में आनन्द आता है। वह उस समय अपने संवेगों को स्वतन्त्रतापूर्वक प्रकट करता है। उस समय वह अपने ऊपर किसी भी तरह के

प्रतिबंध का अनुभव नहीं करता है। इसलिए नाना प्रकार के खेलों में बालकों की स्वाभाविक रुचि होती है। आयु के साथ-साथ खेलों के तरीकों में भी अन्तर आता-जाता है। खेलों द्वारा बालकों का सामाजिक दायरा बढ़ता है। बालकों के जीवन में खेल में रुचि कभी भी गौण नहीं होती है। बालकों को खेल-खेल में बहुसी बातें सिखाने के लिए उन्हें तरह-तरह के खेल खेलना सिखाया जाता है।

(3) कविता—बालक कविता पाठ करना भी पसंद करते हैं। कविताओं में भी उनकी रुचि होती है। इस तरह कविताओं द्वारा उन्हें कई बातें सिखाई जा सकती हैं। शुद्ध भाषा में आसान एवं हाव-भाव के साथ सुनाई जाने वाली कविताएँ भी बालक पसन्द करते हैं। कविता के द्वारा देशभक्ति और समाज सेवा जैसे महत्त्वपूर्ण मानवीय गुण बालकों को सिखाये जा सकते हैं।

(4) हस्तशिल्प—सामान्य रूप से हाथ से किए जाने वाले कार्यों को हस्तशिल्प की श्रेणी में रखा जाता है। बालकों की रुचि हस्त-कौशल की ओर प्रेरित करनी चाहिए। इससे खाली समय का सदुपयोग भी होता है तथा बुद्धि का विकास भी होता है। प्रशंसा पाने पर बालक में आत्मविश्वास भी आता है। बालक इसके द्वारा अपनी कल्पना शक्ति का उपयोग करते हैं यथा—कागज मोड़कर नाव बनाना, पंखा बनाना, झण्डा बनाना, चित्रकारी करना, वस्तुएँ बनाना आदि। बालक जिस तरह के कार्य कर सके उनके अनुसार उसे प्रोत्साहित करें तथा सामग्री प्रदान करें।

(5) संगीत—संगीत तो एक ऐसा साधन है जिससे इंसान ही नहीं पशु भी सुनना पंसद करते हैं फिर बाल प्रवृत्ति को तो यह निश्चित रूप से ही बहुत अधिक प्रभावित करेगा। संगीत सुनना बालक को अच्छा लगता है अगर छोटी आयु से बालकों में संगीत के प्रति रुचि जाग्रत की जाए एवं सिखाया जाए तो वे काफी कुछ सीख सकते हैं। बालकों की प्रवृत्ति को संगीत के प्रति निम्नांकित तरीके से मोड़ा जा सकता है—

(क) **नृत्य**—बालकों के पास अधिक ऊर्जा होती है। इस अधिक ऊर्जा के कारण वह सदैव गतिशील रहना चाहता है। उसकी इस गतिशीलता को जैसे—चलना, दौड़ना, कूदना आदि नृत्य की ओर मोड़ा जा सकता है। बालकों को इन सब गतिविधियों में लय उत्पन्न करके नृत्य करने का एहसास करवाया जा सकता है। हाँ इतना निश्चित रूप से ध्यान रखना चाहिए की बालकों को सिखाया जाने वाला नृत्य स्टेप सरल हो। जबर्दस्ती बालकों को नाच नहीं सिखाया जाना चाहिए। जिन बालकों में अधिक रुचि हो उन्हें प्रोत्साहित करें एवं उचित निर्देशन दें।

(ख) **वाद्ययन्त्र**—बालकों को संगीत की ओर मोड़ने के लिए सरल वाद्ययन्त्र जैसे बांसुरी, ड्रम आदि बजाना सिखाया जा सकता है। वाद्ययंत्रों को चुनाव उनकी रुचि को ध्यान में रखकर करना चाहिए। आयु बढ़ने के साथ-साथ अन्य वाद्ययन्त्र जैसे ढोलक, हारमोनियम, तबला आदि सिखाए जा सकते हैं।

(ग) **गायन**—बालकों को संगीत गायन के द्वारा भी सिखाया जा सकता है। बालकों को लोकगीत एवं देशभक्ति के गीत सिखाए जा सकते हैं। फिर धीरे-धीरे राग के अनुसार गाना सिखाया जा सकता है।

(6) अध्ययन—अलग-अलग अवस्था में बालक के अध्ययन की रुचि में अन्तर देखा जा सकता है। पढ़ना सीखने से पहले बालक कहानियों में रुचि लेता है। कहानी सुनाने वाले के हाव-भाव, स्वर आदि का बालक पर असर पड़ता है। तस्वीरें देखने से भी बालक की कहानी की किताबों में रुचि बढ़ती है और पढ़ना सीख लेने के बाद वह इन किताबों को पढ़ने लगता है। बालक-बालिकाओं को अच्छी-अच्छी किताबें देकर उनकी रुचि को परिष्कृत कर सकते हैं। आधुनिक काल में सभी सभ्य देशों में स्वस्थ बाल-साहित्य के निर्माण की ओर ध्यान दिया जा रहा है जिससे कि बालक-बालिकाओं की अध्ययन की रुचियों का लाभ उठाकर उनमें उच्च चरित्र का निर्माण किया जा सके।

कहानी बालकों की कुशलता के अनुसार बतानी चाहिए। बालकों को डरावनी कहानियाँ नहीं सुनानी चाहिए एवं कहानी अत्यधिक लम्बी नहीं होनी चाहिए। कहानी की किताबों में तस्वीरें अधिक होनी चाहिए।

(7) रेडियो एवं टेलीविजन—विद्यालय जाने वाले बालक-बालिकाएँ रेडियो और टेलीविजन के प्रोग्रामों को देखने-सुनने में बड़ी रुचि लेते हैं। विभिन्न आयु और लिंग के बालक अलग-अलग प्रकार के प्रोग्रामों में रुचि लेते हैं। अनुभव से बालक उन प्रोग्रामों में भी रुचि लेने लगते हैं जिनमें बड़े लोग भी रुचि लेते हैं। बालकों को शिक्षाप्रद कार्यक्रमों को देखने-सुनने के लिए प्रोत्साहित करना चाहिए।

सामंजस्य स्थापित करना

बालक जो भी कुछ सीखता है समाज और घर में ही सीखता है। बालक पर घर का बहुत ही ज्यादा असर पड़ता है बालक अपने माता-पिता एवं घर के अन्य सदस्यों का अनुकरण करता है। वह उनका व्यवहार सीखता है। वह समाज और परिवार में सामंजस्य स्थापित करना भी सीखता है। इसलिए बालकों पर आवश्यक

नियन्त्रण ही होना चाहिए। नियन्त्रण न रखने वाले और कठोर नियन्त्रण रखने वाले दोनों ही तरह के माता-पिता बालकों को असामाजिक बना देते हैं।

व्यक्ति का व्यवहार गत्यात्मक होता है, वह हमेशा एक समान नहीं रहता, बदलता रहता है। इसका असर बालक के व्यवहार पर भी पड़ता है। जिस बालक को परिवार से प्रेम प्राप्त होता है उसका व्यवहार अच्छा होता है। जिन परिवारों में बालकों की समस्याओं को सुलझाने की कोशिश की जाती है वहाँ बालक सामंजस्य करना सीख लेते हैं। लेकिन जिन परिवारों में बालकों पर ध्यान नहीं दिया जाता उन बालकों को सामंजस्य करने में मुश्किलों का सामना करना पड़ता है।

खराब पारिवारिक सम्बन्ध का बालक पर प्रभाव

पारिवारिक सम्बन्ध अच्छे न होने पर बालक पर निम्नलिखित प्रभाव पड़ते हैं–

(1) वह खुद को व्यर्थ समझने लगता है।
(2) वह असामाजिक व्यवहार करना आरम्भ करता है।
(3) बालक में असुरक्षा का भाव पैदा हो जाता है।
(4) बालक उदास रहता है।
(5) बालक में संवेगात्मक अस्थिरता की भावना पैदा हो जाती है।
(6) घर के सदस्यों से पृथक् रहता है और कभी-कभी घर से भागने की भी कोशिश करता है।
(7) उसके इच्छाओं की पूर्ति नहीं होने पर उसके स्वभाव में आक्रामकता भी आ सकती है।

सामंजस्य स्थापन में सन्तुलन बनाने के आवश्यक शर्त

परिवार में सही सम्बन्ध बनाए रखने के लिए अग्रांकित बातों को ध्यान में रखना चाहिए–

(1) बालक को परिवार के प्रति उसके कर्त्तव्य को समझाएँ।
(2) बालक अगर चंचल हो तब भी उसे प्यार और सुरक्षा प्रदान करें।
(3) परिवार के सभी सदस्यों में प्रेम का वातावरण पैदा करें।
(4) परिवार के सभी सदस्य मिलकर कार्य करें व अपनी समस्या को बड़ों के सामने रखें।
(5) बालकों के सामने सही पारिवारिक सम्बन्धों का आदर्श उपस्थित करें।

(6) बालकों को उचित सामाजिक व्यवहार सिखाएँ कि किस तरह दूसरों के साथ रहना चाहिए।

(7) अगर बालक में कोई गलत व्यवहार नजर आने लगे तो उसी समय उसे दूर करने का प्रत्यन करें।

(8) बालक के लिए पूरे दिन के कार्य की उचित तालिका बनाएँ जिससे वह व्यस्त रह सके, क्योंकि खाली समय में उसमें किसी भी तरह का विकार उत्पन्न हो सकता है।

(9) बालकों को सहनशील तथा समझदार बनाने के लिए प्रयास करें।

(10) बालकों से कभी भी बड़ों के जैसे व्यवहार की अपेक्षा न करें।

7

पारिवारिक आय

आमदनी एवं खर्च दोनों में काफी नजदीकी संबंध है। ये दोनों प्रत्येक परिवार में प्रमुख आर्थिक घटक होते हैं। हर परिवार में धन के सदुपयोग से सुख एवं समृद्धि में वृद्धि होती है और यह सदुपयोग आय-व्यय पर आधारित होता है।

पारिवारिक आय को इस तरह से स्पष्ट किया जा सकता है–''आय एक निश्चित अवधि में अर्जित वह धनराशि है जो आर्थिक प्रयत्नों के फलस्वरूप प्राप्त होती है तथा जिसमें अन्य सुविधाएँ भी सम्मिलित रहती हैं।'' पारिवारिक आय में मुख्य रूप से परिवार के प्रधान सदस्य को प्राप्त होने वाला धन आता है। अगर परिवार के किसी अन्य सदस्य को किसी तरह से अतिरिक्त आय प्राप्त हो रहा है तो उसे भी इसमें सम्मिलित किया जाता है। परिवार की चल और अचल सम्पत्ति से प्राप्त होने वाली आय भी इसमें सम्मिलित किया जाता है। परिवार को प्राप्त होने वाली सुविधाएँ भी इस आय में सम्मिलित की जाती हैं।

प्रो. ग्रास तथा कैण्डल के कथनानुसार, पारिवारिक आय, मुद्रा, वस्तुओं, सेवाओं तथा सन्तोष का प्रवाह है,जो परिवार के अधिकार में उसकी आवश्यकताओं और इच्छाओं को पूरा करने तथा उत्तरदायित्वों के निर्वाह के लिए आता है।''

उपर्युक्त विचार से यह स्पष्ट है कि पारिवारिक आय में परिवार के मौद्रिक आय के अतिरिक्त चल और अचल सम्पत्ति से प्राप्त आय को शामिल किया जाता है। इसमें प्राप्त सेवा और सुविधाओं को भी शामिल किया जाता है।

परिवार का मुखिया मूल रूप से जो धन प्राप्त करता है उसे ही पारिवारिक आय माना जाता है, लेकिन यदि इसके अतिरिक्त परिवार के किसी अन्य सदस्य को भी किसी साधन से धन की प्राप्ति होती है तो उसे भी पारिवारिक आय में शामिल कर लिया जाता है। इसके अलावा परिवार को अपनी चल अथवा अचल सम्पति के जरिये भी अगर कुछ धन मिलता है। जैसे कि मकान का किराया, जमा धन पर ब्याज आदि तो उसे भी आय में जोड़ा जाता है। पारिवारिक आय में मौद्रिक आय के परिवार को प्राप्त होने वाली सुविधाएँ भी इस आय में ही मानी जाती हैं।

पारिवारिक आय की विशेषता

पारिवारिक आय की प्रमुख विशेषताएँ निम्नलिखित हैं–

1. परिवार के कमाऊ सदस्यों की संख्या पर ही पारिवारिक आय आश्रित करती है। जितने ज्यादा सदस्य होंगे उतनी ही आमदनी ज्यादा इकट्ठी होगी।
2. परिवार के मुखिया की शिक्षा तथा योग्यता पर भी आय आश्रित करती है क्योंकि शिक्षित व्यक्तियों की आय अशिक्षित व्यक्तियों से सामान्यतया अधिक होती है।
3. परिवार के छोटे तथा बड़े होने पर भी आय पर प्रभाव पड़ता है, चूँकि आय निश्चित रहने पर अगर परिवार की सदस्य संख्या बढ़ जाती है तो प्रति सदस्य आय कम हो जाती है।
4. पारिवारिक आय किसी देश की राष्ट्रीय आय पर आश्रित होती है। समृद्धि काल में प्रतिव्यक्ति आय ज्यादा हो जाती है, तथा मन्दी के समय प्रतिव्यक्ति आय कम हो जाती है।
5. राष्ट्रीय आय सभी देशवासियों में समान रूप से विभाजित नहीं होता है। फलस्वरूप समाज अलग-अलग आय वर्गों में बँट जाता है। जैसे निम्न वर्ग, मध्यम वर्ग एवं उच्च वर्ग समाज में बन जाते हैं।
6. पारिवारिक आय में कुछ व्यवसाय करने से अधिक आय प्राप्त होती है तथा कुछ व्यवसाय से बहुत कम आय प्राप्त होती है। एक ही प्रकार के व्यवसाय में भी व्यक्ति की कुशलता तथा व्यक्तिगत गुणों पर भी आय की मात्रा निर्भर होती है।
7. जिस वर्ग तथा समुदाय का व्यक्ति सदस्य होता है उसके अनुकूल उसकी आय निर्धारित होती है। कृषक वर्ग की आय व्यापारी वर्ग से कम होती है एवं शिक्षक वर्ग की आय डॉक्टर इंजीनियर वर्ग से कम होती है।

एक परिवार के लिए कितनी आय पर्याप्त होती है इसकी कोई सीमा निश्चित नहीं की जा सकती है। परिवार की आय सम्बन्धी जरूरत कई बातों पर आश्रित करती है जैसे कि रहन-सहन का स्तर, परिवार के सदस्यों की संख्या की खरीदने की शक्ति, समाज तथा पारिवारिक जीवन चक्र आदि। ये सभी अवस्थाएँ भिन्न-भिन्न परिवारों में अलग-अलग पाई जाती हैं। इसीलिए परिवारों के लिए पारिवारिक आय का निर्धारण करना बहुत ही मुश्किल कार्य है।

आय को प्रभावित करने वाले तत्त्व

पारिवारिक आय एवं सुविधाएँ परिवार के रहन-सहन के स्तर को प्रभावित करती हैं इसके अलावा आय को प्रभावित करने वाले कुछ तत्त्व निम्नलिखित हैं–

1. घर की कुल आय–इसके अन्तगत परिवार के प्रधान तथा अन्य सदस्य जो कि धन इकट्ठा करते हैं चाहे वह वेतन के रूप में हो या व्यवसाय के रूप में सम्मिलित की जाती है।

2. परिवार का स्वरूप–संयुक्त परिवार की आमदनी ज्यादा होती है, क्योंकि इसमें परिवार के अन्य सदस्यों की आमदनी, परिवार की स्थायी सम्पत्ति से प्राप्त होने वाले लाभ, ब्याज, उपज आदि भी शामिल होते हैं।

आय के प्रकार

एक परिवार की आय तथा सेवाओं के प्रवाह को हम मुख्य रूप से तीन भागों में विभाजित कर सकते हैं–

(1) मौद्रिक आय

(2) वास्तविक आय

(3) मानसिक आय

मौद्रिक आय

वह आय जो किसी परिवार की मुद्रा के रूप में एक निश्चित समय में प्राप्त होती है मौद्रिक आय कहलाती है। प्रो. ग्रास और कैण्डल के मतानुसार, "मौद्रिक आय से अर्थ मुद्रा की उस क्रय शक्ति से है जो कि मुद्रा के रूप में किसी परिवार को एक निश्चित समय में मिलती है।"

मौद्रिक आय आर्थिक प्रयासों के माध्यम से प्राप्त होती है। जो कार्य धन अर्जित करने के लिए किए जाते हैं तथा जिन कार्यों को करने से हमको आय मिलती है, आर्थिक कार्य कहलाते हैं फिर इस आय के खर्चे से हमें तृप्ति मिलती है। कुछ अवस्थाओं में परिवार को बिना आर्थिक प्रयत्न किए भी मौद्रिक आय प्राप्त हो जाती है जैसे कि पैतृक सम्पति से किराया, लगान आदि। मौद्रिक आय को प्राप्त करने के स्रोत, व्यवसाय, व्यापार, उद्योग तथा नौकरी आदि होते हैं।

मौद्रिक आय परिवारों को मजदूरी, वेतन, ब्याज, लाभ, उपहार, पेंशन, बीमारी दुर्घटना से प्राप्त बीमा लाभ, पुस्तकों की रायल्टी आदि से प्राप्त होती है। आय प्राप्त

होने पर आवश्यकताओं को सन्तुष्ट करने के लिए उपभोग सामग्री प्राप्त करने में खर्च कर दी जाती है।

वास्तविक आय

वह आय जो वस्तुओं तथा सेवाओं के प्रवाह से एक परिवार को किसी विशेष समय में प्राप्त होती है, वास्तविक आय कहलाती है। प्रो. ग्रास एवं कैण्डल के विचार में "वास्तविक आय वस्तुओं तथा सेवाओं के उस प्रवाह को कहते हैं जो एक परिवार को एक निश्चित समय में उपभोग के लिए प्राप्त होती है।"

वास्तविक आय को वर्गों में वर्गीकरण किया जा सकता है।

(अ) प्रत्यक्ष आय

(ब) अप्रत्यक्ष आय

(अ) प्रत्यक्ष आय—वह आय जो कि एक परिवार को बिना मुद्रा खर्च किए वस्तुओं तथा सेवाओं के उपयोग से प्राप्त होती है, प्रत्यक्ष आय कहलाती है। जैसे कि मुफ्त मकान, घर के बगीचे से प्राप्त सब्जी, फूल, फल आदि, पारिवारिक सदस्यों द्वारा प्रदान की गई सेवाएँ तथा सरकार द्वारा दी गई जनोपयोगी सेवाएँ आदि परिवार की वास्तविक आय में सम्मिलित की जाती हैं।

(ब) अप्रत्यक्ष आय—वह आय जो कि एक परिवार को मुद्रा से खरीदी गई वस्तुओं तथा सेवाओं से प्राप्त होती है, अप्रत्यक्ष आय कहलाती है। यथा व्यक्ति द्वारा अपनी आय से खरीदे गए वस्त्र, नौकर आदि से प्राप्त सुविधा तथा सेवा अप्रत्यक्ष आय कहलाती है।

मासिक आय

ग्रास एवं कैण्डल के विचारानुसार—"एक निश्चित अवधि में एक परिवार को मौद्रिक और असली आय के उपभोग से प्राप्त सन्तोष को मानसिक आय कहते हैं।"

मानसिक आमदनी का सम्बन्ध मूल रूप से आत्मा के तृप्ति से होता है। इसी कारण आधुनिक समय में समान वस्तुओं के उपभोग से प्राप्त होने वाला सन्तोष अलग-अलग व्यक्तियों के लिए अलग-अलग होता है, जैसे—राधा को पुस्तक पढ़ने में ज्यादा सन्तोष की अनुभूति होती है। लेकिन सीता को पुस्तक पढ़ने से कम सन्तोष की अनुभूति होती है, ऐसा संभव है कि उसे उसी समय नृत्य देखने में ज्यादा सन्तोष प्राप्त होता हो।

वास्तविक आय के निर्धारक कारक

वास्तविक आय के निर्धारक कारक निम्नलिखित हैं—

1. कुशल गृह प्रबन्ध—परिवार की आय का जो भी स्रोत हो एवं जितना भी हो, उसकी प्रसन्नता तथा सुख शान्ति के लिए विचारपूर्वक की गई व्यवस्था पर आधारित होता है। कुशल गृह-प्रबन्ध में स्त्रियों का ज्यादा सहयोग होता है। अगर गृहिणी गृह के हर क्रिया-कलाप में सोच-समझकर फैसला लेती है तो पारिवारिक उद्देश्य की प्राप्ति में सफलता प्राप्त हो सकती है। कुशल गृहिणी समय का इस तरह नियोजन करती है, कि अपने अतिरिक्त समय में सिलाई, कढ़ाई, बुनाई घर में ही करती है। इसके अलावा घर के बाहर खाली जमीन में सब्जियाँ उगा कर भी वास्तविक आय में वृद्धि कर सकती है। खाना स्वयं बनाना, घर की सफाई एवं कपड़े स्वयं धोने तथा स्वयं अन्य सेवाओं से परिवार की वास्तविक आय में वृद्धि हो जाती है। धोबी, नाई, आदि के कार्य स्वयं करके, जो मौद्रिक आय में बचत होती है, उसके द्वारा प्रयोग की अन्य वस्तुएँ क्रय की जा सकती हैं।

2. वस्तुओं और सेवाओं का समुचित उपयोग—घर के प्रयोग में आने वाली वस्तुओं का उपयोग और संरक्षण अगर उचित रूप में किया जाता है तो उनकी उपयोगिता और जीवन काल में बढ़ोत्तरी हो सकती है। कई प्रकार की अनाशवान और टिकाऊ वस्तुएँ, यथा—घर, सिलाई तथा कपड़े धोने की मशीन, मोटर कार आदि होती है। जिनकी समुचित व्यवस्था उचित उपयोग और उनके उचित संरक्षण के जरिए परिवार कई वर्षों तक लगातार इनके उपभोग का सुख उठा सकता है।

3. मौद्रिक आमदनी की मात्रा—विभिन्न परिवारों की मौद्रिक आमदनी समान होते हुए भी उनकी वास्तविक आमदनी भिन्न होती है। उदाहरण के तौर पर मोहन और राकेश एक ही दफ्तर में काम करते हैं। उन दोनों को 450 रुपया मासिक मिलता है, लेकिन मोहन अपने घर के मकान में रहता है। जिसका पानी और घर के टैक्स के रूप में उसे 350 रुपया वार्षिक देना पड़ता है, परन्तु राकेश को दफ्तर की ओर से एक छोटा-सा कमरा रहने के लिए मिला है, किराए के अलावा उसको बिजली, पानी का भुगतान भी नहीं करना पड़ता तो राकेश की वास्तविक आय का योग मोहन से अधिक होगा। जहाँ तक मौद्रिक आय का प्रश्न है, यह सच है कि अधिक मौद्रिक आय प्राप्त व्यक्ति की असली आय अधिक होगी, क्योंकि वह अपनी मुद्रा से अधिक वस्तुओं को खरीद सकता है।

4. मुद्रा की क्रय शक्ति—मुद्रा की क्रय शक्ति पर क्रय की गई वस्तुओं की मात्रा आधारित होती है। जिस स्थान तथा देश में मुद्रा की क्रय शक्ति ज्यादा होती है उस स्थान में उतनी ही मुद्रा द्वारा अधिक वस्तुएँ खरीदी जा सकती हैं।

परिवार के स्वीकृत लक्ष्यों, गृह-प्रबन्धक की योग्यता तथा सूझ-बूझ एवं परिवार के सभी सदस्यों के परिस्परिक सहयोग पर वास्तविक आय निर्भर होते हैं एवं परिवार का रहन-सहन मूल रूप में वास्तविक आय पर ही निर्भर रहते हैं। इसलिए यह आवश्यक है कि मुद्रा के अलावा परिवार की शक्ति, समय, योग्यता तथा सभी समाज-प्रदत्त साधनों का सर्वाधिक कुशलतापूर्वक उपयोग किया जाए। परिवार के समस्त सदस्यों की क्रियाओं का समुचित समन्वय तथा संचालन करने से हर सदस्य की वास्तविक आय को कुछ हद तक बढ़ोत्तरी की जा सकती है।

मुद्रा की समान मात्रा होने पर भी वस्तुओं एवं सेवाओं की प्रयोग इकाइयाँ कम खरीदी जा सकती हैं। सर्वप्रथम स्थान की तुलना में मुद्रा की क्रय शक्ति कम होती है। स्पष्ट है कि जहाँ मुद्रा की क्रय शक्ति बढ़ी हुई होती है, परिवार को मौद्रिक आय की समान मात्रा से समुचित सामग्री प्राप्त हो सकती है।

5. मौद्रिक आय के अतिरिक्त जीवन की अन्य सुविधाओं की उपलब्धि—प्रायः ऐसा देखा जाता है कि एक ऊँची मौद्रिक आय वाले परिवार से किसी कम मौद्रिक आय वाले मौद्रिक आय के साथ-साथ अन्य वस्तुएँ और सेवाएँ जो कि 'वास्तविक आय' को निर्धारित करती है। जैसे कि जिन व्यवसायों में मौद्रिक आय के साथ साथ अतिरिक्त सुविधाएँ भी कर्मचारियों को प्राप्त होती हैं, उनकी वास्तविक आय केवल मौद्रिक आय ही प्राप्त करने वाले कर्मचारियों की अपेक्षा अधिक होगी। जैसा कि रेलवे कर्मचारियों को सस्ता अनाज, कम किराए का मकान एवं यात्रा के लिए निःशुल्क पास मिलते हैं। इसी तरह कहीं-कहीं प्राइवेट कम्पनियों की ओर से अपने कर्मचारियों को उनके बच्चों की मुफ्त शिक्षा व्यवस्था एवं डॉक्टरी चिकित्सा की सुविधा होती है। अतः उनकी भी वास्तविक आय में वृद्धि हो जाती है।

6. परिवार के सदस्यों द्वारा उपभोग की जाने वाली वस्तुओं का उत्पादन—आय और व्यय के नियोजन, नियन्त्रण एवं मूल्यांकन, वस्तुओं के उचित चुनाव एवं क्रय-सम्बन्धी कुशलता ये सभी वास्तविक आय में बढ़ोत्तरी करते हैं। परिवार के सभी सदस्यों को इनकी जानकारी होना परम आवश्यक है कि कौन-कौन सी वस्तु कब, कहाँ और किस समय क्रय की जाए।

7. जनोपयोगी सेवाएँ—शासन द्वारा प्रदत्त जनोपयोगी सेवाओं का ज्यादा से ज्यादा फायदा उठाकर भी परिवार की वास्तविक आय में वृद्धि की जा सकती है। शासन जनता की भलाई के लिए विद्यालय, महाविद्यालय, विश्वविद्यालय, खेल के मैदान, उद्यान, पुस्तकालय, चिकित्सालय आदि कई प्रकार की व्यवस्था करता है, एवं इसके बदले में कुछ धनराशि कर के रूप में जनता से लेता है। अतः जनता को

चाहिए कि कर के रूप में राज्य को दी गई राशि का पूर्णरूपेण लाभ उठाए, जिससे उसका उपयोग स्तर ऊँचा हो।

8. परिवार की उपभोग प्रवृत्ति—परिवार की उपभोग प्रवृत्ति कम होने से वास्तविक आय कम होती है और इसके विपरीत परिवार की उपयोग प्रवृत्ति अधिक होने से उसकी वास्तविक आमदनी भी बढ़ सकती है।

वस्तुतः परिवार का रहन-सहन वास्तविक आय पर ही आश्रित करता है। अतः यह आवश्यक है कि मौद्रिक आय के अतिरिक्त पारिवारिक साधनों यानी समय शक्ति, योग्यता एवं समाज प्रदत्त साधनों का अधिक से अधिक कुशलतापूर्वक उपयोग किया जाए, लेकिन हर सदस्य की वास्तविक आय को कुछ सीमा तक वृद्धि की जा सकती है।

पारिवारिक आय के साधन

मुख्य रूप से पारिवारिक आय के साधन निम्नांकित हैं—

1. बीमारी तथा दुर्घटना में प्राप्त राहत—किसी भी संस्थान में कार्यरत कर्मचारी को अपने सेवाकाल में बीमार हो जाने या दुर्घटना में घायल हो जाने आदि की अवस्था में निःशुल्क मेडिकल राहत के लिए दी जाने वाली दवाई, अस्पताल आदि का खर्चा वहन किया जाता है इसके अलावा स्वयं के बीमार होने पर भी पूरा वेतन भी प्रदान किया जाता है। इसके अतिरिक्त कर्मचारी पर निर्भर सदस्यों के भी बीमार होने पर निःशुल्क मेडिकल बेनिफिट्स प्रदान किए जाते हैं। इस प्रकार मेडिकल बेनिफिट्स भी परिवार के अप्रत्यक्ष आय के साधन होते हैं।

2. उपहार—जन्म दिन, विवाह आदि खुशी के अवसरों पर व्यक्तियों को अपने मित्रों और रिश्तेदारों में वस्तुएँ तथा मुद्रा ही उपहार के रूप में प्राप्त होती हैं जो कि पारिवारिक आय में बढ़ोत्तरी करती है, लेकिन यह आय हमेशा नहीं होती है। आजकल कुछ व्यक्ति आयकर सम्पत्ति कर से बचने के लिए भी अपने बच्चों तथा रिश्तेदारों को उपहार देते रहते हैं क्योंकि 20,000 रु. तक के उपहार पर आय कर नहीं देना होता है।

3. रायल्टी—एक लेखक को उसके द्वारा लिखी गई पुस्तक की बिक्री के अनुपात के अनुरूप प्रकाशक द्वारा दी जाने वाली धनराशि रायल्टी कहलाती है। रायल्टी की मात्रा प्रकाशक तथा लेखक अथवा कवि के मध्य हुए समझौते पर निर्भर होते हैं इसी प्रकार खदानों के उपयोग के लिए खदान के स्वामी को उपभोगकर्ता के माध्यम से भी रायल्टी प्रदान की जाती है।

4. लाटरी—लाटरी भी वर्तमान युग में आय का एक अच्छा साधन हो गया है। लेकिन लाटरी की आय में अनिश्चितता सबसे अधिक होती है चूँकि टिकिट खरीदने वालों में से लगभग 3% लोगों को ही इनाम प्राप्त होता है बल्कि 97% लोगों को कुछ भी नहीं मिलता है। फिर भी व्यक्ति अपने भाग्य को अजमाने के लिए लाटरी का टिकिट खरीदते हैं। लाटरी की आय अकस्मात् वाली आय कहलाती है।

5. वंशानुगत सम्पत्ति—किसी व्यक्ति की मृत्यु के बाद जब उसके उत्तराधिकारियों को उसकी सम्पत्ति प्राप्त होती है तो यह भी उसकी आय में बढ़ोत्तरी करती है। पैतृक सम्पत्ति की मात्रा अनिश्चित तथा अकस्मात होती है।

6. मजदूरी—श्रमिकों को उनके आर्थिक कोशिशों के कारण जो धनराशि मिलती है उसे मजदूरी कहते हैं। मजदूरी की दर श्रम विशेषताओं तथा देश की आन्तरिक परिस्थितियों पर निर्भर होती है। भारत में मजदूरी की दर सामान्य से काफी कम है जिसके कारण भारतीय मजदूरों का जीवन स्तर काफी नीचे होता जा रहा है।

आम तौर पर मजदूरी श्रमिक को मुद्रा तथा वस्तु एवं सेवा के रूप में मिलती है लेकिन ज्यादातर स्थिति में मजदूरी मुद्रा के रूप में मिलती है। मजदूरी की प्राप्ति प्रतिदिन, प्रति सप्ताह, अर्द्ध मासिक, मासिक हो सकती है। मजदूरी कार्य तथा समय के अनुकूल प्रदान की जाती है। जब मजदूर को काम के अनुसार मजदूरी दी जाती है तो वह कार्यानुसार मजदूरी कहलाती है, इसी तरह जब उनके कार्य करने के समय के अनुसार मजदूरी दी जाती है तो वह समयानुसार मजदूरी कहलाती है। मजदूरी श्रमिक की कुशलता तथा अकुशलता पर निर्भर होती है। कुशल श्रमिक को अकुशल श्रमिक की अपेक्षा में अधिक मजदूरी मिलती है।

7. वेतन—जिन कार्यों को पूरा करने में मानसिक श्रम लगता है उसके प्रतिफल में मिलने वाली आय को साधारणतया वेतन कहा जाता है। वेतन मजदूरी से कम या अधिक भी हो सकता है, लेकिन इसको प्राप्त करने के लिए मानसिक कुशलता का परिचय देना पड़ता है। वेतन परिश्रम, योग्यता, कुशलता, शिक्षा, ज्ञान एवं पद के जिम्मेदारी के अनुसार कम तथा अधिक हो सकता है। वेतन में अर्थ वार्षिक अथवा वार्षिक बढ़ोत्तरी भी होती है। वेतन सामान्यतया मासिक प्रदान किए जाते हैं। वेतन में अनेक के सम्मिलित होते हैं। भत्ते की राशि पहले से ही सुनिश्चित होती है।

8. ब्याज—पूँजी के विनियोग के बदले में जो प्राप्त होता है उसे ब्याज कहते हैं। यह पूँजी का संचय करने पर ही सम्भव हो सकता है। पारिवारिक आय में से

पारिवारिक खर्च घटाने के बाद जो राशि शेष बचती है उसे पारिवारिक बचत कहते हैं। यदि इस बचत को किसी बैंक, डाकघर अथवा उद्योग में विनियोग कर दिया जाए तो उसके प्रतिफल में मूल धन के जो कुछ प्रतिदान के रूप में मिलता है उसे ब्याज कहते हैं। यदि किसी उद्योगपति को धन की जरूरत होती है और यदि यह जरूरत उधार लेकर पूरी करता है तो वह इस उधार की राशि पर ब्याज देता है।

ब्याज के रूप में मिलने वाली धनराशि वेतन तथा मजदूरी से कम भी हो सकती है तथा ज्यादा भी हो सकती है यह इस बात पर आश्रित करता है कि कितनी धनराशि कितने समय के लिए किस ब्याज की दर पर उधार दी गई है। ब्याज की दर का निर्धारण पूँजी की माँग पूर्ति के माध्यम से होती है।

9. लगान तथा किराया—धनोत्पादन के लिए भूमि की सेवाएँ प्राप्त करने के फलस्वरूप जो प्रतिफल प्राप्त होता है उसे लगान तथा किराया कहते हैं। उदाहरण—स्वरूप भूमि पर खेती करने के बदले जो किराया दिया जाता है वह लगान कहलाता है। यदि कोई व्यक्ति स्वयं किसी कारण से खेती नहीं कर सकता है तो उसको वह किराये पर देकर लगान प्राप्त करके अपनी आय में बृद्धि कर सकता है।

इसी प्रकार यदि किसी के पास मकान है जिसमें वह किसी कारणवश नहीं रहता है तो यह मकान किसी दूसरे व्यक्ति को रहने हेतु दिया जाता है तो वह व्यक्ति रहने के बदले में जो धनराशि मकान मालिक को प्रदान करता। वह उस मकान का किराया कहलाता है। इस प्रकार लगान तथा किराया आय के साधन होते हैं।

10. लाभ तथा लाभांश—वह आय जो उत्पादन में साहसी को जोखिम उठाने से मिलता है वह लाभ कहलाती है। जैसे कि यदि कोई पूँजीपति अपनी पूँजी को विनियोग करके कोई व्यापार प्रारंभ करता है तो उसमें यह निश्चित नहीं होता है कि उसको व्यापार में लाभ होगा या हानि लेकिन वह नुकसान का भी जोखिम उठाकर अपनी पूँजी व्यापार में लगा देता है। अतः उत्पादन के अन्य साधनों को बाँटने के बाद उसके पास जो धनराशि शेष बचता है वह लाभ कहलाता है। लाभ की मात्रा उद्योग की प्रवृत्ति तथा साहसी की उत्पादन प्रबन्ध कुशलता पर आश्रित करती है।

यदि पूँजीपति के पास स्वयं की पूँजी विनियोग करने के लिए नहीं होती है तो वह अपनी कम्पनी के हिस्से अन्य लोगों को बेचता है और लाभ कुछ हिस्सा उनके शेयरों के अनुकूल शेयर खरीदने वालों में वितरण करता है यह वितरित रकम लाभांश कहलाती है।

11. पेंशन तथा ग्रेचुटी—सेवानिवृत्ति के समय कर्मचारी को एक निश्चित राशि उस संस्थान के माध्यम से प्रदान की जाती है जहाँ पर कि वह कार्य करता

रहा है इस निश्चित राशि को ग्रेचुटी कहते हैं, इसकी मात्रा सेवाकाल के समय पर आश्रित करती है। 33 वर्ष से अधिक सेवा करने वाले को सर्वाधिक ग्रेचुटी मिलती है।

सेवानिवृत्ति के बाद कर्मचारियों को प्रतिमाह मिलने वाली वह राशि जो कि वह संस्थान देती है जहाँ पर कि उसने कार्य किया था पेंशन कहलाती है। यह पेंशन बिना कार्य किए प्रदान की जाती है। पेंशन में मिलने वाली राशि की मात्रा का निर्धारण कर्मचारी को सेवानिवृत्ति से पहले मिलने वाली वेतन की मात्रा तथा कुछ सेवा समय के आधार पर निर्धारित किया जाता है। इस प्रकार वृद्धावस्था में पेंशन तथा ग्रेचुटी आय का एक अच्छा साधन है।

12. **बोनस**—बहुतसी व्यावसायिक संस्थाओं और अब सरकारें भी अपने यहाँ कार्यरत कर्मचारियों को वर्ष में एक बार वेतन के अलावा अपने लाभ में से कुछ अंश इनको देती है जिसको बोनस कहते हैं। यह कर्मचारी की अतिरिक्त आय कहलाती है। बोनस की मात्रा और प्रतिशत का निर्धारण कर्मचारी जिस संस्थान में कार्य करता है उसको प्राप्त होने वाले लाभ पर निर्भर करता है। आम तौर पर कर्मचारी को उसके कुल वार्षिक वेतन का 8.33% बोनस के रूप में प्रदान किया जाता है। लाभ अधिक होने पर यह 20% तक भी हो जाता है। बोनस का सीधा सम्बन्ध उत्पादकता से होता है क्योंकि ज्यादा उत्पादकता ज्यादा बोनस को दिलाती है। आजकल भारत सरकार, राज्य सरकारें भी अपने कर्मचारियों को बोनस देती हैं यह बोनस अनु उत्पादकता पर आधारित है। अतः यह प्रतित पर आधारित न होकर दिनों पर आधारित है जैसे कि 15 दिन अथवा 25 दिन के वेतन के बराबर बोनस।

पारिवारिक आय बढ़ोत्तरी के सहायक साधन

पारिवारिक आय बढ़ोत्तरी के सहायक साधन अग्र हैं—

1. **श्रम एवं समय बचत के साधनों का प्रयोग**—आम भारतीय परिवारों में गृहिणी को घर के इतने ज्यादा कार्य होते हैं कि इनको समय ही नहीं मिल पाता है क्योंकि आज भी स्त्रियाँ ज्यादातर कार्य परम्परागत तरीकों से ही करती हैं। यदि भारतीय स्त्री रसोई एवं अन्य घरेलू कार्यों को सम्पन्न करने के लिए नवीन आधुनिक वैज्ञानिक उपकरणों का प्रयोग आरंभ कर दे तो गृहिणी का समय तो बचेगा ही साथ ही साथ थकावट भी कम होगी इसके अलावा इन उपकरणों से कार्य करने से कार्य करने में बोरियतपन के स्थान पर आनन्द की अनुभूति होगी। ऐसे उपकरणों में विशेषकर कुकर, मिक्सी, वाशिंग मशीन आदि आते हैं जो गृाहेणी के श्रम और समय की बचत करते हैं। इस बची हुई श्रम शक्ति और समय का वह पारिवारिक आय को अर्जित करने में उपयोग कर सकती है।

2. खाद्य पदार्थ का भण्डारण एवं संरक्षण—एक कुशल गृहिणी मौसम के अनुरूप खाद्य पदार्थों का क्रय करके उनका संरक्षण तथा भण्डारण कर लेती है। यह भी खर्च को कम करने में सहायता कर सकती है इस प्रकार गृहिणी अप्रत्यक्ष रूप से पारिवारिक आय में बढ़ोत्तरी कर सकती है। जैसे कि अप्रैल-मई माह में पूरे वर्ष का गेहूँ खरीद लिया जाय तो उस समय यह सस्ते दर में मिल सकता है इसी प्रकार मौसम की सब्जी तथा फलों को संरक्षित करके रखा जा सकता है उदाहरण के तौर पर घर में टमाटर सौस, चटनी या अन्य फलों के जैम जेली, अचार बनाकर रखने में सस्ती भी पड़ती है एवं उत्तम गुणवत्ता की होती है चूँकि बाजार में बनी वस्तुएँ महँगी और घटिया होती हैं।

3. धन का अल्प व्यय—ऐसा कहा जाता है कि कमान एवं खर्च करना दोनों अलग-अलग चीजें हैं क्योंकि अगर कमाए गए धन को आवश्यकतानुरूप खर्च नहीं किया जाता है तो कई बार कठिन स्थिति पैदा हो जाती है। खर्च करना भी एक कला है। कई बार यह महसूस होता है कि 2000 रु. मासिक आय प्राप्त करने वाले 1800 रु. मासिक आय प्राप्त करने वाले का जीवन स्तर उत्तम होता है। इसका मूल कारण गृहिणी का नियोजित रूप से और समझदारी से व्यय करना होता है पारिवारिक आय को करते समय हमेशा यह ध्यान रखना चाहिए कि सर्वप्रथम अनिवार्य आवश्यकताएँ, बाद में सुविधात्मक आवश्यकताएँ तथा आखिर में विलासात्मक आवश्यकताएँ सन्तुष्ट की जाय। ऐसा करने पर ही समान आय का स्तर होने पर भी नियोजित खर्च करने वाली गृहिणी की वास्तविक आय ज्यादा हो जायगी।

4. बचत किए हुए धन का समुचित विनियोग—हर गृहिणी का यह परम कर्तव्य होता है कि वह भविष्य की सुरक्षा के लिए अपनी पारिवारिक आय में से कुछ भाग को बचाये और इस बचाए हुए धन का ऐसे कार्यों में निवेश करे जिससे मूलधन की सुरक्षा के साथ-साथ कुछ धनराशि ब्याज तथा लाभांश के रूप में मिलती रहे जिससे कि उसकी आय में अतिरिक्त बढ़ोतरी भी हो सके। इसके लिए बचत किए हुए धन की बैंक, डाकघर, लिमिटेड कम्पनियों आदि में रखना चाहिए। घर में रखे हुए धन से एक तो ब्याज नहीं मिलता दूसरे चोरी होने की भी सम्भावना रहती है। इस तरह उचित साधनों में से किसी एक अथवा अनेक साधनों को प्रयुक्त करके पारिवारिक आय में बढ़ोत्तरी की जा सकती है। कहने का मतलब यह है कि छुट्टी के क्षणों को इस तरह से व्यतीत करना चाहिए जिससे मनोरंजन के साथ-साथ धनोपार्जन भी किया जा सके।

5. घरेलू उद्योग-धन्धे—घरेलू उद्योग-धन्धों से बहुत हद तक आय को बढ़ाया

जा सकता है। ये ऐसे धन्धे हैं जिससे खाली समय का तो सदुपयोग हो ही जाता है और पारिवारिक आय में वृद्धि भी हो जाती है।

अपने समय को बेकार की गप्पों में बर्बाद करना अनार्थिक होता है यदि इस बेकार समय का किसी धन्धे में लगाकर क्रय शक्ति में वृद्धि करने का प्रत्यन किया जाय तो यह पारिवारिक बजट को सन्तुलित करने में बहुत ही सहायक सिद्ध हो सकता है।

आज जापान की उन्नति का कारण यही है कि वे समय का उचित उपयोग करते हैं एवं घरेलू उद्योग-धन्धों से अपनी पारिवारिक आय को बढ़ाने के प्रयास में लगे हैं। इसी कारण से जापान का हर परिवार एक छोटा मोटा उद्योग है।

भारतीय परिवार भी घरेलू उद्योग-धन्धों द्वारा आसानी से अपनी आय में बढ़ोतरी कर सकते हैं जरूरत मात्र संकल्प करने की है। यहाँ कुछ उदाहरणों के अनुरूप घरेलू उद्योगों-धन्धों के रूप में अपनाया जा सकता है—

दूध देने वाले जानवरों का पालन करना एक अच्छा मददगार उद्योग है। इस उद्योग से पारिवारिक आय में वृद्धि की जा सकती है। पालतू जानवर गाय, भैंस तथा बकरी आदि से जो दूध मिलता है। वह घरेलू दूध की जरूरत को तथा दूध से निर्मित वस्तुएँ जैसे घी, मक्खन, खोया, पनीर तथा क्रीम आदि बनाकर भी बेचा जा सकता है। मुर्गी पालन भी एक अच्छा घरेलू व्यवसाय है जिसे घर की स्त्रियाँ तथा बच्चे भी सरलता से कर सकते हैं। मुर्गी पालन में मुर्गी तथा अण्डे बेचकर आय प्राप्त की जा सकती है।

अगर घर पर कोई खाली जमीन है तो बागवानी करके फल तथा सब्जियों का धन्धा किया जा सकता है।

इसी तरह रेशम के कीड़े पालने का व्यवसाय, चटाई बनाने का व्यवसाय, बीड़ी व्यवसाय, चरखे से सूत कातने का व्यवसाय और अचार, चटनी आदि बनाने के व्यवसायों को घरेलू उद्योग के रूप में अपनाकर पारिवारिक आय में बढ़ोत्तरी की जा सकती है।

6. समय का उपयुक्त विभाजन—पारिवारिक आय में वृद्धि करने के लिए यह आवश्यक है कि घर के सभी सदस्यों को समय का उपयोग करना आता हो। रोजमर्रा कार्यों को यथाशीघ्र सम्पन्न करके जो शेष समय बचता है उसका प्रयोग धनोपार्जन में किया जा सकता है। गृहिणी रसोई के काम को पूरा करने के लिए आधुनिक उपकरणों का उपयोग करके अपना बहुत-सा समय बचा सकती है और इस बचे समय में सर्विस आदि करके पारिवारिक आय में वृद्धि कर सकती है।

8

पारिवारिक व्यय

एक निश्चित समय में अर्जित आमदनी पारिवारिक आय का वह भाग है जो विभिन्न प्रकार की पारिवारिक आवश्यकताओं को पूरा करने में खर्च किया जाता है।

पारिवारिक व्यय को हम मूल रूप से दो भागों में बाँट सकते हैं—

(1) उपभोग व्यय,

(2) बचत।

(1) उपभोग व्यय—आय का वह भाग जो उपभोग के लिए जरूरी सामग्री जुटाने के लिए खर्च किया जाता है वह उपयोग व्यय कहलाता है परिवार की आय का ज्यादातर भाग उपभोग की वस्तुओं को प्राप्त करने के लिए भी खर्च किया जाता है।

(2) बचत—पारिवारिक आय में से उपभोग खर्च घटाने के बाद जो रकम शेष बचती है उसे बचत कहते हैं एवं इस बचत को मनुष्य अपनी भविष्य की जरूरतों को पूरा करने के लिए सुरक्षित रखता है।

उपभोग खर्च को हम चार वर्गों में विभाजित सकते हैं—

(1) निर्धारित व्यय—परिवारों के कुछ निश्चित खर्चे होते हैं, ये खर्च हर परिवार के लिए जरूरी होते हैं तथा इनके मद भी लगभग एक समान होते हैं, निर्धारित व्यय की श्रेणी में आते हैं। उदाहरण के तौर पर मकान किराया, भोजन, वस्त्र, नौकर, दान आदि निश्चित खर्च हैं। ये ऐसे व्यय हैं जो बहुत हद तक स्थिर होते हैं, इसमें गत्यात्मकता का अभाव पाया जाता है। आमदनी के कम और ज्यादा होने पर भी व्यय की प्रतिशत मात्रा में अधिकता तथा कमी हो जाती है, लेकिन मदों पर सभी परिवारों को अवश्य ही कुछ न कुछ रखना पड़ता है।

(2) अर्द्ध निर्धारित व्यय—यह वे व्यय होते हैं जिन्हें पूरा किए बिना परिवार का कार्य नहीं चलता है लेकिन परिवार अपनी सुविधा के अनुकूल इन खर्चों में कमी तथा बढ़ोत्तरी कर सकता है जैसे कि विशेष पर्व पर अच्छा भोजन, वस्त्र, विवाह, जन्म मृत्यु तथा सामाजिक व्यवहार पर किया जाने वाला खर्च आदि।

(3) अन्य व्यय—ये खर्च हर परिवार की आर्थिक स्थिति पर आश्रित करते हैं। अगर इनके लिए आवश्यक धन की व्यवस्था नहीं हो पाती है तो इन खर्चों को बन्द भी किया जा सकता है। इन खर्चों के तहत मनोरंजनात्मक क्रियाओं, भोगपूर्ण आवश्यकताओं पर होने वाले खर्चों आदि को लिया जाता है। हकीकत में समाज में अपनी प्रतिष्ठा को वृद्धि के लिए ही इन खर्चों को लिया जाता है।

(4) अचानक आने वाला व्यय—ये वे खर्चे हैं जिनके बारे में परिवार के मुखिया को पता तो होता है। लेकिन ये खर्चे कब और कितनी मात्रा में करने होंगे यह पता नहीं होता है, जैसे परिवार के किसी सदस्य का अचानक बीमार हो जाना, परिवार में श्रम का आ जाना, अचानक किसी काम से शहर से बाहर जाना, आदि पर होने वाला खर्च इसमें आता है।

व्यय को प्रभावित करने वाले कारक

हर परिवार का होने वाला खर्च कुछ निश्चित तत्त्वों से प्रभावित होता है जो कि निम्नलिखित हैं—

(1) रहने का स्थान—परिवार का निवास स्थान शहरी परिवार की अपेक्षा ग्रामीण परिवार का व्यय कम होता है क्योंकि ग्रामीण परिवार की मदें सीमित होती हैं। जैसे कि सिनेमा, मनोरंजन के अन्य साधन, आधुनिकतम साधन सुविधाओं का उपयोग की प्रेरणा तथा इनका उपलब्ध होना जबकि ग्रामीण क्षेत्रों मे इन सुविधाओं की कमी होती है।

(2) बच्चों का व्यय—पारिवारिक व्यय बच्चों की संख्या से बहुत ज्यादा प्रभावित होता है। चूँकि वर्तमान समय में बच्चों की शिक्षा, स्वास्थ्य आदि पर होने वाला व्यय बहुत महँगा हो गया है। बच्चों की संख्या की अधिकता के कारण जितने अधिक होंगे खर्चा भी उतना ही अधिक होगा।

(3) व्यवसाय का प्रकार—परिवार के व्यय से परिवार की आय अर्जित व्यक्तियों के व्यवसाय द्वारा अर्जित करने वाली आय के तरीकों का प्रभाव पड़ता है। उदाहरणस्वरूप एक वकील को अपनी आय का कुछ भाग कानूनी पुस्तकों पर व्यय करना होता है।

(4) गृहिणी की कुशलता तथा दक्षता—भारतीय परिवारों में खासतौर पर पारिवारिक व्यय का संचालन गृहिणी की प्रवीणता पर आश्रित करता है क्योंकि गृहिणी अगर पढ़ी-लिखी-कुशल एवं प्रवीण है तो कब और कितना खर्च करना है इसका निश्चय वह स्वयं करती है आय और व्यय में उपयुक्त तालमेल बनाए रखती है।

(5) घर की कुल आय—इस आय में परिवार के मुख्य सदस्यों का वेतन तथा अन्य आय भी शामिल होती है। परिवार के मुखिया का वेतन तथा अन्य सदस्यों द्वारा उपार्जित धन मिलाकर घर की कुल आय का निर्धारण करता है और इस आय के अनुसार ही खर्च किया जाता है।

(6) परिवार का आकार—परिवार का आकार भी परिवार के माध्यम से किए जाने वाले व्यय को निर्धारित करता है। संयुक्त परिवार में आय अधिक होती है तथा खर्च कम होता है चूँकि संयुक्त परिवार में बहुत से अनावश्यक खर्चें तथा दुहरापन लिए हुए खर्चें बच जाते हैं। इसके विपरीत एक ही परिवार के आय के साधन तो सीमित होते हैं लेकिन खर्चें तुलनात्मक रूप से अधिक होते हैं।

(7) जीवन स्तर—पारिवारिक जीवन स्तर भी पारिवारिक खर्चों को निश्चित करते हैं। यदि परिवार सामान्य और मध्यम स्तर का है तो इनके व्यय उच्च स्तर के परिवार के खर्चों की अपेक्षा कम होता है।

9

पारिवारिक लेखांकन

किसी भी परिवार की उसकी सभी जरूरतों की पूर्ति के लिए पारिवारिक आय को किस तरीके खर्च किया जाए या किस आवश्यकता की पूर्ति सबसे पहले आवश्यक है इसके लिए गृहिणी द्वारा बजट बनाया जाता है ताकि सुनियोजित रूप से खर्च कर आवश्यकताओं की पूर्ति की जा सके।

आधुनिक युग में महँगाई का दौर चल रहा है जिस कारण से एक गृहिणी को अपनी सीमित आय में घर के भिन्न-भिन्न तरह के खर्चों को चलाना बहुत ही कठिन काम होता जा रहा है। इसलिए लेखांकन के द्वारा ही वह नियोजित ढंग से पारिवारिक खर्च को सही ढंग से कर सकती है। चूँकि लेखांकन के माध्यम से यह जानकारी प्राप्त कर लेती है कि उसका कितना खर्च हो चुका है। लेखांकन के कारण लेने-देने में भी किसी प्रकार की कोई चूक नहीं होने पाती है। दुकानदार तथा अन्य कोई भी व्यक्ति गृहिणी को किसी भी प्रकार का धोखा नहीं दे सकता है क्योंकि गृहिणी के पास हर वस्तु का लिखित रूप में हिसाब-किताब रहता है। लेखांकन का एक लाभ यह भी है कि यदि आमदनी से खर्च ज्यादा हो रहा है तो उसे नियन्त्रित तथा कम किया जा सकता है। अतः सावधानी से लेखांकन रखने से माह के अन्तिम में थोड़ी बचत भी की जा सकती है जो कि अचानक खर्चों में काम आती है।

बजट को सन्तुलित बनाए रखने के लिए उसका लेखांकन बहुत होता है। रोजाना किए जाने वाले खर्च को लेखांकन करके माह के अन्तिम में हर आवश्यक मद पर किए गए खर्च की कुल राशि ज्ञात की जा सकती है जिससे यह ज्ञात हो जाता है कि किस मद पर हिसाब से अधिक खर्च हो गया है फलस्वरूप अगले महीने का बजट बनाते समय उक्त मद पर होने वाले खर्च को संशोधित किया जा सकता है। लेखांकन से पारिवारिक सदस्यों में शान्ति रहती है एवं प्रत्येक का एक-दूसरे पर विश्वास बना रहता है तथा यदि कोई शंका उत्पन्न होती है तो लेखांकन को देख कर उसका समाधान ज्ञात कर लिया जाता है।

अगर बाजार से सामान उधार खरीदा जाता है तो लेखांकन और भी अधिक आवश्यक हो जाता है क्योंकि बिना लेखांकन के यह याद नहीं रहता है कि कितने रुपये का कितनी मात्रा में किस तिथि को कौन-सी वस्तु बाजार से उद्यान में खरीदी गई है। घर में पारिवारिक खर्चों का हिसाब-किताब रखा जाता है तो उससे बच्चों पर भी अच्छा प्रभाव पड़ता है एवं बच्चे भी मितव्ययी हो जाते हैं।

पारिवारिक लेखांकन का वर्गीकरण

पारिवारिक लेखांकन दो प्रकार के होते हैं–

(1) अल्पकालीन लेखांकन,

(2) दीर्घकालीन लेखांकन।

1. अल्पकालीन लेखांकन–यह लेखांकन ऐसे व्यय का होता है जिनकी बार-बार पुनरावृत्ति होती रहती है इसमें निम्न प्रकार के खर्चे आते हैं–

(1) बाजार खर्च–हर गृहिणी को रोजना के बाजार खर्च का लेखांकन रखना बहुत ही आवश्यक होता है क्योंकि आय लगभग 65 प्रतिशत इसी मद में खर्च होती है। बाजार खर्च में घरेलू वस्तुएँ खाना, कपड़ा, मनोरंजन आदि पर होने वाले खर्च सम्मिलित किए जाते हैं। इन वस्तुओं पर होने वाले खर्चों को रोजाना लिखना चाहिए। इसके लिए बाजार खर्च की अलग से एक कापी बनानी चाहिए जिसमें वस्तु पर खर्च की गई राशि उसकी कीमत सहित लिखनी चाहिए। नित्यप्रति जितना भी खर्च होता है उसका योग प्रतिदिन ही लगा लेना चाहिए। कुल दैनिक खर्चे का ध्यान रखा जा सके। आदत इस प्रकार की डालनी चाहिए कि रोज का हिसाब सायं को लिख लिया जाय जिससे किसी प्रकार की गलती या चूक की सम्भावना न रहे।

बाजार खर्च का दैनिक विवरण दि. 05-3-06 (रविवार)

क्र.सं.	*वस्तु का नाम*	*मात्रा*	*दर*	*व्यय राशि*
1.	दन्त मंजन	1 पैकेट	5.00	5.00
2.	चलचित्र	4 टिकिट	6.00	24.00
3.	कपड़े धोने का साबुन	10 बट्टी	2.50	25.00
4.	नहाने का साबुन	5 बट्टी	4.00	20.00
5.	नाश्ता	4 प्लेट	3.00	12.00
	कुल			**86.00**

(2) दूध खर्च—दूध खर्च का हिसाब रखने के लिए भी एक अलग से कॉपी तथा खाता खोलना चाहिए क्योंकि दूध का हिसाब महीने के आखिर में किया जाता है इस हिसाब से यह आसानी से पता चल जाता है कि किस तिथि कितना दूध लिया तथा कितनी दर से लिया एवं किस तारीख को दूध नहीं आया। ताकि दूध का हिसाब करते समय आसानी रहती है।

(3) सब्जी तथा फल के खर्चों का लेखांकन—सब्जी तथा फल हर गृहिणी को प्रतिदिन खरीदने होते हैं क्योंकि सन्तुलित भोजन के लिए ये बहुत जरूरी है। इनको एक साथ इकट्ठा नहीं खरीदा जा सकता है क्योंकि एक तो ये जल्दी खराब हो जाते हैं दूसरे स्वास्थ्य के लिए ताजा फल तथा सब्जी ही अच्छे रहते हैं। इसलिए गृहिणी को सब्जी तथा फल का एक खाता अलग से ही खोलना चाहिए इस खाते में प्रतिदिन परिवार में जो भी सब्जी तथा फल खरीदे जाते हैं उनकी मात्रा तथा कीमत दोनों लिखनी चाहिए जिससे बाजार में प्रचलित इनके भावों की जानकारी सदैव बनी रहती है, साथ ही अगर किसी व्यक्ति से सब्जी और फल मँगवाये जाएँ तो दूकानदार तथा सब्जी लाने वाले के द्वारा अधिक मूल्य नहीं बताया जा सकता है।

(4) धोबी खाता—जिन घरों में कपड़े घर पर न धोकर धोबी से धुलाये जाते हैं तो ऐसे घरों की गृहिणी को धोबी खाता अलग से रखना चाहिए। इस खाते में धोबी को किस तिथि को कपड़े दिए गए हैं, कितने कपड़े दिए गए हैं, कितने कपड़े धोने के लिए दिए गए हैं तथा कितने कपड़े प्रेस के लिए दिए गए हैं। कितने कपड़े ड्राईक्लिनिंग के लिए दिए गए हैं, कितने प्रेस और धोकर वापस आए हैं आदि का पूरा हिसाब इस खाते में रखना चाहिए। क्योंकि धोबी कपड़े प्रेस और धोकर 10 या 15 दिन में लाता है, अतः रेकार्ड होने पर उसका आसानी से मिलान किया जा सकता है जिससे कपड़े खोने का डर नहीं रहता है। साथ ही धोबी के खाते से यह भी ज्ञात हो जाता है कि परिवार में किस सदस्य के कपड़े ज्यादा धुलने के लिए जाते हैं।

दीर्घकालीन व्यय का लेखांकन—हर परिवार में कुछ खर्च ऐसे होते हैं जिनकी का पुनरावृत्ति नहीं होती है तथा जिनकी वर्ष में एक-दो बार अथवा जीवन में एक दो बार ही पुनरावृत्ति होती है। जैसे कि रेडियो, टेलीविजन, फ्रिज, मकान आदि पर सामान्यतया जीवन में एक बार ही खरीदने पर खर्चा होता है अतः ऐसे खर्चों को याद रखने के लिए एक अलग से खाता खोलना चाहिए। इस खाते के लिए बही का प्रयोग ज्यादा उचित रहता है क्योंकि वही पक्की तथा मजबूत होती है जिससे यह ज्यादा समय तक एवं कभी-कभी पीढ़ियों तकं चलती रहती है यह खाता एक

प्रकार से परिवार का स्थायी रेकार्ड होता है इसलिए इसमें हर तरह के खर्चों के आँकड़ों को सही रूप में लिखना चाहिए। यह रोजमर्रा के हिसाब-किताब से अलग प्रकार का हिसाब होता है। इस खाते में आम तौर पर निम्न प्रकार के हिसाब लिखे जाते हैं–

(1) **सम्पत्ति का हिसाब**–इस खाते में सम्पत्ति के स्वामित्व के सम्बन्ध का वर्णन रखा जाता है। जैसे कि यदि कोई मकान, दूकान तथा भूखण्ड खरीदा गया और बेचा गया उसका वर्णन रखा जाता है या सम्पत्ति कब खरीदी गई, कितने मूल्य में खरीदी गई, किससे खरीदी गई, किस नाम से खरीदी गई, कितना मूल्य चुकाया गया, कितना मूल्य बाकी है। मूल्य किस तरह से चुकाया जाएगा क्या इस कार्य के लिए रुपया उधार लिया गया आदि बातों का पूरा-पूरा वर्णन लिखा जाता है। जिससे सम्पत्ति के स्वामी की मृत्यु हो जाने के बाद बहीखाते देखकर उसके परिवार वाले सम्पत्ति के बारे में जानकारी प्राप्त कर सके।

(2) **जीवन बीमा खाता**–वर्तमान समय में व्यक्ति के जीवन की अनिश्चितता को देखते हुए उस पर निर्भर व्यक्ति उसके अचानक मरने पर आर्थिक संकटावस्था में न आ जाय इसके लिए वह अपनी सामर्थ्य तथा शक्ति के अनुकूल अपने जीवन का बीमा करवाता है। बीमा कराने से उस पर आश्रित व्यक्तियों की एक तरह की सुरक्षा की गारन्टी हो जाती है कि बीमित व्यक्ति के मरने पर उसका परिवार कम से कम भूख के कारण तो नहीं मरेगा। इसलिए दीर्घकालीन बहीखाते में बीमा का खाता अलग से खोला जाता है। इस खाते में बीमा पॉलिसी से सम्बन्धित सभी विवरण लिखा जाता है। जैसे कि बीमा पॉलिसी का नम्बर, बीमा किस तिथि का करवाया, कितने रुपये का बीमा करवाया, बीमे की किश्त या प्रीमियम किस तरह से जमा करवाना है। परिपक्वता मूल्य कितना है एवं किस तिथि को बीमा परिपक्व होगा आदि बातों का पूरा-पूरा उल्लेख इसमें लिखना चाहिए। इस खाते से यह लाभ होता है कि एक तो प्रीमियम की राशि समय पर जमा कराई जा सकती है दूसरे पॉलिसी होल्डर की मृत्यु हो जाने की अवस्था में उसके उत्तराधिकारी को इस विवरण के द्वारा बीमा कम्पनी से बीमित राशि लेने में मदद मिलती है।

(3) **सम्पत्ति बन्धक खाता**–इस खाते में सम्पत्ति के गिरवी से सम्बन्धित हिसाब-किताब रखा जाता है। इसके तहत गिरवी रखने वाले का नाम, ऋण की कुल राशि, परिपक्वता समय तारीख सहित, समझौते के जरिए तय की गई ब्याज की दर, ब्याज लेने और देने की तारीख एवं मूल धन चुकाने या प्राप्त करने की तिथि।

(4) ऋण खाता—इस खाते में परिवार द्वारा लिये गए कर्ज तथा उसकी शर्तों का उल्लेख रखा जाता है। इस खाते में ऋण की कुल राशि, ब्याज की दर कर्ज चुकाने की तारीख, चुकाई गई राशि आदि का पूरा वर्णन रखा जाता है जिससे कर्ज चुकाने में कोई भूल-चूक न होवे एवं परिवार के सभी सदस्य जब भी इसकी जानकारी चाहें उपलब्ध कराई जा सके।

(5) नकद तथा रोकड़ खाता—हर परिवार अचानक खर्चों के लिए हमेशा कुछ न कुछ राशि नकद के रूप में रखता है और यह राशि बैंक में बचत खाते में और घर पर नकद के रूप में रखता है इसलिए इसका भी पूरा-पूरा वर्णन इस खाते में लिखना चाहिए। अगर बैंक में खाता गया है तो बैंक का नाम खाता संख्या समय समय पर जमा कराई गई राशि तथा निकाली गई राशि का पूरा वर्णन रखना चाहिए।

इसके अतिरिक्त परिवार भविष्य की जरूरतों के लिए जो बचत करता है अगर इस बचत का किसी बैंक में आवर्ती जमा शेयर ऋण पत्र आदि में निवेश किया गया है तो इसका वर्णन भी इस खाते में लिखना चाहिए।

(6) आय खाता—यह खाता उन लोगों के लिए आवश्यक है जिनकी आय अनियमित होती है अथवा निश्चित नहीं होती है जैसे कि डॉक्टर, वकील, दूकानदार आदि। ऐसे व्यक्तियों की आय का प्रवाह लगातार नहीं रहता है इसलिए इनको प्रतिदिन की आय का उल्लेख इस खाते में रखना चाहिए। इसको सावधानीपूर्वक रखने से यह लाभ होता है कि पूरे माह में होने वाली औसत आय की जानकारी प्राप्त किया जा सकता है और उसके अनुरूप खर्च का बजट बनाया जा सकता है दूसरे अगर किसी से फीस बाकी रख रखी है तो उसको समय पर वसूला जा सकता है।

पारिवारिक हिसाब-किताब का मूल्यांकन

पारिवारिक हिसाब-किताब का मूल्यांकन अग्रलिखित बिन्दुओं के तहत किया जा सकता है—

(1) सरलता

(2) सम्पूर्णता

(3) लचीलापन

(4) सुविधाजनक

(1) सरलता—किसी भी पारिवारिक हिसाब-किताब के लिए सरलता बहुत आवश्यक होती है अथवा खर्चों का हिसाब-किताब लेखांकन इस तरह से रखा जाना

चाहिए कि जिससे परिवार का हर सदस्य उसे पढ़कर आसानी से समझ सके एवं आवश्यकता पड़ने पर हिसाब लिख सके।

(2) सम्पूर्णता—लेखांकन इस तरह से किया जाना चाहिए कि वह परिवार की आवश्यकताओं के अनुकूल हो। किसी भी परिवार के लेखांकन की सम्पूर्णता काफी विचार-विमर्श तथा अनुभव के उपरांत मिलती है। वह लेखांकन कभी भी सम्पूर्ण नहीं हो सकता है जो कि परिवार की आवश्यकताओं को स्पष्ट नहीं कर सकता है।

(3) लचीलापन—पारिवारिक लेखांकन में लचीलापन चूँकि भविष्य से पैदा होने वाली नई जरूरतों को भी आसानी से लेखांकन में सम्मिलित किया जा सके।

(4) सुविधाजनक—लेखांकन सुविधाजनक होना चाहिए जिससे एक गृहिणी तथा परिवार के किसी भी सदस्य को रखने में असुविधा पैदा न हो। इसके लिए अगर आवश्यक बदलाव करना पड़े तो जरूर ही कर लेना चाहिए।

10

पारिवारिक बजट

किसी परिवार की आर्थिक व्यवस्था पर ही उस परिवार का जीवन स्तर आधारित होता है। पारिवारिक आय निश्चित एवं सीमित होती है जबकि आवश्यकताओं की कोई सीमा नहीं होती है। लेकिन इन आवश्यकताओं को एक घरेलू बजट के अनुसार पूरा किया जा सकता है जिसमें एक सुगृहिणी महत्त्वपूर्ण भूमिका निभा सकती है।

पारिवारिक बजट का अर्थ—किसी परिवार की एक निश्चित अवधि की आय तथा खर्च को प्रकट करने वाले प्रपत्र को बजट कहते हैं और किसी परिवार की एक निश्चित समय के लिए उसके आय-व्यय को निर्धारित तथा व्यवस्थित रूप से अंकित कर देने वाले प्रपत्र को पारिवारिक बजट कहते हैं निश्चित समय एक माह तथा एक वर्ष हो सकती है। बजट में आगामी माह तथा वर्ष में होने वाले आय खर्च का अनुमानित् प्रारूप भी हो सकता है।

बजट की आवश्यकता एवं महत्त्व—हर परिवार को अपनी आर्थिक स्थिति को मजबूत बनाने के लिए पारिवारिक बजट का निर्माण करना चाहिए, चूँकि इसके माध्यम से पारिवारिक आय-व्यय में सन्तुलन बनाए रखा जा सकता है। बजट के द्वारा नाना प्रकार के घरेलू आवश्यकताओं पर होने वाले व्यय का निर्धारण सफलता से किया जा सकता है। बजट के द्वारा अलग-अलग आवश्यकताओं की प्राथमिकता का निर्धारण किया जा सकता है जिनसे सर्वाधिक महत्त्वपूर्ण आवश्यक वस्तु को पहले खरीदा जा सकता है और गौण वस्तु को बाद में व आगे के समय के लिए टाला जा सकता है तथा कम व्यय किया जा सकता है। यदि कोई परिवार बिना बजट के ही व्यय करता है तो यह सम्भावना रहती है कि कहीं अनावश्यक वस्तुओं पर तो ज्यादा खर्च हो जाए तथा जरूरी वस्तुओं के लिए धन की कमी हो जाए और परिवार में संकट अवस्था उत्पन्न हो जाए इसलिए अच्छे परिवार को अपनी आर्थिक स्थिति को सुदृढ़ बनाए रखने के लिए सदैव पारिवारिक बजट का निर्माण करना चाहिए। बजट महत्त्वाकांक्षी परिवार का एक प्रमुख साधन है।

बजट की जरूरी बातें—हर गृहिणी को पारिवारिक बजट बनाते समय निम्नलिखित बातों का ध्यान रखना चाहिए—

1. बजट बनाने वाले व्यक्ति को परिवार की आय के विषय में पूरी-पूरी जानकारी होनी चाहिए। किसी भी सदस्य को अपनी आय को छुपाना नहीं चाहिए।
2. पारिवारिक खर्च का निर्धारण इस प्रकार से करना चाहिए कि वह हर स्थिति में पारिवारिक आय में अधिक न हो।
3. परिवार के लिए आवश्यक वस्तुओं या उनके अधिमान का निर्धारण इस प्रकार से करना चाहिए जिससे वांछित वस्तुओं तथा महत्त्वपूर्ण वस्तुओं की बजट में अवहेलना न हो सके।
4. पारिवारिक आय का परिवार के सभी सदस्यों की आवश्यकताओं को पूरा करने में इस प्रकार से बाँटना चाहिए जिससे हर सदस्य की आवश्यकताएँ भी तृप्त हो जाएँ तथा किसी सदस्य के अहम को ठेस भी न लगे। अन्यथा परिवार में कलह, अशान्ति एवं असन्तोष की स्थिति पैदा हो सकती है।
5. बजट को लचीला बनाना चाहिए जिससे जरूरत पड़ने पर उसमें आवश्यक बदलाव किये जा सके।

पारिवारिक बजट तीन प्रकार के होते हैं—1. सन्तुलित बजट 2. बचत का बजट 3. घाटे का बजट।

(1) सन्तुलित बजट—यह वह बजट है जिसमें पारिवारिक आमदनी तथा व्यय को सतुंलन में बनाए रखा जाता है। ऐसा बजट साधारण बजट कहलाता है।

(2) बचत का बजट—यह वह बजट है जिसमें पारिवारिक व्यय आय से कम होते हैं। इसलिए यह बचत का बजट कहलाता है। यह एक आदर्श कहलाता है चूँकि इससे परिवार की सुख-सुविधा में वृद्धि होती है।

(3) घाटे का बजट—यह वह बजट है जिसमें पारिवारिक व्यय आय से ज्यादा होता है, इसीलिए इसे घाटे का बजट कहते हैं एवं घाटे की पूर्ति ऋण तथा उधार से पूरी की जाती है और उधार की पूर्ति कहाँ से की जाएगी इस चीज को भविष्य के लिए छोड़ दिया जाता है। इस कारण से यह एक खराब बजट कहलाता है।

बजट की प्रमुख मदें—पारिवारिक बजट की मुख्य मदें हैं—(1) भोजन, (2) कपड़ा, (3) मकान, (4) घर के अन्य खर्चे, (5) शिक्षा एवं स्वास्थ्य, (6) व्यक्तिगत खर्च, तथा (7) बचत।

(1) भोजन—परिवार के सदस्यों की भूख शान्त करने के लिए भोजन अति आवश्यक है इसलिए भोजन सामग्री से सम्बन्धित समस्त व्यय इस मद में शामिल किए जाते हैं। उदाहरण के लिए दूध, दालें, सब्जी एवं फल आदि।

(2) कपड़ा—परिवार के सदस्यों को अपना तन ढकने के लिए कपड़े की आवश्यकता होती है इसलिए विभिन्न प्रकार के वस्त्रों के लिए कपड़े सम्बन्धी व्यय इस मद के तहत रखे जाते हैं इसके अन्तर्गत पर्दे, चादर, तौलिए आदि पर किया गया खर्च भी सम्मिलित होता है।

(3) मकान—इस मद में परिवार जिस मकान में रहता है तो उसका किराया, पानी बिजली के खर्च आते हैं अगर मकान घर का है तो पानी-बिजली के व्यय के अतिरिक्त मरम्मत, कर आदि पर किए जाने वाले व्यय भी इसमें ही आते हैं। अगर मकान ऋण लेकर तथा किश्तों पर लिया गया है तो किश्तों की राशि की व्यवस्था भी इसी मद के अन्तर्गत की जाती है।

(4) घर के अतिरिक्त खर्च—इस मद में वे सभी प्रकार के छोटे-मोटे खर्चे शामिल किए जाते हैं जो कि एक परिवार को समय-समय पर करने पड़ते हैं उदाहरणस्वरूप नौकर का खर्चा, फर्नीचर का खर्चा, सुविधात्मक वस्तुओं पर किया जाने वाला व्यय आदि इस मद में आते हैं।

(5) शिक्षा तथा स्वास्थ्य—आधुनिक समय में अन्य वस्तुओं की तरह शिक्षा भी बहुत महँगी हो गई है जिससे आय का एक बहुत बड़ा भाग बच्चों की शिक्षा पर व्यय करना होता है अतः इस मद में स्कूल की फीस, स्टेशनरी का खर्चो पुस्तकों का खर्चे आदि इस मद के तहत सम्मिलित होते हैं। इसी तरह बीमारी पर तथा स्वास्थ्य पर किया जाने वाला व्यय भी इस मद में शामिल किया जाता है।

(6) व्यक्तिगत खर्चे—इसके तहत वे खर्चे शमिल किए जाते हैं जो कि परिवार के सदस्य व्यक्तिगत रूप से अपने पर खर्च करते हैं जैसे कि क्लबों तथा समितियों का चन्दा, पान, सिगरेट, सिनेमा, सौन्दर्य प्रसाधन आदि पर किए जाने वाले व्यय।

(7) बचत—परिवार के समस्त सदस्यों की सभी प्रकार की आवश्यकताओं को पूरा करने के बाद पारिवारिक आय में से जो राशि शेष बचती है उसे पारिवारिक बचत कहते हैं यथा किसी परिवार की मासिक आय 3000 रुपये है एवं पारिवारिक मासिक कुल खर्चा 2850 रुपये है तो पारिवारिक बचत 150 रुपये होगी।

पारिवारिक बजट एवं ऐंजिल्स का नियम

डॉक्टर ऐंजिल्स पारिवारिक बजट के सम्बन्ध में तीन परिवारों जिसमें एक मजदूर परिवार, एक मध्यम श्रेणी का परिवार तथा एक धनी परिवार पर खोज किये। अपने खोज में प्राप्त होने वाले आंकड़े को उन्होंने निम्न प्रकार से दर्शाया है—

आय-व्यय विश्लेषण

व्यय	*श्रमिक*	*मध्यम व्यक्ति*	*अमीर व्यक्ति*
अन्न	60%	55%	50%
वस्त्र	18%	18%	18%
गृह	12%	12%	12%
ईंधन एवं प्रकाश	5%	5%	5%
शिक्षा, स्वास्थ्य एवं मनोरंजन	5%	10%	15%

उपर्युक्त सारणी से हमें अग्रलिखित जानकारी मिलती है–

(1) आय में बढ़ोत्तरी के साथ भोजन पर किया जाने वाला व्यय कम होता जाता है अथवा आय वृद्धि के साथ भोजन का खर्च बढ़ता है लेकिन आय के अनुपात में नहीं बढ़ता है।

(2) मकान, भोजन, वस्त्र, प्रकाश, ईंधन आदि पर किया जाने वाला व्यय लगभग स्थिर रहता है।

(3) सांस्कृतिक आवश्यकताओं, मनोरंजन, शिक्षा और स्वास्थ्य पर किए जाने वाले खर्च में वृद्धि हो जाती है।

11

बचत तथा विनियोग निवेश

वर्तमान समय में मानव जीवन में पर्याप्त विविधता विद्यमान है। आज का मानव पहले के मानव से कई मायनों में अलग है। पहले का मानव केवल अपनी मूल आवश्यकताओं की ही पूर्ति करता था लेकिन आज का मानव अपनी मूल आवश्यकताओं की पूर्ति के अलावा अपने जीवन स्तर को भी बेहतर बनाना चाहता है। अतः इस बदले हुए परिवेश में बचत का महत्त्व बहुत अधिक है। बचत से परिवार को आर्थिक सुरक्षा मिलती है। जो व्यक्ति बचत नहीं करता वह अपनी आकस्मिक आवश्यकताओं को पूरा नहीं कर पाता। आकस्मिक आर्थिक संकट के समय ऐसा मानव एकदम पस्त नजर आता है। उस समय उसे किसी के सहारे की जरूरत होती है। बचत के सम्बन्ध में हम यह कह सकते हैं कि बचत आदमी की आमदनी का वह भाग है जो आवश्यकताओं के उपभोग के लिए उत्पादक रूप में रखा जाता है।

अलग-अलग विद्वानों ने अपने-अपने ढंग से बचत को परिभाषित किया है, प्रस्तुत है कुछ प्रमुख परिभाषा–

निकिल एवं डॉसी के अनुसार–''किसी भी परिवार के लिए बचत तभी अर्थ रखती है जब उसका उद्देश्य अच्छी तरह योजनाबद्ध हो और सभी व्यक्तियों द्वारा समझा गया हो।''

वर्मा एवं देशपाण्डे के विचार में–''बचत मनुष्य की आय का वह भाग है जो वर्तमान आवश्यकताओं की पूर्ति में उपयोग नहीं किया जाता वरन भविष्य के उपभोग के लिए समझ-बूझकर अलग उत्पादकरूप में रखा जाता है और सम्पत्ति को पूँजी का स्वरूप दिया जाता है।''

प्रो. केन्स के विचार में–''वर्तमान आय का वर्तमान उपभोग व्यय को आधिक्य बचत कहा जाता है।''

सभी परिभाषाओं में प्रो. केन्स की परिभाषा सर्वोत्तम है। उनका यह भी कहना है कि "व्यक्ति के लिए बचत एक अच्छाई है लेकिन समाज के लिए एक बुराई है" उन्होंने व्यक्तिगत बचत का विरोध किया। उन्होंने कहा कि यदि कोई व्यक्ति

बचत करने का प्रयत्न करता है तो वह ऐसा दूसरों की बचत में बढ़ोत्तरी नहीं होती। एक व्यक्ति की बचत दूसरों की बचत क्षमता में कमी कर देती है। उदाहरण हेतु, यदि एक व्यक्ति 178 रु. प्रतिमास बचाता है और अब 298 रु. प्रतिमास बचाने लगता है तो इसका अर्थ यह हुआ कि वह व्यक्ति अपने उपभोग पर पूर्वापेक्षा 199 रु. कम खर्च करता है अर्थात् उसकी प्रभावपूर्ण माँग 196 रु. की सीमा तक पट जाती है। अन्य शब्दों में वह व्यक्ति अब 199 रु. मूल्य को वस्तुओं और सेवाओं का खरीदना कम कर देता है। स्पष्ट है कि व्यय में इस कमी का उन लोगों की आय पर गलत असर पड़ेगा जिनसे वह वस्तुएँ और सेवाएँ खरीदता है इसका अर्थ यह हुआ कि विक्रेताओं की आय भी उसी अनुपात में कम हो जाती है जिससे उनकी बचत क्षमता का भी ह्रास होता है। कम शब्दों में यह कहा जा सकता है कि एक बचतकर्ता की बढ़ी हुई बचत दूसरों की बचत को कम कर देती है और इस प्रकार सामुदायिक बचत में कोई बढ़ोत्तरी नहीं होती, वह यथास्थिर रहती है। दूसरे शब्दों में व्यक्तिगत बचतों में वृद्धि करने से कुल सामुदायिक बचत में वृद्धि नहीं हो सकती। अतः केन्स की मान्यता है कि व्यक्तियों को बचत करने की तुलना धन खर्च करने का उद्देश्य रखना चाहिए। खर्च के माध्यम से हम दूसरों की आय में वृद्धि करते हैं और इस प्रकार समाज में सभी व्यक्तियों के लिए सम्पन्नता लाने में सहायक होते हैं। बचत की तुलना खर्च करने से प्रभावपूर्ण माँग में वृद्धि होती है जिसके कारण उत्पादन, रोजगार और आय में समृद्धि आती है।

विनियोग

साधारणतया हम निवेश तथा विनियोग का तात्पर्य स्टाक और शेयरों एवं सरकारी बॉण्डों आदि के क्रय से लगाते हैं परन्तु केन्स के आधार पर विनियोग का मतलब साधारण अर्थ से कुछ अलग है। केन्स के आधुनिक चालू स्टाक, शेयरों तथा बॉण्डों का क्रय विनियोग नहीं कहलाता। इस तरह की खरीद को वित्तीय विनियोग तो कहा जा सकता है, लेकिन वास्तविक विनियोग नहीं। केन्स के अनुसार मूलभूत वास्तविक विनियोग से अभिप्राय नवस्थापित कम्पनियों के स्टाक, शेयरों, प्रतिभूतियों, बॉण्डों आदि की खरीद से है। अन्य शब्दों में वास्तविक विनियोग का तात्पर्य वर्तमान में पूँजी परिसम्पत्ति की मात्रा में बढ़ोत्तरी करने से है। पर इसमें एक आवश्यक शर्त यह है कि विनियोग की नवीन पूँजी परिसम्पत्ति की रचना में योग देना चाहिए जिससे रोजगार में बढ़ोत्तरी हो सके। इस तरह यदि कोई व्यक्ति किसी नवीन फर्म की स्थापना में दो लाख रु. लगाता है और मजदूरों के लिए रोजगार एवं कच्चे माल

की माँग पैदा करता है तो केन्स के विचारानुसार ऐसे विनियोग तथा निवेश को वास्तविक विनियोग कहा जाएगा। इस तरह स्पष्ट है कि पूँजी के नव निर्माण को ही हम विनियोग की संज्ञा देते हैं।

विनियोग का उद्देश्य केवल वास्तविक पूँजी परिसम्पति की बढ़ोत्तरी करना ही नहीं होता बल्कि वर्तमान माल के स्टाक में वृद्धि करना भी होता है। उदाहरणार्थ अगर किसी व्यापारी के पास औसतन दो लाख रु. के मूल्य का स्टाक है और वह अपने स्टाक को 4 लाख रु. तक बढ़ा देता है तो ऐसा कहा जाएगा कि उसने अपने विनियोग को दुगुना कर दिया है। इस प्रकार का विनियोग ही वास्तविक विनियोग कहा जाएगा क्योंकि व्यापारी ने अपने विनियोग को दुगुना करके माल की नई माँग उत्पन्न कर ली है। यह नई माँग श्रम और अन्य संसाधनों को अधिक रोजगार देकर पूरी की जाएगी। दूसरी ओर यदि व्यापारी अपना स्टाक घटा देता है तो इसे विनिवेश कहा जाएगा जिसके फलस्वरूप श्रम और अन्य संसाधनों की माँग कम हो जाएगी। **प्रो. केन्स** के विचारानुसार विनियोग का तात्पर्य सदैव वास्तविक विनियोग से ही है जिससे रोजगार में बढ़ोत्तरी होती है।

विनियोग निजी भी होता है और सभी जगह भी। निजी विनियोग का तात्पर्य उन विनियोग से होता है जो एक अर्थव्यवस्था में निजी विनियोगकर्ताओं तथा निवेशकर्ताओं द्वारा किया जाता है। निजी विनियोग मुख्य रूप से दो तत्त्वों पर निर्भर होता है। पूँजी की सीमान्त उत्पादकता तथा ब्याज की प्रचलित दर। सार्वजनिक विनियोग वह विनियोग है जो राज्य तथा स्थानीय निकायों द्वारा किया जाता है। राज्य निर्मित सड़कें, पार्क, चिकित्सालय आदि सार्वजनिक विनियोग के प्रमुख उदाहरण हैं।

विनियोग की मात्रा बचत, ब्याज दर, पूँजी की सीमान्त कुशलता तथा राजकीय नीति पर आश्रित करती है। किसी भी अर्थव्यवस्था में बचत, विनियोग और आय परस्पर घनिष्ट रूप में सम्बद्ध होते हैं।

बचत और संचय में विभेद

बचत और संचय में अन्तर होता है क्योंकि बचत सदैव उत्पादक होती है और यह मनुष्य की आय का वह भाग होती है जो कि भविष्य में किए जाने वाले उपभोग के लिए उत्पादक रूप में सुरक्षित रखी जाती है। इसके विपरीत संचय तथा संग्रह आय का वह भाग होता है जो कि भविष्य की आवश्यकताओं को पूरा करने के लिए अनुत्पादक के रूप में रखा जाता है। जैसे कि अगर कोई व्यक्ति अपनी 500 रु.

की बचत को बैंक में रखकर ब्याज प्राप्त करता है तो यह बचत उत्पादक कहलाती है क्योंकि उसने 500 रु. में ब्याज के रूप में कुछ धनराशि प्राप्त की है। यदि इन्हीं रुपयों को अलमारी तथा सन्दूक में रख देता है तो उसे इस पर कोई ब्याज प्राप्त नहीं होगा। अतः ऐसी बचत अनुत्पादक कहलाएगी और इसे बचत न कहकर संग्रह या संचय कहा जाएगा।

बचत बचतकर्त्ता के साथ-साथ देश को भी लाभ प्राप्त होता है क्योंकि बैंक उस बचत का उद्योग-धन्धों में विनियोजित करके उनका विकास करता है। इसके विपरीत संचय से उद्योग व्यवसाय का विकास सम्भव नहीं है क्योंकि वह अलमारी में बन्द पड़ा रहता है।

बचत का महत्त्व

बचत के महत्त्व को अग्रलिखित बिन्दुओं के तहत व्यक्त किया जा सकता है–

(1) अनावश्यक खर्चों में कमी–किसी व्यक्ति को जब एक बार बचत करने की आदत पड़ जाए तो वह व्यक्ति हर खर्चे को उसके गुण के आधार पर वही व्यय करने लगता है। जिस कारण से वह अनेक तरह के अनावश्यक खर्चे जैसे कि बीड़ी, सिगरेट, शराब, जुआ आदि पर प्रतिबन्ध लगा देता है। उसे ये खर्चे बेकार को महसूस होने लगते हैं। इस प्रकार बचत अनावश्यक खर्चों पर प्रतिबन्ध ही नहीं लगाती अपितु व्यक्ति को एक चरित्रवान बनाने में भी सहायता करती है। इस तरह बचत की प्रवृत्ति व्यक्ति को नैतिक जिम्मेदारी को निर्वाह करने के लायक बनाती है।

(2) बचत से ऊँचे जीवन स्तर की प्राप्ति–जब व्यक्ति बचत करने लग जाता है तो उसके पास कुछ वर्षों बाद ही बहुत ही बड़ी मात्रा में धनराशि इकट्ठी हो जाती है जिसके द्वारा वह अपने लिए मकान, व्यवसाय तथा अन्य सुविधात्मक तथा भोगपूर्ण वस्तुओं की खरीद में अपना जीवन स्तर ऊँचा उठा सकता है।

(3) बचत से राष्ट्र का विकास–कोई भी राष्ट्र तब तक प्रगति की ओर उन्मुख नहीं हो सकता है जब तक कि उस देश में पूँजी निर्माण न होता हो। पूँजी का निर्माण होता है बचत से इसलिए बचत ही देश के विकास की कुंजी है।

(4) बचत से समृद्धि–बचत से परिवार के सदस्यों में मितव्ययिता की आदत पड़ती है। जिस देश के लोगों में बचत की प्रवृत्ति नहीं पायी जाती है वह देश कभी भी प्रगति को उन्मुख नहीं हो सकता है। कोई भी परिवार जिसका खर्च उसकी आय

से अधिक है तो वह हमेशा कर्ज के भार से दबा रहेगा जिससे परिवार का मुखिया हमेशा मानसिक सन्ताप में रहेगा खर्च करने की कोई सीमा नहीं होती है अतः हर व्यक्ति को अपनी आय के अनुकूल खर्च को नियन्त्रित रखना चाहिए क्योंकि व्यक्ति का समृद्ध होना इस बात पर निर्भर करता है कि वह अपनी आय में से आवश्यक खर्च करने के उपरांत कितनी मात्रा में बचत करता है।

(5) बचत करने से साहूकार से मुक्ति—गरीब व्यक्तियों को धनी व्यक्तियों की अपेक्षा बचत अधिक करनी चाहिए क्योंकि बचत ही गरीब व्यक्तियों को बुरे समय में मददगार सिद्ध होती है। अगर गरीब व्यक्ति वर्तमान में कुछ नहीं बचाता है तो जरूरत पड़ने पर उसे साहूकार से ऋण लेना पड़ता है वैसे तो साहूकार सरलता से इन्हें ऋण देता ही नहीं है और यदि देता भी है तो बड़ी मुश्किल शर्तें तथा ऊँची ब्याज की दर पर कर्ज देता है। परिणामस्वरूप यह ऋण बहुत ही महँगा पड़ता है एवं इस ऋण का भुगतान करने के लिए उसे बहुत ही अधिक मात्रा से बचत करनी होती है नहीं तो समय पर ऋण का भुगतान नहीं हो सकता है। अगर हर व्यक्ति अपनी सामर्थ्य के अनुरूप आय का कुछ भाग बचत के रूप में रखने की प्रवृत्ति डाल ले तो वह साहूकारों के चंगुल से बच सकता है।

(6) दीर्घकालीन आवश्यकताओं की पूर्ति—बचत से दीर्घकालीन आवश्यकताओं को पूरा करना भी सुगम हो जाता है। बच्चों की शादी, उच्च शिक्षा, आकस्मिक बीमारी और दुर्घटना आदि के लिए काफी मात्रा में धन की आवश्यकता होती है। इसलिए अगर पहले से ही नियमित रूप से बचत की जाती रही है तो उपर्युक्त सभी जरूरतों को इनके निर्धारित अवधि के अन्दर पूरा किया जा सकता है अन्यथा इनको पूरा करने के लिए बहुत दिक्कतों का सामना करना पड़ सकता है। इसके अतिरिक्त नियमित रूप से बचत करने से वृद्धावस्था में बहुत मदद मिलती है। क्योंकि इस अवस्था में मानव कमजोर हो चुका होता है और सेवानिवृत्त हो चुका होता है। वह अन्य कोई काम करने योग्य नहीं होता है। इस तरह बचत भविष्य की सुरक्षा की गारन्टी प्रदान करती है।

(7) बचत से आय में वृद्धि—बचत करने से व्यक्ति की आय में भी वृद्धि हो जाती है क्योंकि बचत की गयी धनराशि को हर व्यक्ति कहीं न कहीं निवेश करेगा, निवेश के परिणामस्वरूप उसे नियमित रूप से लाभांश तथा ब्याज के रूप में जो धनराशि प्राप्त होगी वह उसकी आय को निश्चित रूप से ही बढ़ाएगी। इसके अलावा निवेशित बचत से पूँजी निर्माण होगा जो देश में औद्योगिक विकास को बढ़ावा देगा।

इससे यह निष्कर्ष निकलता है कि बचत व्यक्ति, परिवार और राष्ट्र सबके उन्नयन के लिए आवश्यक है। बचत ही सबको एक साथ विकास के रास्ते पर अग्रसर करता है।

बचत को निर्धारित करने वाले कारक

बचत को निर्धारित करने वाले कारक अग्रलिखित हैं–

(1) **बचत करने की योग्यता एवं शक्ति**–किसी भी व्यक्ति के माध्यम से बचत करने की योग्यता उसके द्वारा उपार्जित आय एवं उसके द्वारा किए जाने वाले उपभोग खर्च पर निर्भर करती है बचत हेतु यह आवश्यक है कि व्यक्ति की आय उपभोग खर्च से ज्यादा होनी चाहिए अर्थात् आय उपभोग व्यय, ऐसी अवस्था में ही व्यक्ति बचत करने के लिए सक्षम हो सकता है। अगर आय एवं व्यय आपस में बराबर होंगे तो व्यक्ति बचत करने में सक्षम नहीं हो सकता है। इसलिए अन्य बातें समान रहने पर धनी व्यक्तियों के जरिए की जाने वाली बचतें गरीबों की अपेक्षा अधिक होती हैं एवं आय में वृद्धि के साथ-साथ बचत में भी बढ़ोत्तरी होती जाती है। इसके विपरीत गरीब व्यक्ति की आय का अधिकांश भाग उसकी जरूरी आवश्यकताओं पर ही व्यय हो जाता है।

व्यक्तियों की आय मूल रूप से राष्ट्र के प्राकृतिक साधनों, आर्थिक विकास, देश की अर्थव्यवस्था के स्वरूप, धन के बाँटने की व्यवस्था, कर प्रणाली आदि बातों पर आश्रित करती है। अगर देश प्राकृतिक साधनों से सम्पन्न है, उत्पादन को बढ़ाने के लिए नई-नई तकनीकी का उपयोग कर देश कृषि प्रधान के साथ-साथ उद्योग प्रधान भी है, व्यक्तियों पर अधिक नहीं है तथा कर का बोझ गरीबों की तुलना में धनवानों पर ज्यादा है तो व्यक्तियों के अन्दर बचत करने की योग्यता पैदा हो जाती है।

(2) **बचत की इच्छा**–मनुष्य की इच्छाएँ मनुष्य की हर गतिविधि का मूलाधार है। यदि मनुष्य इच्छाओं को अनुभव न करें तो वह किसी तरह की भी आर्थिक क्रियाओं को करने की इच्छा पैदा होती है तभी वह बचत के लिए प्रेरित होता है अन्यथा बचत करने की योग्यता होते हुए भी वह बचत नहीं करेगा एवं अनावश्यक उपभोग में ही अपनी सम्पूर्ण आय को खत्म कर देगा। इसीलिए ज्यादातर यह देखा जाता है कि समर्थ व्यक्ति भी योग्य होते हुए बचत नहीं कर पाते हैं।

बचत करने की इच्छा निम्नलिखित बातों पर निर्भर करती हैं–

(1) पारिवारिक स्नेह, (2) दूरदर्शिता, (3) समाज की प्रतिष्ठा, (4) स्वभाव, (5) परोपकार आदि।

अधिकतर व्यक्ति परिवार के मोह से वशीभूत होकर ही बचत करते हैं। वे अपने बच्चों, पत्नी तथा अन्य स्वजनों को सुखी देखना चाहते हैं एवं उन्हें सम्पन्न बनाने के लिए बचत करते हैं।

जो व्यक्ति दूरदर्शी होते हैं वे भविष्य में भी होने वाली आकस्मिक घटनाओं के लिए तथा परिवार के दीर्घकालीन लक्ष्यों को पूरा करने के लिए बचत को भी खर्च के समान ही महत्त्व देकर बचत करते हैं। ये लोग भविष्य में पैदा होने वाली मुसीबत का विचार करके उनके लिए धन का प्रबन्ध कर लेते हैं।

कुछ व्यक्ति अपनी सामाजिक प्रतिष्ठा बनाए रखने के लिए भी बचत करते हैं क्योंकि बचत के द्वारा ही वे अपनी सम्पन्नता को कायम रख सकते हैं।

कुछ लोग स्वभाव से ही कंजूस होते हैं। ऐसे लोग अपने पेट काट करके भी बचत करते हैं कहने का आशय यह है कि वे अपनी आवश्यक आवश्यकताओं का भी त्याग करके बचत करते हैं। इन व्यक्तियों में धन संग्रह की प्रबल प्रवृत्ति होती है। ऐसे व्यक्ति बिना किसी उद्देश्यों के भी बचत करते रहते हैं। लेकिन ऐसी प्रवृत्ति ज्यादा लाभप्रद नहीं होती है।

कुछ व्यक्ति समाज के दीन दुखियों, गरीबों तथा अनाथों की मदद के लिए भी बचत करते हैं। ऐसे व्यक्ति अपनी आय का एक निश्चित प्रतिशत सामाजिक काम के लिए बचाते हैं।

(3) बचत करने की सुविधाएँ—जिस देश की अर्थव्यवस्था में बचत करने हेतु पर्याप्त सुविधाएँ होती हैं वहाँ व्यक्ति इनसे प्रोत्साहित होकर बचत करने लग जाता है। अगर ये सुविधाएँ उपलब्ध नहीं होती हैं तो ये बचत अपेक्षाकृत कम होती है। देश में बचत के लिए ये सुविधाएँ उपलब्ध कराई जा सकती हैं—(क) देश में शान्ति तथा सुरक्षा का वातावरण, (ख) प्रबल विनियोजन के साधन, (ग) कुशल एवं योग्य साहसी, (घ) सुदृढ़ मुद्रा प्रणाली, (ङ) प्राकृतिक स्थिति आदि।

बचत के लिए देश में अनुकूल वातावरण का होना बहुत जरूरी है। अगर देश में लड़ाई-झगड़े, चोरी-डकैती आदि होती रहती है तो उस देश के व्यक्ति बचत करने के लिए प्रोत्साहित नहीं होते हैं।

बचत करने के साधन

हर व्यक्ति अपनी आय में से की गई बचत को उत्पादक काम में लगाकर

उसे लाभ प्राप्त करना चाहता है साथ ही वह यह भी चाहता है उसे जब भी रुपयों की आवश्यकता हो तो उसे अपनी धनराशि लेकिन वापस मिल जाए। वर्तमान युग में बचत को विनियोजित करने के लिए कई तरह के साधन उपलब्ध हो गए हैं उनमें से निवेशक अपनी इच्छानुसार किसी का भी चयन करके अपनी बचत का निवेश करके लाभ प्राप्त कर सकता है। सबसे उत्तम उपयोग में आने वाला साधन बैंक है जिसमें धन सुरक्षित रहता है तथा ब्याज भी प्राप्त होता है इसके अतिरिक्त जब जरूरी होता है तब अपनी धनराशि जल्द ही वापस प्राप्त किया जा सकता है।

वर्तमान युग में भारत में प्रमुख विनियोग करने के प्रमुख साधन निम्न हैं—

1. उपहार कूपन
2. प्रीमियम इनामी बॉण्ड
3. लॉटरी चिट फण्ड
4. अंश अथवा हिस्से
5. ऋण पत्र
6. बीमा
7. सहाकारी ऋण संस्थाएँ
8. बैंक
9. डाकघर बचत बैंक
10. संचयी सावधि बचत योजना
11. डाकघर आवर्ती जमा योजना
12. राष्ट्रीय बचत पत्र
13. यूनिट।

1. उपहार कूपन—उपहार देने के लिए भी बैंकों ने उपहार चैक योजना भी चालू कर रखी है जिसके तहत अलग-अलग राशि के उपहार चैक आकर्षक रंगों में प्रदान किए जाते हैं। जिनको शादी, जन्म-उत्सव आदि अवसरों पर उपहार के रूप में दिए जा सकते हैं।

2. प्रीमियम इनामी बॉण्ड—भारत सरकार अलग-अलग मूल्यों के इनामी बॉण्ड रिजर्व बैंक ऑफ इण्डिया के कार्यालयों, स्टेट बैंकों तथा डाकघरों के माध्यम से जनता के लिए समय-समय पर जारी करती रहती है। इन बॉण्डों पर पृथक्-पृथक् क्रमांक होते हैं जिन पर कि इनाम निकलता है। अगर बॉण्ड खरीदने वाला भाग्यशाली होता है तो उसको अचानक ही बहुत सी राशि प्राप्त हो जाती है जो कि विनियोजित राशि से कई गुना अधिक होती है।

3. लाटरी चिट व्यवस्था—यह व्यवस्था एक जगह कार्य करने वाले तथा एक ही जगह रहने वाले आपस में परिचित व्यक्तियों के द्वारा मिलकर संचालित की जाती है। जितने व्यक्ति इस योजना के सदस्य होते हैं उतनी ही माह की यह योजना होती है। इसमें सभी व्यक्ति आपस में सलाह करके सभी लोग एक समान राशि प्रतिमाह इकट्ठा करते हैं फिर सब सदस्य मिलकर लाटरी निकालते हैं। जिस व्यक्ति के नाम लाटरी निकलती है उसे एकत्रित की गयी धनराशि दे दी जाती है इस पर किसी प्रकार का ब्याज का भुगतान नहीं करना पड़ता है। जिस व्यक्ति के नाम लाटरी निकलती है उसका नाम आगे के माह की लाटरी में से निकाल देते हैं। इस प्रकार भाग्यशाली व्यक्ति को इस योजना के तहत थोड़ी सी राशि जमा कराने पर ही काफी धनराशि एक साथ मिल जाती है जिसका वह किसी अच्छे कार्य में उपयोग करके लाभ उठा सकता है। इस योजना के तहत लाटरी निकलने के उपरांत भी उस व्यक्ति को प्रतिमाह अपना अंशदान नियमित रूप से देना पड़ता है जब तक कि एक बार सबका लाटरी में नम्बर नहीं आ जाता है।

4. हिस्सा अथवा अंशदान और शेयर—बड़े उद्योगों की स्थापना के लिए बड़ी मात्रा में पूँजी की आवश्यकता होती है। अतः किसी बड़े उद्योग की स्थापना करना किसी एक व्यक्ति के लिए बहुत ही कठिन कार्य है। इस कारण से उद्योग तथा व्यवसाय आरम्भ करने के लिए मिश्रित पूँजी वाली कम्पनी की स्थापना की जाती है। कम्पनियों की पूँजी के छोटे-छोटे हिस्से कर दिए जाते हैं जिनको शेयर कहते हैं और इन शेयरों को जनता को बेच दिया जाता है। शेयर खरीदने वाला उस कम्पनी का हिस्सेदार कहलाता है। कम्पनी को प्राप्त होने वाला लाभ हिस्सेदारों में उनके हिस्से के अनूकूल लाभांश के रूप में बाँट दिया जाता है। ये शेयर पूँजी लगाने वाले की इच्छानुसार भिन्न-भिन्न होते हैं। कुछ शेयर पर लाभ की दर है, लेकिन अगर कम्पनी को बहुत अधिक लाभ होता है तो हिस्सेदार को उस लाभ का ज्यादा हिस्सा नहीं दिया जाता है। क्योंकि उसका लाभ पहले ही निश्चित कर दिया जाता है। हर शेयर हस्तान्तरण योग्य होता है जिससे रुपयों की जरूरत होने पर इनको दूसरों को सरलता से बेचा जा सकता है। कुछ हिस्सों पर लाभ निश्चित न होकर कम्पनी को होने वाले लाभ पर निर्भर होता है। इसमें कम्पनी को हानि होने पर हिस्सेदार को भी हानि होती है। कोई भी व्यक्ति अपनी बचत को इन हिस्सों में विनियोजित कर सकता है। कोई भी व्यक्ति अपनी बचत को इन हिस्सों में विनियोजित कर सकता है। किसी भी कम्पनी के शेयर खरीदने से पहले कम्पनी का नाम उसकी बाजार में

साख तथा ख्याति एवं उसे संस्थापकों आदि के बारे में पूर्ण जानकारी प्राप्त कर लेनी चाहिए अन्यथा शेयर खरीदने पर कभी-कभी हानि भी उठानी पड़ती है।

5. ऋण-पत्र—कम्पनियों के माध्यम से शेयर के अतिरिक्त ऋण पत्र भी जनता से पूँजी प्राप्त करने के लिए जारी किए जाते हैं। इन ऋण पत्रों द्वारा कम्पनी अपने विकास तथा उत्थान के लिए जनता से ऋण प्राप्त करती है एवं जिसके बदले में जमाकर्ता को एक निश्चित दर से ब्याज दिया जाता है जिसका निर्धारण सरकार करती है आजकल यह 14% वार्षिक है। ऋण पत्र शेयरों की अपेक्षा अधिक विश्वसनीय तथा सुरक्षित होते हैं, क्योंकि कम्पनी को हानि होने पर भी जमाकर्ता को निश्चित ब्याज की राशि का भुगतान निश्चित रूप से करना होता है। इस तरह पारिवारिक बचत का ऋण पत्रों में विनियोग करके ज्यादा लाभ बचत पर कमाया जा सकता है।

6. बीमा—जरूरी रूप से बचत करने का बीमा एक अच्छा और सर्वोत्तम साधन है। जिन व्यक्तियों को बचत करने की आदत नहीं होती है तथा बचत करना नहीं चाहते हैं और जो अपव्यय करते हैं उनके लिए बीमा बचत करने का एक उत्तम साधन है। बीमा का महत्त्व इसलिए भी अधिक है क्योंकि बीमा कम्पनी तथा बीमा कराने वाले व्यक्ति के मध्य एक समझौता होता है जिसके तहत बीमाधारी व्यक्ति के भविष्य की सभी प्रकार की अनिश्चितताओं तथा खतरों का जिम्मेदारी बीमा कम्पनी का होता है अगर कोई दुर्भाग्यपूर्ण घटना घटित होती है जिससे कि बीमाधारी मारा जाता है तो बीमा कम्पनी समझौते के अनुरूप निर्धारित राशि उसके उत्तराधिकारी को देती है। इस प्रकार बीमा करवा कर व्यक्ति अपने परिवार के सदस्यों के प्रति निश्चिंत हो जाता है।

बीमा करवाने के बाद बीमित व्यक्ति को कुल बीमा राशि कुल समय के आधार पर निर्धारित प्रीमियम (किश्त) प्रति माह, त्रैमासिक, अर्द्धवार्षिक तथा वार्षिक रूप में बीमा कम्पनी में जमा करानी होती है। यदि बीमित अवधि में बीमाधारी की मृत्यु नहीं होती है तो उसे कुल जमाराशि के अलावा बोनस भी दिया जाता है।

बीमाधारी, बीमा कम्पनी से जरूरत पड़ने पर अपनी कुल जमाराशि का एक निश्चित प्रतिशत तक ऋण भी प्राप्त कर सकता है एवं यह ऋण वह अपनी इच्छानुसार किश्तों में लौटा सकता है लेकिन इस ऋण पर उसको निर्धारित दर पर ब्याज देना होता है।

बीमा निम्न प्रकार का होता है जैसे सम्पूर्ण जीवन का बीमा, सीमित भुगतान आजीवन बीमा तथा आवधिक जीवन बीमा, आदि। आजकल जीवन जिस प्रकार से

अनिश्चित हो गया है। उसको ध्यान में रखते हुए परिवार के मुखिया को अपनी सामर्थ्य के अनुकूल थोड़ी-बहुत राशि का जीवन बीमा जरूर करना चाहिए। अब जीवन बीमा निगम ने पॉलिसियों पर दिए जाने वाले बोनस की दरें भी काफी ज्यादा कर दी हैं। आजकल बन्दोबस्ती बीमा पर बोनस दरें 52 रु. प्रति हजार है।

7. सहकारी ऋण समितियाँ—सहकारी समितियाँ कुछ व्यक्ति मिलकर बनाते हैं जो कि एक जगह काम कर रहे होते हैं और एक स्थान पर निवास करते हैं। ऐसी समितियाँ व्यक्तियों में बचत करने की प्रेरणा तथा आपस में मिलकर आवश्यकता की पूर्ति के लिए संगठित की जाती हैं। इसकी सदस्यता हिस्से को बेच कर प्रदान की जाती है। हिस्से को बेचकर जो धन प्राप्त होता है। उस धन को जिसे जल्दी चाहिए उस सदस्य को ऋण के रूप में प्रदान किया जाता है जिस पर वह निर्धारित ब्याज भी देता है एवं सम्पूर्ण कर्ज की राशि किश्तों में वापस जमा करता है। इस प्रकार सहकारी संस्था अपने पास इकट्ठे धन को ऋण देकर और किसी उद्योग-धन्धों में विनियोग करके लाभ प्राप्त करती है अथवा इस लाभ की राशि पूरी तथा आंशिक रूप से सदस्यों में बाँट दी जाती है।

8. बैंक—बैंक एक ऐसी आर्थिक संस्था है जो रुपयों के आदान-प्रदान का काम करती है बचत को उत्पादक रूप से सुरक्षित रखने का यह सबसे प्राचीन साधन है, इसी कारण से अन्य साधनों की अपेक्षा इसका विशेष स्थान है। जनता में अन्य साधनों की तुलना में इसका ज्यादा प्रचलन है क्योंकि इसकी साख सबसे अधिक है। बैंक में जमा धन की एक खास विशेषता यह है कि इनकी तरलता अन्य साधनों की अपेक्षा अधिक होती है। बैंक की योजनाओं में कम पढ़ा-लिखा व्यक्ति भी बैंक में रुपया जमा करा सकता है और जरूरत के अनुसार निकाल भी सकता है। राष्ट्रीयकृत तथा अराष्ट्रीयकृत सभी प्रकार के अलग-अलग व्यापारिक बैंकों में ब्याज की दर समान होती है लेकिन भिन्न-भिन्न तरह की योजनाओं तथा खातों में ब्याज की दर पृथक्-पृथक् होती है।

बैंक में बचत की गई धनराशि को अग्रलिखित खातों में जमा किया जा सकता है—

(अ) **चालू खाता**—यह वह बैंक खाता है जिसमें रोजाना रुपया जमा किया जा सकता है तथा निकाला जा सकता है। इस खाते से रुपया केवल चेक के जरिए ही निकाला जा सकता है। चालू खाते में बैंक जमा राशि पर ब्याज नहीं देते हैं चूँकि इसमें जमा राशि को जमा करने वाला कभी भी निकाल सकता है इसलिए बैंक इस राशि का कहीं पर भी विनियोग नहीं करता है।

चालू खाते में यदि जमाकर्ता की साख अच्छी है तो बैंक उसको कर्ज की सुविधा भी प्रदान कर सकता है, ऋण की मात्रा उसके रोजमर्रा के आदान-प्रदान की प्रवृत्ति तथा व्यापार के आकार पर आश्रित करती है। इस खाते का उपयोग साधारणतया व्यापारी वर्ग तथा उद्योगपतियों के द्वारा किया जाता है।

(ब) **बचत खाता**—यह वह खाता है जिसमें जमाकर्ता रुपये तो चाहे जितने जमा करा सकता है लेकिन रुपये निकालने के लिए कुछ नियमों का पालन करना पड़ता है जैसे कि सप्ताह में सिर्फ तीन बार अथवा वर्ष में 150 बार ही रुपये निकाले जा सकते हैं। इस खाते में हर माह की 10 तारीख से अन्तिम तारीख तक जो भी राशि जमा रहती है उस पर 5 प्रतिशत की वार्षिक दर से ब्याज दिया जाता है। ज्यादातर ब्याज का भुगतान छह माही किया जाता है। इस खातेदार को एक पास बुक भी दी जाती है। जिसमें जमा तथा निकाली गई धनराशि का रेखांकन बैंक द्वारा लिखा जाता है। इस खाते से रुपया चैक से तथा रुपया निकासी प्रपत्र पास बुक के साथ देने पर निकाला जा सकता है। यह खाता व्यक्तिगत खाता होने के कारण खासतौर पर व्यक्तियों के माध्यम से ही प्रयुक्त किया जाता है। गृहिणी के लिए घरेलू काम तथा बचत के अचानक प्रयोग के लिए यही खाता उत्तम रहता है।

(स) **सावधिक निक्षेप खाता**—यह वह खाता है जिसमें जमा की गई राशि को एक निश्चित अवधि तक रखना होता है एवं निश्चित अवधि के अनुकूल बैंक उस पर ब्याज देता है। अतः अगर रुपया लम्बी अवधि के लिए बैंक में जमा किया जाता है तो ब्याज की दर भी ऊँची होती है कम अवधि पर जमा राशि पर ब्याज की दर भी अल्प होती है। भारत में इस समय जमा राशि पर बैंक द्वारा ग्राहकों को दिए जाने वाली ब्याज की दर 11 प्रतिशत वार्षिक है अगर आवश्यकता पड़ने पर इस खाते से जमा राशि निकाली जाती है तो इसके लिए बैंक को लिखित में सूचना देनी होती है। ऐसी स्थिति में बैंक जितनी अवधि हेतु बैंक के पास धनराशि रहती है उस पर वह तय ब्याज से 2 प्रतिशत कम दर से ब्याज देती है। इस तरह फिर भी मूल धन के अतिरिक्त बैंक कुछ न कुछ ब्याज जरूर ही देता है। इन खातेदारों को बैंक ऋण की सुविधा भी देती है अथवा बैंक में जितने रुपये की कराई गई है उसका 75 प्रतिशत तक वह खातेदार को ऋण प्रदान कर सकता है एवं उस पर लिया जाने वाला ब्याज दिए जाने वाले ब्याज से 2 प्रतिशत ज्यादा होता है। जैसे कि अगर बैंक जमा राशि पर 10% ब्याज दे रहा है तो वह कर्ज पर 12% ब्याज लेता है।

(द) **गृह बचत खाता**—यह वह खाता है जो घर पर बच्चों में बचत की आदत डालने के लिए खोला जाता है। इसके तहत बैंक एक गोलक देता है जिसमें ताला लगा होता है एवं एक छेद होता है। इस गोलक में प्रतिदिन कुछ न कुछ रुपये अथवा रेजगारी डाली जाती है महीने के आखिर में बैंक कर्मचारी आकर गोलक में जमा राशि निकाल कर आपके खाते में जमा कर देता है। इस पर दिया जाने वाला ब्याज समय की अवधि पर निर्भर करता है। अधिक समय पर ज्यादा ब्याज प्राप्त होता है कम समय होने पर कम ब्याज प्राप्त होता है। समय से पहले जमा राशि निकालने पर पूर्व में बैंक को सूचना देनी होती है एवं ऐसी अवस्था में निर्धारित ब्याज की दर से ब्याज न्यून दिया जाता है।

(य) **संचयी सावधिक बचत खाता**—यह वह खाता है जिसके तहत कम बचत करने वालों को भी सावधिक जमा के अनुकूल लाभ प्राप्त होता है। ऐसे व्यक्ति जो बचत को नियमित रूप से कर पाते हैं इस खाते का प्रयोग करते हैं इस खाते में प्रतिमाह बचत करके निश्चित धन राशि इस खाते में जमा कराई जाती है इसमें दिया जाने वाला ब्याज बचत खाते से अधिक होता है उदाहरण के तौर पर कोई व्यक्ति नियमित रूप से 10 रु. प्रतिमाह इस खाते में जमा कराता है तो उसे पाँच वर्ष बाद जमा किए गए 600 रु. के बदले में 720 रु. बैंक देता है।

9. डाकघर बचत बैंक—ग्रामीण क्षेत्रों में भी बचत को प्रोत्साहित करने के लिए हर डाकघर बैंक का भी काम करता है। डाकघर बचत बैंक माध्यम से गरीब जनता अपनी छोटी-छोटी बचतों का भी सही ढंग से विनियोग करके उसका फायदा उठा सकती है। भारत में सभी बैंकों की शाखाएँ गाँवों में नहीं हैं ऐसे जगहों पर केवल डाकघर ही इन्हें सही रूप से बैंक का काम प्रदान करता है। डाक घर के बचत बैंक में 200 रु. से खाता खोला जा सकता है एवं ग्रामीण जनता को सबसे अधिक लाभ है। डाकघर बचत बैंक में ब्याज दर 60% है जो कि राष्ट्रीयकृत बैंक से 1% अधिक है। इसके अतिरिक्त जिस बचत खाते में 200 रु. या अधिक जमा होते हैं उन्हें एक इनामी योजना का निःशुल्क टिकिट का लाभ भी प्रदान किया जाता है।

10. डाकघर संचयी सावधि जमा योजना—इस योजना के तहत एक तय राशि प्रतिमाह डाकघर में जमा करवानी पड़ती है। कोई भी व्यक्ति 5 रु. या इसके गुणक में खाता खोल सकता है। यह खाता एक या एक से ज्यादा व्यक्ति संयुक्त रूप से खाता खोल सकते हैं ब्याज की दर जमा की गयी राशि की अवधि पर निर्भर करती है। समय की सीमा पूरी होने पर ब्याज सहित पूर्ण राशि जमाकर्ता को प्रदान

कर दी जाती है। जैसे कि 5 रु. नियमित रूप से प्रतिमाह 10 वर्ष तक जमा कराने पर 10 वर्ष के बाद डाकघर जमाकर्ता को ब्याज सहित 873 रु. अदा कर देता है।

11. डाकघर आवर्ती जमा योजना—इसके तहत डाकघर में प्रतिमाह 5 रु. के गुणक में प्रतिमाह पाँच वर्ष तक धनराशि जमा करानी होती है। इस पर ब्याज की दर 9.37% वर्ष है। 10 रु. प्रतिमाह नियमित रूप से 5 वर्ष तक जमा कराने पर समयावधि के आखिर में 760 रु. प्राप्त होते हैं। इस खाते से 3000 रु. तक प्राप्त ब्याज की राशि आयकर से मुक्त होती है। जमा राशि का 50% तक धन एक बार निकाला जा सकता है। जिस पर 12% की दर से वार्षिक ब्याज लिया जाता है। इस खाते का देश के किसी भी डाकघर से परिवर्तन कराया जा सकता है। राशि जमा कराते समय पाँच बार गलती हो जाने पर कोई कार्यवाही नहीं की जाती।

12. राष्ट्रीय बचत पत्र—यह डाकघर की एक प्रमुख योजना है। ये राष्ट्रीय बचत पत्र भिन्न-भिन्न अवधि तथा अलग-अलग राशियों में डाकघर द्वारा प्रदान किए जाते हैं। कोई भी व्यक्ति अपनी इच्छा तथा सामर्थ्य के अनुसार इन बचत पत्रों को खरीद सकता है। इन बचत पत्रों पर समय की अवधि के अनुकूल ब्याज दिया जाता है। यदि अधिक समय के बचत पत्र खरीदे हैं तो ब्याज अधिक दिया जाता है। बचत पत्र की तय अवधि समाप्त होने पर बचत पत्र के मूल्य की राशि ब्याज सहित वापस कर दी जाती है। अगर किसी व्यक्ति को निर्धारित समय से पहले ही रुपयों की जरूरत है तो निर्धारित नियमों के अनुसार वह अपना धन वापिस ले सकता है पर ऐसा करने पर उसे ब्याज कम दिया जाता है। ये बचत पत्र खरीदने की तिथि के एक वर्ष बाद ही सुनाए जा सकते हैं उसके पहले नहीं।

13. यूनिट्स—यह योजना यूनिट ट्रस्ट ऑफ इण्डिया ने धन के विनियोग के लिए आरंभ की है। यूनिट ट्रस्ट ऑफ इण्डिया अपनी अलग-अलग तरह की योजनाओं में 10 रु. मूल्य के युनिट्स जारी करती है। एवं इन पर लाभांश प्रतिवर्ष जमाकर्ता को देती है। यूनिट्स को बाजार में बेचा भी जा सकता है। यूनिट्स को देश के प्रमुख बैंकों, डाकघरों एवं इनके ऐजेन्टों से खरीदा जा सकता है। व्यक्ति को न्यूनतम दस यूनिट खरीदने होते हैं अथवा न्यूनतम 100 रु. का विनियोग करना होता है। यूनिट्स में धन के विनियोग की कोई अधिकतम सीमा निर्धारित नहीं है। यूनिट खरीदते समय आवेदन पत्र भरना पड़ता है। ट्रस्ट को उद्योगों में यूनिटों की राशि विनियोग करने से जो लाभ प्राप्त होता है उसका 90% खरीदने वालों में विभाजित कर दिया जाता है। प्रतिवर्ष 30 जून को वार्षिक हिसाब बन्द होता है। 1000 रु. तक के लाभांश पर आयकर से छूट होती है।

12

घर की सजावट

घर की सजावट के सिद्धान्त

घर की सजावट के प्रमुख सिद्धान्त अग्र लिखित हैं–

1. अनुरूपता
2. सन्तुलन
3. अनुपात
4. लय
5. दबाव

1. अनुरूपता

किसी वस्तु अथवा विचारों के चुनाव एवं उन्हें सुव्यवस्थित रूप प्रदान करने से उत्पन्न होने वाली एकता का भाव अनुरूपता कहलाता है।

घर की सजावट करने से पहले सभी गृहिणी को सजावट तथा व्यवस्था की एक सुनिश्चित योजना तैयार कर लेनी चाहिए। उसके उपरांत ही निश्चित योजना के अनुकूल ही सभी तरह की साज-सामग्री जुटानी चाहिए, जिससे घर आकर्षक एवं सुन्दर दिखाई दे। किसी तरह की भी कलाकृति की रचना करते समय अनुरूपता के निम्न तत्त्वों का ध्यान रखना चाहिए–

(1) रेखा एवं रूप–किसी भी कला के निर्माण के लिए रेखाओं का संयोजन बहुत जरूरी होता है। बिना रेखाओं के संयोजन के कला का निर्माण नहीं किया जा सकता है। एक-दूसरे के समान आकृति निर्माण के लिए आवृत्त, सम एवं विषम रेखाओं का प्रयोग किया जाता है। ये तीनों रेखाएँ समरूपता का सूचक होती हैं। एक-सी रेखाओं का उपयोग अनुरूपता का बोध प्रदान करता है बल्कि विपरीत रेखाओं का प्रयोग विरोध पैदा करता है। अतः ये अनुरूपता के विरुद्ध होती हैं, जैसे कि बड़े आयत में या बड़े गोले में छोटा आयत अथवा समरूपता का प्रतीक होता है।

इसके प्रतिकूल वर्गाकार, गोलाकार और आयताकार आकृति में त्रिभुजाकार आकृति का प्रयोग अनुरूपता का प्रतीक नहीं होता।

अनुरूपता का भाव गृह-सज्जा उत्पन्न करने के लिए रेखाओं का अपना विशिष्ट स्थान होता है। गृह-सज्जा में प्रयुक्त विभिन्न रेखाएँ उस परिवार के सदस्यों के व्यक्तित्त्व की परिचायक भी होती हैं। जैसे कि सीधी रेखाएँ परिवार के सदस्यों की संवेगात्मकता, बौद्धिकता, साहित्यकता, पुरुषोचित गुणों को प्रकट करती हैं बल्कि त्रिभुजाकार रेखाएँ परिवार के सदस्यों की क्रियाशीलता को दर्शाती हैं।

(2) माप—किसी भी वस्तु के माप में अनुरूपता लाने के लिए समानुपात के नियम का प्रयोग किया जाता है। गृह-सज्जा में आकार का विशेष महत्त्व होता है क्योंकि आकार वह रचनात्मक डिजाइन है जिसके उपयुक्त अथवा सही न होने पर उसपर की गई सज्जा बेकार ही साबित हो जाती है। किसी भी वस्तु का आकार तथा माप तभी उपयुक्त व प्रभावशाली सिद्ध होता है जब वस्तु का आकार उसके उपयोग के अनुकूल हो व जिस चीज से वह वस्तु बनाई गई है, वह प्रभावशाली होनी चाहिए। गृह-सज्जा कितनी प्रभावपूर्ण होगी यह इस बात पर निर्भर करता है कि घर में प्रयुक्त विभिन्न वस्तुओं के आकार किस प्रकार के हैं। एक तरह के आकार की आकृति की प्रबलता पूरे असर को एकीकृत बनाती है। सजावट में आकारों की अनुरूपता के नियम का उपयोग जरूरी है।

(3) बनावट—किसी वस्तु की बनावट को हम स्पर्श करके पता कर सकते हैं तथा अनुभव होने पर मात्र आँखों से देखकर ही उसकी बनावट को बताया जा सकता है।

गृह-निर्माण में प्रयुक्त सामग्री और सज्जा में अग्रांकित तरीकों की बनावटें उपयोगी रहती हैं—

1. कुरकुरा
2. मुलायम
3. फरी
4. चिकना
5. समतल
6. रोएँदार
7. तीखा
8. छिद्रयुक्त
9. चर्म जैसा

10. धातुकीय
11. चट्टानी
12. खुरदरा
13. रबड़ के समान
14. रेतीला

घर की सजावट में अन्दर सजावट की रचना या बनावट को एक शैली का रूप दिया जाता है। इस तरह छोटी से छोटी वस्तु का घर को सजाने के लिए चुनाव करते समय उसकी बनावट का ध्यान रखना चाहिए। जैसे कि फर्नीचर का चयन करते समय उसकी लकड़ी की बनावट, कमरे की ऊँचाई और चौड़ाई के अनुरूप होनी चाहिए। इसी प्रकार दीवारों पर लगाने वाली तस्वीरों का आकार एवं दीवारों से आकार में भी समानता होनी चाहिए। जैसे कि छोटे कमरे में हल्का एवं छोटा फर्नीचर रखना उचित रहता है। इसी तरह ऊँची दीवारों पर क्षैतिज आकार के चित्र लगाने चाहिए तथा ज्यादा चौड़ी दीवारों पर लम्बे चित्र लगाना ज्यादा अच्छा रहता है।

(4) विचार—विचारों की अनुरूपता के बिना समानता के अन्य घटक नकारा सिद्ध हो जाते हैं। इस प्रकार घर को सँवारने से पहले सज्जा करने वाले को अपने विचारों एवं उपलब्ध सामग्री में अनुरूपता पैदा कर लेनी चाहिए। घर की आर्थिक अवस्था को ध्यान में रखते हुए विभिन्न कमरों के लिए फर्नीचर और रंग योजना का विचार कर लेना चाहिए। उचित गृह प्रबन्ध के लिए समय के साथ-साथ विचारों में भी बदलाव आवश्यक है इस प्रकार जब तक गृहिणी के विचारों में समयानुसार बदलाव नहीं आते हैं तो गृह-सज्जा विचारों के अनुसार नहीं हो पाती है जैसे कि अपने शरीर के सौन्दर्य को बढ़ाने के लिए शरीर की बनावट एवं मौसम के अनुकूल वस्त्रों का चुनाव होना चाहिए अन्यथा शरीर की सुन्दरता बढ़ाने के बदले उसमें कमी ला देंगे।

(5) रंग—गृह-सज्जा में यदि रंगों के प्रयोग में अनुरूपता नहीं होती है तो पूरी-पूरी सजावट ही बेरंगी हो जाती है। इसके प्रतिकूल अगर रंगों के प्रयोग में अनुरूपता होती है तो सजावट आकर्षक लगती है तथा मन को आनन्द प्रदान करने वाली होती है। रंगों की अनुरूपता का तत्त्व मनुष्य के संवेग और उसकी बुद्धि से प्रभावित होता है।

रंगों को प्रभावित एवं चमकदार बनाने में सबसे अधिक प्रभाव प्रकाश का पड़ता है इस प्रकार रंगों में अनुरूपता उत्पन्न करने के लिए कमरों में आने वाले प्रकाश की मात्रा को ध्यान में रखते हुए रंगों का चुनाव करना चाहिए। कम प्रकाश

वाले कमरे में हल्के रंग का चुनाव करना चाहिए। ज्यादा प्रकाश वाले कमरे के लिए गाढ़े एवं गहरे रंगों का चुनाव करना चाहिए। इसी तरह छोटे कमरों के लिए हल्के रंगों का प्रयोग व बड़े कमरों के लिए गाढ़े तथा गहरे रंग का उपयोग सही रहता है। इन कमरों के दरवाजों तथा खिडकियों पर लगाये जाने वाले पर्दों का रंग भी कमरों के रंग के अनुरूप ही होनी चाहिए।

2. सन्तुलन

वह सिद्धान्त है जिसके प्रयोग के द्वारा गृह-सज्जा की विभिन्न सामग्री में समायोजन के द्वारा अनुरूपता लाने का प्रयत्न किया जाता है। जिससे गृह व्यवस्था आरामदायक और शान्ति प्रदान करने वाली हो सके या किसी वस्तु को केन्द्र मानकर उसके चारों ओर सजावट करना ही सन्तुलन कहलाता है।

गोल्ड स्टीन के विचार में–"सन्तुलन वह आरामदायक असर है जो कि रंगों व आकृतियों को केन्द्र के चारों ओर इस तरह से रखकर प्राप्त किया जाता है कि केन्द्र के हर ओर एक समान आकर्षण रहे हैं।

इस प्रकार सन्तुलन कला का एक ऐसा स्वाभाविक अवयव है जिसका ज्ञान हर व्यक्ति को होना चाहिए। वरना सन्तुलन में पैदा अव्यवस्था मनुष्य में क्रोध एवं बेचैनी उत्पन्न कर देती है। विभिन्न प्रकार की कलाओं में सन्तुलन के लिए रंग, बनावट, नमूने, प्रकाश और भार में तालमेल आवश्यक होता है तभी इच्छित प्रभाव की प्राप्ति की जा सकती है।

सन्तुलन दो प्रकार का होता है–

(1) औपचारिक सन्तुलन,

(2) अनौपचारिक सन्तुलन।

(1) औपचारिक सन्तुलन–यह सन्तुलन की वह अवस्था है जिसमें किसी वस्तु को केन्द्र मानकर उसके चारों ओर समान दूरी पर समान भार तथा आकार की वस्तुएँ सजाकर रखी जाती हैं। यह प्रबन्ध क्योंकि वास्तविकता लिये हुए होता है अतः आसानी से सबका ध्यान अपनी ओर आकार्षित कर लेता है।

औपचारिक सन्तुलन भी दो तरीकों के होते हैं–

(अ) वह औपचारिक सन्तुलन जिसमें केन्द्र के दोनों ओर सज्जा एक-सी होती है जैसे कि टेबल पर रखी घड़ी के दोनों ओर एक समान फूलदान रखना।

(ब) वह औपचारिक सन्तुलन जिसमें केन्द्र के दोनों ओर समान वस्तुएँ नहीं रखी जाती हैं, लेकिन ध्यान समान रूप से आकर्षित करती है। ऐसे तालमेल को

प्रत्यक्ष औपचारिक सन्तुलन भी कहते हैं। जैसे कि टेबल के मध्य में कलमदान हो एवं इसके एक ओर टेबल लैम्प तथा दूसरी तरफ पुस्तकें इस तरीके से सजी हों कि समान मात्रा में ध्यान आकर्षित करें।

(2) अनौपचारिक सन्तुलन—इस सन्तुलन में व्यक्ति की भावना एवं बुद्धि दोनों का प्रयोग किया जाता है। इस सन्तुलन के अनुसार केन्द्र के दोनों ओर सज्जा इस तरह से की जाती है कि भारी तथा बड़ी वस्तुएँ केन्द्र के पास एवं उसके बाद छोटी वस्तुएँ रखी जाती हैं। इस सन्तुलन का प्रयोग करते समय सज्जा करने वाला विशेष नियमों से नहीं बँधता है। अपनी इच्छानुसार वस्तु का प्रयोग कर केन्द्र के दोनों ओर एकता का भाव पैदा करने का प्रयास किया जाता है।

अनौपचारिक सन्तुलन में केन्द्र के दोनों ओर एक से भार, आकार वाली वस्तुओं का प्रयोग नहीं किया जाता है, लेकिन इस तरह का आभास पैदा करने का प्रयास किया जाता है जिससे ऐसा लगता है कि दोनों ओर की सज्जा एक-सी है। जैसे कि बीच की टेबल के एक दूसरी ओर सोफा एवं दूसरी ओर तख्त का प्रयोग करके सन्तुलन का आभास पैदा करने की कोशिश की जाती है।

अनौपचारिक सन्तुलन, औपचारिक सन्तुलन की तुलना में अधिक सूक्ष्म, विविधता एवं जटिलता लिये हुए होता है। घर की सजावट में विविधता लाने के लिए दोनों ही सन्तुलन का प्रयोग किया जा सकता है।

3. अनुपात

अनुपात का कला के मौलिक सिद्धान्तों में अपना एक विशेष स्थान है। इस सिद्धान्त को सम्बन्धों का सिद्धान्त भी कहते हैं क्योंकि इस सिद्धान्त के अनुरूप आकार, आकृति, रंग, प्रकाश, नमूने एवं रचना अर्थात् बनावट के सम्बन्धों की व्यापक व्याख्या की जाती है। अनुपात के कारण ही हर कृति सुन्दर दिखाई देती है। अनुपात ही किसी भी रचना अथवा बनावट में सौन्दर्य तथा आकर्षण प्रदान करता है। प्राकृतिक वस्तुओं में भी यह अनुपात दृष्टिगोचर होता है। पुष्पों, पत्तियों, वृक्षों, नदियों, स्रोतों एवं पर्वतमालाओं में एक विशेष तरह का अनुपात दिखलाई देता है। वस्तु आकर्षक तथा सुन्दर प्रतीत हो इसके लिए यह जरूरी है कि उस वस्तु की रचना एक निश्चित अनुपात में की जाय तभी उसके रूप, रंग, आकार तथा अन्य बातें अच्छी लगती हैं।

इसी प्रकार किसी भी मकान का निर्माण करते समय उसकी लम्बाई, चौड़ाई, ऊँचाई, छत, दीवार, खिड़की-दरवाजे आदि एक निश्चित अनुपात द्वारा एक-दूसरे से

सम्बन्धित रहते हैं। कला का यह तत्त्व ऐसा है जो कि कुछ व्यक्तियों में प्राकृतिक रूप से विद्यमान रहता है। वे बिना किसी माप के सहजता से ही ऐसा संयोजन कर लेते हैं जो कि आकर्षक तथा सुन्दर दिखाई देता है। जिनके पास यह गुण प्राकृतिक रूप से नहीं होता है वे इसे प्रयोगों तथा अनुभव से सीखते हैं।

अनुपात सिद्धान्त के तीन जरूरी तत्त्व होते हैं–

(1) अनुपात में रेखा-क्रम,

(2) अनुपात में दूरी-क्रम,

(3) अनुपात में माप।

1. अनुपात में रेखा-क्रम–अनुपात के लिए मुख्य रूप से दो प्रकार के रेखा-क्रमों या लाइनों का प्रयोग किया जाता है–

(अ) लम्बवत रेखा

(ब) क्षितिज रेखा

लम्बत रेखाओं का प्रयोग करने से वस्तु की लम्बाई बढ़ती है जबकि क्षितिज रेखा का प्रयोग करने से चौड़ाई बढ़ती है।

इस प्रकार घर की सजावट और प्रबन्ध भी इसी सिद्धान्त के आधार पर चाहिए। नीची छत वाले कमरों में हल्के रंग पुतवाने चाहिए, खिड़की के दरवाजों पर लम्बाकार पर्दों का प्रयोग करना चाहिए। इसी प्रकार छोटे एवं मोटे कद के लोगों को खड़ी लाइन के डिजाइन वाले कपड़े पहनने चाहिए। इसी प्रकार ऊँची छत वाले लम्बे कमरों में बड़े-बड़े प्रिन्ट वाली चौड़ी लाइनों वाले पर्दों का प्रयोग करना चाहिए तथा फर्नीचर भी बड़ा प्रयोग करना चाहिए। इसी प्रकार भारी पर्दे लगाने से एवं गहरा रंग करने से कमरा आकृति में छोटा दिखाई देता है।

2. अनुपात में दूरी-क्रम–अनुपात में दूरी-क्रम का ध्यान भी रखना चाहिए। कमरे में दूरी-क्रम का ध्यान मकान की सजावट करते समय रखने से सजावट आकर्षक एवं सुन्दर दिखाई देती है। दीवारों पर आसपास चित्र लगाने से वे उतने सुन्दर नहीं लगते हैं जितने कि दूर-दूर लगाने पर आकर्षक प्रतीत होते हैं।

3. अनुपात में माप–किसी भी वस्तु के सभी तरह के माप उसकी बाहरी संरचना व बनावट को एक तय आकार प्रदान करते हैं। बनावट को बनाने वाले ये तत्त्व आपस में इस प्रकार से सम्बन्धित होते हैं कि ढाँचा सुन्दर एवं आकर्षक दिखाई दे। बनावट का सही माप जहाँ उसे आकर्षण देता है, वहीं उसे उपयोगी भी बनाता है। उचित माप न होने पर यह बनावट उपयोगी नहीं रह पाती है। जैसे कि एक

पलंग का सामान्यावस्था में उचित माप 6' × 3' होता है, यदि इसका माप 4' × 3' अथवा 6' × 2' कर दिया जाय तो कोई भी उसे पलंग नहीं कहेगा और यह पलंग के जगह पर मेज अथवा बेंच की तरह दिखाई देगी जो कि सोने की दृष्टि से सही नहीं कही जा सकती है। इस प्रकार माप के अनुपात में समानता नहीं होने पर वस्तु भद्दी निरुपयोगी हो जाती है इसलिए कमरों में रखे जाने वाले फर्नीचर, पलंग, दीवान इत्यादि की रचना उचित एवं उपयुक्त माप के अनुसार ही करनी चाहिए।

छोटे कमरे में बड़े आकार वाला फर्नीचर नहीं रखना चाहिए। यदि मजबूरी में रखना भी पड़ जाय तो इनकी संख्या यथासम्भव कम होनी चाहिए। इसी प्रकार अगर कमरा काफी बड़ा है और फर्नीचर छोटा है तो इस स्थिति में सारा फर्नीचर दूर-दूर न रखकर एक साथ समूह में रखना चाहिए, जिससे घर में आने वाले मेहमान का ध्यान एक वस्तु पर न जाकर सभी वस्तु समूह पर जाए। कुछ लोगों की यह धारणा होती है कि बड़ा तथा भारी फर्नीचर आरामदायक होता है। अतः उस पर भारी मात्रा में रकम खर्च करके खरीद लाते हैं। हकीकत में यह धारणा असत्य है, क्योंकि फर्नीचर आराम प्राप्त करने के लिए खरीदा जाता है एवं आराम के फर्नीचर के बड़े व भारी और छोटे होने से कोई सम्बन्ध नहीं होता है बल्कि आराम तो फर्नीचर की बनावट पर निर्भर करता है।

इसी प्रकार अपने व्यक्तित्त्व को आकर्षक बनाने के लिए शरीर के माप के अनुकूल कपड़ों का चुनाव करना चाहिए। पतले एवं लम्बे कद वालों को बड़े प्रिन्ट तथा चौड़े डिजाइन के कपड़े पसन्द करने चाहिए तथा नाटे तथा मोटे व्यक्तियों को छोटे प्रिन्ट के और लम्बत डिजाइन के कपड़े चुनने चाहिए।

4. लय

प्राकृतिक संसार के जड़ तथा चेतन सभी प्रकार के जीवों में पदार्थों को एक तरह की लय दिखाई देती है। झरनों की कल-कल, सरिता की लहरों का मादक स्वर, पक्षियों का कलरव, पर्वतमालाओं से टकरा कर आने वाली हवा का स्वर मेघाच्छादित आकाश और वन-प्रदेशों की सुरम्य स्थली की निर्जनता भी हमें एक विशेष लय का आभास दिलाती है।

लय से हमारा आशय एक सुसंगठित, लगातार और नियमित रूप से बहने वाली गति से है।

गोल्डस्टेन हैरिट के विचारानुसार, ''कला में लय का अर्थ एक सरल और सुगम पथ से है जिसके साथ हमारे नेत्र का रेखा-क्रम, आकृति-क्रम तथा रंग-क्रम

का व्यवस्थित रूप से अवलोकन करते हैं, इस प्रकार लय का सम्बन्ध गति से है।" लय दो प्रकार की होती है–

1. नियमानुसार लय, 2. स्वच्छन्द लय।

1. नियमानुसार लय–जब किसी इकाई अथवा इकाई-समूहों को एक ही दिशा में नियमित रूप से तथा निश्चित दूरी के अनुसार बार-बार प्रयुक्त अथवा प्रयोग किया जाता है तो उनके मध्य एक सहज तथा स्वाभाविक सम्बन्ध, स्थापित हो जाता है, इसे ही नियमानुसार लय कहते हैं। घर की सजावट एवं साड़ियों के किनारों की सजावट करने के लिए बहुधा इसी लय का प्रयोग किया जाता है।

2. स्वच्छन्द लय–जब इकाइयों को अनियमित अन्तरों से प्रयोग किया जाता है तो इससे उत्पन्न लय स्वच्छन्द लय कहलाती है। इस लय में नेत्रों की गति निश्चित तथा नियमित नहीं रह पाती है। नेत्र एक स्थान से दूसरे स्थान तक ऐच्छिक संवेगात्मक प्रभाव भेजने के लिए मजबूर हो जाते हैं बार-बार किसी चीज की पुनरावृत्ति से उस कलाकृति में सुन्दरता तो आ जाती है लेकिन एक ही प्रकार का रूप चाहे वह कितना ही सम्मोहक क्यों न हो, वह जब बार-बार आंखों के सामने आता है तो देखने वाला उस कलाकृति से बोर होने लग जाता है। इसीलिए रेखाओं और आकृति को विभिन्न रूपों में प्रयुक्त कर स्वच्छन्द लय प्राप्त की जाती है।

लय को तीन रीतियों से प्राप्त किया जा सकता है–

(1) आकार की पुनरावृत्ति द्वारा,

(2) आकार में नियमानुसार वृद्धि द्वारा,

(3) रेखाओं की सरल, संयुक्त तथा क्रमबद्ध गति के द्वारा।

1. आकार की पुनरावृत्ति द्वारा–आकार की पुनरावृत्ति का हम सभी प्राकृतिक वस्तु में अवलोकन कर सकते हैं। जब किसी कलाकृति में बार-बार इकाइयों की पुनरावृत्ति होती है तो उसमें एक विशेष तरह का आकर्षण, सरसता एवं लय पैदा हो जाता है। जैसे कि फ्रास में प्लेट्स (Plates) डाली जाती है तो पुनरावृत्ति के साथ-साथ उनमें लय भी आ जाती है, क्योंकि कप्लेट्स बार-बार एवं समान दूरी पर डाली जाती है इसी प्रकार साड़ी पहनते समय लगाई जाने वाली पटलियाँ भी लय को पैदा करती है।

2. आकार में नियमानुसार वृद्धि द्वारा–नियमपूर्वक वस्तुओं में उतार-चढ़ाव के द्वारा भी लय पैदा की जाती है। आकार में नियमपूर्वक वृद्धि करने से आँखों को आसानी से ऊपर-नीचे की ओर दृष्टिपात करते हैं। जैसे कि पहले सबसे छोटी वस्तु,

फिर उससे थोड़ी बड़ी, फिर उससे थोड़ी और बड़ी इस प्रकार लगातार बढ़ती आकार की वस्तुओं की व्यवस्था भी आँखों को गति प्रदान करती है। इसके विपरीत एक छोटी वस्तु के पास उससे छह गुनी बड़ी वस्तु, फिर एकदम छोटी वस्तु तथा फिर बहुत बड़ी वस्तु की व्यवस्था आँखों की गति को रोकती है। इस प्रकार कमरे की सज्जा करते समय भी अगर समस्त उपादानों को सुव्यवस्थित रीति से सजाया जाए तो आँखों की गति को रोकती हैं।

3. रेखाओं की सरल, संयुक्त और निरन्तर गति के द्वारा—वक्र रेखाओं के प्रयोग के द्वारा रेखाओं में लगातार गति पैदा करके भी लय प्राप्त की जा सकती है। किसी भी कृति में लगातार गति एक विशेष तरह की लय पैदा करती है जो कि उसके रूप को आकर्षक एवं सुन्दर बनाती है।

कहने का आशय यह है कि जीवन के सभी क्षेत्र में लय पाई जाती है। लय के कारण न केवल जड़ पदार्थों में बल्कि चेतन पदार्थों में भी गतिशीलता, भव्यता, आकर्षण, मोहकता और कमनीयता पैदा हो जाती है। दीवारों पर लगाये जाने वाले चित्रों, वस्त्र, प्रसाधनों तथा अन्य सजावट की वस्तुओं में लय का अनुभव किया जा सकता है। वास्तव में लय की प्राप्ति कला का एक प्रमुख लक्ष्य है।

5. दबाव

दवाब कला का वह सिद्धान्त है जिसके अनुरूप गृह सज्जा में किन्हीं मुख्य वस्तुओं को केन्द्र मानकर उसके आसपास उससे कम महत्त्वपूर्ण वस्तुओं को रखकर सजावट की जाती है जिससे केन्द्र की वस्तु ही आकर्षण का केन्द्र बनी रहे। इस तत्त्व की कमी में की गई कला अधूरी एवं भद्दी हो जाती है।

अतः दबाव कला का वह सिद्धांत है, जिसके अनुसार सबसे अधिक महत्त्वपूर्ण वस्तु को केन्द्र में रखकर उसके चारों ओर कम महत्त्वपूर्ण वस्तुएँ रखी जाती हैं। इस तरह जब किसी वस्तु विशेष को अधिक प्रमुखता प्रदान करके महत्त्वपूर्ण बना दिया जाता है तो कला में 'दबाव' सिद्धान्त का प्रयोग होता है।

घर की सजावट को सुन्दर तथा ध्यानाकर्षक बनाने के लिए दबाव का प्रयोग किया जाना चाहिए, इसके लिए विभिन्न कमरों की सज्जा करते समय यह ध्यान देने योग्य बात है कि उन सभी कमरों में एक बहुत ही आकर्षण का केन्द्र हो। कमरे की उपयोगिता, आकार, प्रकाश, फर्नीचर आदि के अनुसार समय-समय पर आकर्षण का केन्द्र बदला जा सकता है।

दबाव को अधिक प्रभावशाली बनाने के लिए चार बातों का विशेष ध्यान रखना चाहिए–

(1) दबाव किस वस्तु पर डाला जाय

(2) दबाव किस प्रकार डाला जाय

(3) दबाव कितना डाला जाय

(4) दबाव वस्तु में कहा पर डाला जाय

1. दबाव किस वस्तु पर डाला जाय–किसी तरह की सजावट का प्रबन्ध करने से पहले, इस सजावट की एक योजना बना लेनी चाहिए एवं योजना का निर्धारण करते समय ही यह निश्चित कर लेना चाहिए कि कौन-सी बातें अधिक महत्त्व की हैं और कौन-सी कम महत्त्व की हैं।

सजावट के तत्त्वों में अनेक अन्तर होता है लेकिन दबाव को नियन्त्रित करने की विधि एक समान ही रहती है। केन्द्र की वस्तु को प्रभावपूर्ण बनाने के लिए पृष्ठभूमि कम महत्त्व की होनी चाहिए।

2. दबाव किस प्रकार डाला जाय–दबाव डालने के कई तरीकों का प्रयोग किया जाता है जिससे केन्द्रीय वस्तु पर ध्यान आकर्षित करने की प्रमुख विधियाँ निम्न प्रकार हैं–

(i) व्यवस्था प्रयुक्त सामग्री को समूह में रखकर प्रभावशाली बनाया जा सकता है।

(ii) केन्द्रीय वस्तु के रंग के विपरीत रंगों की वस्तुओं का प्रयोग करके पृष्ठभूमि को आकर्षक बनाया जा सकता है।

(iii) केन्द्रीय वस्तु को अत्यधिक सजाकर उसकी ओर ध्यान आकर्षित किया जा सकता है। लेकिन यह ध्यान रहे कि आवश्यकता से अधिक सजावट न होने पाये।

(iv) केन्द्रीय वस्तु के चारों ओर खाली स्थान छोड़कर उस वस्तु को आकर्षक बनाया जा सकता है क्योंकि मनुष्य एक समय में सीमित संख्या में ही वस्तुएँ। देख सकता है, इसलिए कम वस्तुओं पर ध्यान जल्दी केन्द्रित होता है एवं नेत्रों को शान्ति भी प्राप्त होती है।

(v) विरोधी रेखाओं, आकार तथा रूप का सजावट में प्रयोग करके दबाव पैदा किया जा सकता है।

प्रयोग किया गया दबाव कितना प्रभावशाली होगा यह पुनः तीन बातों पर आश्रित होता है–

(अ) प्रमुख अर्थात् केन्द्रीय वस्तु का चयन—जिस वस्तु पर हम अधिक दबाव डालना चाहते हैं सबसे पहले उसका चुनाव कर लेना चाहिए।

(ब) केन्द्रीय वस्तु कहाँ रखी जाय—आकर्षित करने वाली केन्द्रीय वस्तु को कहाँ एवं किस ओर व किस पर रखा जाय जिससे कि वह सबका ध्यान अपनी ओर खींच सके।

(स) दूरी—प्रमुख अथवा केन्द्रीय वस्तु को केन्द्र मानकर उसके चारों तरफ रखी जाने वाली अन्य वस्तुएँ कुछ दूरी पर रखनी चाहिए। यदि कभी वस्तुएँ पास-पास रख दी जाएँगी तो मुख्य वस्तु आकर्षण का केन्द्र नहीं रह पायेगी।

3. दबाव कितना डाला जाय—वस्तु पर कितना दबाव डाला जाय इसका निर्धारण करते समय ध्यान रखने योग्य बातें हैं कि जिस वस्तु को हम आकर्षण का केन्द्र बनाना चाहते हैं उसे उतना ही दबाव दिया जाय कि वह वस्तु आकर्षण का केन्द्र बनने के साथ-साथ, वातावरण की सुन्दरता को भी कायम रख सके। कभी-कभी अधिक दबाव का प्रयोग वस्तु को भद्दा बना देता है।

4. दबाव वस्तु में कहाँ डाला जाय—इसके लिए वस्तु के आकार, रूप तथा इसको कहाँ रखना है आदि बातों का ध्यान रखना होता है। जैसे कि अगर वस्तु को समतल स्थान पर रखना है तो कमरे के बीच में रखना चाहिए।

मूल रूप से हम इस निष्कर्ष पर पहुँचे हैं कि गृहिणी द्वारा की गई घर की सजावट आकर्षक, आनन्ददायक एवं मन को प्रसन्न करने वाली हो इसके लिए उसे कला के तत्त्वों का प्रयोग करना चाहिए।

घर की सजावट की सामग्री की व्यवस्था एवं चुनाव

किसी भी चीज को सुन्दर बनाने के लिए सजावट का उपयोग किया जाता है। इससे मस्तिष्क तथा भावना की कलात्मक भूख शान्त होती है। घर के बाहरी एवं भीतरी सजावट में पूरा समन्वय एवं सामंजस्य बहुत ही आवश्यक है। घर की अन्दर की सजावट का अपना एक विशेष महत्त्व है चूँकि यह विचारों एवं भावनाओं की प्रतीक होती है।

घर की भीतरी सजावट की प्रकृति और स्वरूप—घर सँवारने की वस्तुओं का घर को आकर्षक बनाने में एक प्रमुख स्थान प्राप्त है। वर्तमान युग में हर सौन्दर्य का सम्बन्ध उपयोगिता से भी होता है इसलिए गृह की सजावट इस तरीके से की जानी चाहिए कि उसमें कलाकार की कलात्मक अभिरुचि का ज्ञान भी प्राप्त हो जाए एवं सजावट की जरूरी उपादेयता भी होती रहे।

सभी सजावट की वस्तु जिस विचार को प्रकट करती है उसका प्रयोग भी उसी विचार की अभिव्यक्ति के लिए किया जाना चाहिए। सजावट का मुख्य उद्देश्य सुन्दरता और आकर्षण को बढ़ाने के साथ-साथ मन को सुख आनन्द प्रदान करना भी है।

सजावट जीवन के लिए बहुत आवश्यक है क्योंकि वर्तमान युग में शहरों में केन्द्रीभूत होने के कारण नगरवासी प्रकृति से दूर हो जाते हैं। इस प्रकार प्रकृति से सौदर्य का अनुभव हम चित्रों, प्राकृतिक छटा तथा पुष्प-विन्यास से प्राप्त करने का प्रयत्न करते हैं। वर्तमान युग में मात्र खाना और जीवन बिताना ही लक्ष्य नहीं होना चाहिए बल्कि जीने के लिए आनन्द और सौन्दर्य की भी अनुभूति प्राप्त करना, आजकल एक बहुत बड़ी आवश्यकता बन गई है।

घर की सजावट की सामग्री का चुनाव

आजकल बाजार में सजावट की अनेक सामग्री मिलती है। ऐसे में हर गृहिणी को अपने घर की सजावट के लिए अपने सीमित साधनों, उपयुक्त सज्जा सामग्री करना एक समस्या है। इसके अतिरिक्त लोगों की अभिरुचियों में लगातार बदलाव और मुश्किल कार्य हो जाता है। इस प्रकार गृह सज्जा की किसी भी चुनाव सामग्री को खरीदते समय निम्नांकित बातों का ध्यान रखना चाहिए–

(1) निर्धारित प्रयोजन को पूरा करने वाली गृह सज्जा सामग्री का क्रय करना चाहिए जो कि प्रयोजन को पूरा करने के अनुसार होनी चाहिए।

(2) जहाँ तक सम्भव हो सके बहुप्रयोजनों को पूरा करने वाली गृह सजावट की सामग्री खरीदनी चाहिए।

(3) मजबूत और लम्बे समय तक चलने वाली सामग्री होनी चाहिए।

(4) सामग्री की संरचना और बनावट उत्तम होनी चाहिए।

(5) सामग्री देखने में आकृष्ट एवं सुन्दर होनी चाहिए।

(6) सामग्री मौसम तथा वातावरण के अनुकूल होनी चाहिए।

(7) देखभाल, सफाई सरलता से एवं जल्दी से होने वाली सामग्री होनी चाहिए चूँकि ज्यादा नक्काशीदार वस्तु की सफाई करने में कठिनाई आती है।

(8) सामग्री वजन में हल्की होनी चाहिए जिससे उसको एक स्थान से दूसरे स्थान तक आसानी से रखा व हटाया जा सके।

(9) खरीदी जाने वाली सामग्री वर्तमान फैशन तथा स्टाइल के आधार पर होनी चाहिए, चूँकि आधुनिक मकान में पौराणिक फर्नीचर शोभा नहीं देता है।

(10) आर्थिक सामर्थ्य के अनुरूप गृह सज्जा की सामग्री खरीदनी चाहिए।

घर के सजावट के सामग्री की व्यवस्था

घर के अन्दर सजावट के लिए अनेक प्रकार की गृह सज्जा की सामग्री की जरूरत होती है लेकिन केवल मात्र सामग्री के होने से ही घर का भीतरी रूप आकर्षक नहीं हो जाता है। आकर्षक तथा सौन्दर्य उत्पन्न करने के लिए सजावट की सामग्री की व्यवस्था करनी पड़ती है। सजावट के इन साधनों की उचित व्यवस्था कमरे को आकर्षक और जीवन्त बनाती है साथ ही इन साधनों का चुनाव और प्रयोग परिवार के व्यक्तित्त्व को स्पष्ट करता है एवं परिवार के सदस्यों को इनके चयन में अपनी मौलिकता और व्यक्तित्त्व का प्रयोग करने का मौका मिलता है। इस प्रकार किसी भी घर की सजावट कितनी आकर्षक होगी यह गृह सज्जा सामग्री की व्यवस्था पर निर्भर करती है।

सामग्री की इस व्यवस्था से यहाँ पर तात्पर्य है कि उपकरणों को ऐसे महत्त्वपूर्ण स्थानों पर रखना कि कमरा आकर्षक दिखाई दे, इनका सौन्दर्य मनहर एवं मानसिक शान्ति देने वाला हो और कमरे के डिजाइन को आसानी से बदल सके। कमरे के सौन्दर्य तथा डिजाइन को सरल रूप प्रदान करने में इन सज्जा सामग्रियों के चयन की महत्त्वपूर्ण भूमिका रहती है। कुछ लोगों की धारणा है कि सज्जा सामग्री पर किया जाने वाला खर्च बेकार है लेकिन यह धारणा गलत है क्योंकि बिना सज्जा सामग्री के एक उत्तम मकान अपना उद्देश्य पूरा नहीं कर पाता है। इस प्रकार प्रति माह सज्जा सामग्री के लिए आय का कुछ अंश जैसे 3% से 5% तक धन की व्यवस्था करनी चाहिए और जब एक साथ इस मद के लिए काफी धन इकट्ठा हो जाय तब अपने मनपसन्द और आवश्यकता के अनुकूल सामग्री खरीदनी चाहिए। सज्जा सामग्री का प्रयोग करते समय अग्रांकित बातों का ध्यान रखना चाहिए–

(1) नमूने का आशय–सजावट के उपकरणों की रेखा और स्वरूप घर के अनुसार ही होना चाहिए। इस प्रकार की सामग्री का उपयोग किया जाय जो कमरे की रेखा और रूप के अनुकूल हो। सज्जा सामग्री बदलती रहती है लेकिन घर नहीं बदले जा सकते हैं। इस प्रकार सज्जा सामग्री में लाया जाने वाला बदलाव कमरे की रेखा और आकार के बहुत अधिक विपरीत न हो।

(2) रंग–सजावट के रंग कमरे के रंग को तीव्रता देने वाले होने चाहिए। सज्जा सामग्री के रंग और कमरे के रंग में अनुरूपता होना आवश्यक है। सजावट

की वस्तुओं का चयन और क्रय करते समय उन्हें कहाँ रखा जायेगा इसका निर्धारण कमरे की रंग योजना को ध्यान में रखकर करना चाहिए।

(3) अभिव्यंजकता—सजावट की वस्तुओं का उपयोग जिस उद्देश्य से किया जाए उनकी व्यवस्था में उस उद्देश्य की झलक स्पष्ट दिखाई देनी चाहिए। सजावट की वस्तुओं का उद्देश्य कमरे की भावना प्रकट करना होता है, उसके उपरांत सौन्दर्य का महत्त्व आता है।

सजावट की उपसाधनों के प्रकार

साधारण रूप से घर की सजावट में काम आने वाले निम्नलिखित उपसाधनों या वस्तुओं का प्रयोग किया जाता है—

(1) मछलियाँ
(2) गद्दियाँ
(3) मनोरंजन की वस्तुएँ
(4) पर्दे
(5) दरी एवं कालीन
(6) रोशनी
(7) पुष्प-विन्यास
(8) फर्नीचर व्यवस्था
(9) चित्र
(10) घड़ियाँ
(11) कलाकृतियाँ
(12) पुस्तकें
(13) छोटी-छोटी मूर्तियाँ, इत्यादि।

13

कार्य शक्ति प्रबन्ध

कार्य शक्ति व्यवस्थापन का आशय

शक्ति व्यवस्थापन बहुत ही जटिल है। व्यक्ति के पास 24 घण्टे का समय होता है और इस समय के भीतर ही अपने सारे दैनिक कार्य करने होते हैं। इस नियत समय के भीतर अपने सारे कार्यों को सरलता से संपादित करने के लिए शक्ति को सही ढंग से व्यवस्थित करने की आवश्यकता होती है, क्योंकि मानव के पास शक्ति भी नियत मात्रा में ही होता है।

लक्ष्य प्राप्ति के उद्देश्य से शक्ति व्यवस्थापन किया जाता है। कई कार्यों में कम और कई में ज्यादा शक्ति की जरूरत होती है। कार्य आसानी और सन्तोषजनक तरीके से किया जाए और थकान भी ज्यादा नहीं हो, यही प्रयास किया जाता है।

गृहिणी को अपने पारिवारिक जीवन की विभिन्न क्रियाओं को करने में लगने वाली शक्ति का अनुमान लगा लेना चाहिए। बाहरी एवं घरेलू कार्यों में समन्वय होने से समय और शक्ति दोनों की बचत होती है। शक्ति व्यय होने से थकान होती है और कार्य क्षमता घट जाती है। थकान के कारण एवं प्रकार अलग-अलग होते हैं।

थकान

गृह कार्यों को करने में शक्ति खर्च होती है और थकान होती है। थकान कई कारणों से होती है। थकान मानसिक तनाव, शारीरिक मुद्रा स्थिति, एकाग्रता और मांस पेशीय तनाव के कारण भी होती है। कई कार्यों में शारीरिक थकान अधिक होती है और व इसका कारण टाक्सिक पदार्थ एवं ऑक्सीजन की कमी होती है।

थकान के कई कारण होते हैं—

1. बाह्य कारण—कार्य करने की परिस्थिति एवं वातावरण कार्यकर्ता को प्रभावित करता है। उत्तेजना, एकाग्रता, पूर्ण प्रकाश का न होना, ज्यादा शोर,

अशुद्ध वायु, अनुपयुक्त कार्य क्षेत्र आदि। कभी-कभी शारीरिक स्थिति और मुद्रा, कार्य क्षेत्र की व्यवस्था कार्य क्षेत्र की सजावट, अत्यधिक कार्य का समय, भारी कार्य, आदि।

2. आन्तरिक कारण—थकान के आन्तरिक कारण भी होते हैं। शरीर का रोगी होना, यह अन्य समस्याओं का होना, **जैसे**—दोषपूर्ण नेत्र, हृदय रोग, श्वसन सम्बन्धी रोग और किसी अंग में पीड़ा आदि। शारीरिक कमजोरी, ज्ञान, रुचि तथा लक्ष्य का स्पष्ट न होना।

थकान के प्रकार

थकान मूल रूप से दो प्रकार के होते हैं—1. मनोवैज्ञानिक थकान एवं 2. शारीरिक थकान।

1. मनोवैज्ञानिक थकान

मनोवैज्ञानिक थकान से व्यक्ति का कार्य में मन नहीं लगता। जीवन की दिन-प्रतिदिन बढ़ती समस्याओं के कारण ज्यादा थकान मनोवैज्ञानिक प्रकृति की होती है। जब किसी कार्य को करने के लिए पूर्ण ज्ञान, कौशल और योग्यता न हो तो कार्य के प्रति अरुचि होती है तथा थकान उत्पन्न होती है।

बार्टले (Bartley) के अनुसार—"थकान या तनाव कार्य की स्थिति की प्रतिक्रिया के अनुसार होती है, जिसे व्यक्ति चेतन या अचेतन रूप में महसूस करता है और मूल्यांकन करता है। थकान सामान्यतः व्यक्ति द्वारा निर्धारित माँग को पूर्ण करने का अपर्याप्त रूप है।"

मनोवैज्ञानिक थकान दो तरह की होती है—1. नीरस थकान एवं 2. कुण्ठाजनक थकान।

1. नीरस थकान—नीरस थकान में काम करने की क्षमता में बदलाव नहीं होता है। इस थकान में असन्तोष, उदासीनता, विश्रामहीनता, कार्य से जल्दी छुटकारा, प्रेरणा का निम्न स्तर, समय के धीरे गुजरने का एहसास होने जैसे लक्षण दिखाई देते हैं। नीरस थकान कार्य की प्रकृति पर निर्भर करती है। नीरस का अनुभव व्यक्तिगत आदतों, कार्य के प्रति अभिरुचि, घर का वातावरण, आदि से प्रभावित होता है। अरुचिकर कार्य करने से नीरस थकान जल्दी होती है। कार्य करते समय शोर तथा रुचिपूर्ण वातावरण के न होने के कारण भी यह थकान हो जाती है।

2. कुण्ठाजनक थकान—जब कार्य को करने की विधि न भाए तथा उसको करने पर अच्छे परिणाम प्राप्त न हो रहे हों, योजना असफल हो जाती है और लक्ष्यों

की प्राप्ति नहीं होती, तब मानसिक तनाव बढ़ जाता है। इन विवादों के कारण कुण्ठाजनक थकान उत्पन्न होती है।

परिवार में इस प्रकार की थकान के कई कारण होते हैं–

(1) कार्य की औचित्यता और भ्रमात्मक स्थिति,

(2) पारिवारिक विवाद, कार्य के प्रति उत्साह की कमी,

(3) असन्तोषजनक कार्य दशाएँ,

(4) कार्य में अत्यधिक समय का लगना।

2. शारीरिक थकान

कार्य करने की कार्य क्षमता को कम करने की स्थिति थकान कहलाती है। पेशीय कार्य करने पर ऊर्जा व्यय होती है। शरीर को यह ऊर्जा भोजन के द्वारा प्राप्त होती है। ग्लूकोज ऑक्सीजन की सहायता से परिवर्तन क्रिया होती है, जिससे कार्बन डाई-ऑक्साइड जल, और ऊर्जा प्राप्त होती है। ग्लूकोज पूरी तरह से शरीर में ऑक्सीकृत हो जाता है। ऑक्सीजन कोषों में पर्याप्त मात्रा में उपलब्ध होने पर यह क्रिया होती है। ग्लूकोज का ऑक्सीकरण जब अपूर्ण रह जाता है और वह लेक्टिक अम्ल की अवस्था में ही रुक जाता है तब यह लेक्टिक अम्ल मांसपेशियों में इकट्ठा हो जाता है और थकान उत्पन्न होती है। भारी कार्य करने के पश्चात् थकान उत्पन्न होती है। विश्राम करने से ऑक्सीजन पर्याप्त मात्रा में कोषों तक पहुँचने लगती है और ऑक्सीकरण की प्रक्रिया पूर्ण हो जाती है, थकान दूर हो जाती है।

शारीरिक थकान मानसिक सन्तुलन भी बिगड़ जाता है। साथ ही मांसपेशियों का नियंत्रण भी कम हो जाता है। मस्तिष्क, निर्देशन का कार्य भली-भांति नहीं कर पाता है।

थकान दूर करने के उपाय

थकान दूर करने के प्रमुख उपाय अग्रलिखित हैं–

1. प्रेरणा की भूमिका–कार्य करने में यदि व्यक्ति रुचि नहीं रखता है ता उसे प्रेरणा देकर कार्य को जल्दी एवं सफलता से पूरा करने के लिए प्रेरित किया जा सकता है। जब प्रेरणा स्तर निम्न है तो कार्य के परिणाम अच्छे नहीं हो पाते। प्रेरणा उत्पन्न करने के लिए लक्ष्यों को स्पष्ट होना चाहिए। नवीन विधि, कार्य योजना का संशोधन कर घरेलू उपकरण की सहायता से प्रेरणा का स्तर सुधारा जा सकता है।

2. कार्य करते समय शारीरिक मुद्रा पर ध्यान—शरीर एवं मांसपेशियों का उचित उपयोग होना जरूरी है। ज्यादा हड्डियों एवं मांसपेशियों के उचित उपयोग न होने के कारण होती है। बड़ी माँसपेशियों का उपयोग जहाँ ज्यादा होता है थकान कम होती है। इसी तरह से शरीर के अंगों को गुरुत्वाकर्षण के सीध में रखकर कार्य करने से थकान कम होती है। कार्य करने से काम करने में तेजी बन जाती है और थकान का एहसास कम होता है। शरीर की मुद्रा एवं स्थिति में बदलाव करते रहने से भी थकान कम होती है। जैसे खड़े होकर कार्य करने के बाद बैठकर कार्य करने से तथा झुककर कार्य करने के बाद सीधे खड़े होकर कार्य करने पर मांसपेशियों में बदलाव आता है और एक भी मांसपेशी पर दबाव नहीं होता है।

3. कार्य के प्रति रुचि जागृत करना—गृहिणी को कार्यों में रुचि जगाने का प्रयास करना चाहिए। इसके लिए मनोरंजन, रेडियो और पत्रिकाओं को पढ़कर किया जा सकता है। स्वयं प्रयोग कर उपयुक्त विधि खोजनी चाहिए जो अधिक सन्तोषप्रद हो। समूह में या परिवार के सदस्य मिलकर कार्य करें तो भी रुचि जागृत हो जाती है और थकान दूर होती है।

4. कार्य से जुड़े कौशल में वृद्धि—जब कार्यकर्ता के समक्ष कार्य को सम्पन्न करने की पूरी प्रतिक्रिया स्पष्ट नहीं होती तब वह उस कार्य के प्रति थकान अनुभव करने लगता है। अतः कार्य को पूरा करने के लिए नई विधि एवं कौशल बढ़ा लेने से कार्य करने की रुचि बढ़ जाती है और थकान का अनुभव नहीं होता है। कार्य को करने में उसके कई भाग एवं क्रियाएँ सम्पन्न करनी पड़ती है। कार्य प्रणाली में परिवर्तन लाकर एवं कार्य आसान कर थकान दूर की जा सकती है।

5. विश्राम काल—कार्य सरलता से करने एवं रुचिकर बनाने के लिए बीच-बीच में आराम करना आवश्यक है। कुछ समय रुचिकर या व्यक्तिगत कार्य कर विश्राम कर लेने से दिनभर कार्यों में ताजगी बनी रहती है। भारी कार्य करने पर लेटकर विश्राम करना आवश्यक होता है तभी ग्लूकोज का ऑक्सीकरण हो पांता है। विश्राम काल का समय कार्य की प्रकृति पर निर्भर करता है। विश्राम की जरूरत को ध्यान में रखकर थकान दूर करने के उपाय सोचने चाहिए। कार्य, मनोरंजन और विश्राम में सन्तुलन रखना चाहिए।

शक्ति व्यवस्थापन के तत्त्व

शक्ति व्यवस्थापन के प्रमुख तीन तत्त्व होते हैं—

(1) कार्य,
(2) कार्यकर्ता,
(3) कार्य क्षेत्र।

1. कार्य

मनुष्य अपनी जरूरतों को पूरा करने एवं शरीर को चलाये जाने के लिए कार्य करता है। जीवन का यह जरूरी अंग है और इसके शक्ति प्रधान आयाम का यह जरूरी अंग है। कार्य के अग्रलिखित आयाम हैं–

क. मनोवैज्ञानिक आयाम—कार्य करने से व्यक्ति अपने को समाज के सामने परिभाषित करता है। इससे वह अपनी योग्यता व कार्यक्षमता दर्शाता है। तथा इससे स्वालम्बन आता है तथा कार्य के सफलतापूर्वक होने से व्यक्ति के स्वावलम्बन की पूर्णता आती है तथा कार्य के प्रति रुचि बढ़ती है।

ख. शारीरिक आयाम—मशीन द्वारा अच्छा कार्य तभी सम्भव है जब वह एक ही तरह का सरल कार्य लगातार करती है। मानव शरीर स्फूर्ति एवं सफलता से कार्य तभी कर सकेगा जबकि उसके शरीर की माँस पेशियों में जमा होने से होती है। कार्य करने की गति (Speed) ताल (Rhythm), ध्यान (Attention), एकाग्रता (Concentration), समय आदि सभी व्यक्तियों में समान नहीं होते और थकान से प्रभावित होते हैं।

ग. आर्थिक आयाम—कार्य ही जीविका का एक साधन है। कार्य करने से ही व्यक्ति समाज में प्रतिष्ठा प्राप्त करता है। कार्य आर्थिक प्रगति की नींव है। समाज में भी श्रम विभाजन के आधार पर वर्ग बनते हैं। कार्य ही आर्थिक रूप से पूंजी बनाता है।

घ. कार्य शक्ति और शासन से सम्बन्ध—शक्ति काय अहसास तब होता है जब व्यक्ति समूह में कार्य करता है। समय के बन्धन में व्यक्ति कार्य पर जाने के लिए बाध्य हो जाता है तथा वह भी दूसरों को भी इसके लिए बाध्य करता है जिसमें उसे प्रभुत्व प्रदर्शित करने का मौका मिलता है। संगठन में कार्यों की रचना की जाती है, कार्यरूप बनाया जाता है और उसे लागू किया जाता है। कार्य निर्धारित समय पर किये जाते हैं और पूर्व निर्धारित अनुक्रम में किये जाते हैं।

ङ. सामाजिक बन्धत्व—किसी व्यक्ति का पद उसके अकेले के लिए सन्तुष्टि प्रदान करने के लिए नहीं होता, अपितु पद की गरिमा का अनुभव वह समाज में रहकर करता है। जब उसे समाज में इज्जत से नवाजा जाता है।

च. कार्यों का शारीरिक ऊर्जा मूल्य—एक कार्य को करने में जो ऊर्जा खर्च होती है, वह शरीर के द्वारा प्रति मिनट ऑक्सीजन के उपभोग की मात्रा होती है। ऊर्जा मूल्य कैलोरी प्रति घन्टा शारीरिक वजन से दिखाई जाती है। विश्राम की अवस्था में आधारीय परावर्तित (Basal Metabolic rate) दर को घटा देने के पश्चात् प्राप्त होती है, एक कार्य को करने की ऊर्जा-मूल्य कही जाती है।

कार्य को ऊर्जा मूल्य के आधार पर तीन भागों में बाँटा गया है—

(1) साधारण कार्य

(2) हल्का कार्य

(3) भारी कार्य

(1) साधारण कार्य—आयरन करना, कपड़े सुखाना, झाड़ना, साफ करना, आदि साधारण कार्य कहलाते हैं। तथा ऐसे कार्य में विश्राम ऊर्जा के बाद 100-150% अधिक ऊर्जा की आवश्यकता होती है।

(2) हल्का कार्य—इसमें हाथ से सिलाई करना, सब्जी काटना, बुनाई करना, जैस कार्य आते हैं तथा इसमें विश्राम ऊर्जा के बाद 100% से कम ऊर्जा व्यय होती है।

(3) भारी कार्य—भारी सामान उठाना, मसाला चटनी पत्थर पर पीसना, बैठकर पोंछा करना, आदि। कार्य इसमें सम्मिलित होते हैं तथा इनमें 150-200% अधिक ऊर्जा व्यय होती है।

2. कार्यकर्ता

कार्य के साथ कार्य करने वाले को भी अधिक महत्त्व देना चाहिए। कार्यकर्ता पर गहन अध्ययन करने के लिए उसके द्वारा की गई कोशिश और योगदान (Contribution) को जान लेना जरूरी है। इन योगदानों को चार भागों में बाँट सकते हैं—

1. शारीरिक योगदान
2. भावात्मक योगदान
3. ज्ञानात्मक योगदान
4. मानसिक योगदान

परिवार के सदस्यों के द्वारा योगदान में पारिवारिक साधनों का उपयोग होता है और यही व्यक्ति को बताता है कि वह कार्य को कैसे करे? सभी आयाम किसी भी दो परिवारों के लिए अलग-अलग होते हैं। ऐसा संभव है कि एक ही परिवार में अलग अवस्थाओं में योगदान में भिन्नता आ जाती है।

1. शारीरिक योगदान—इनके अन्तर्गत गृहिणी को उठाना, पकड़ना, ले जाना, फैलाना, पहुँचना, खींचना, दबाना आदि कार्य करने पड़ते हैं। इन सभी का शारीरिक योगदान है।

2. भावात्मक योगदान—व्यक्ति की कार्य में रुचि और कार्य के प्रति प्रतिक्रिया (Attitude) कार्य को सरल या कठिन बनाती है। इस तरह का योगदान मापा नहीं जा सकता; लेकिन यह महत्त्वपूर्ण है कि नजरअंदाज भी नहीं किया जा सकता। कार्य के प्रति व्यक्तिगत दृष्टिकोण, कार्य की सफलता को प्रभावित करता है।

यदि एक व्यक्ति को निरन्तर कार्य करते रहने की प्रवृत्ति है तो उसे ज्यादा देर काम करने में कोई कठिनाई नहीं आती। वैज्ञानिक अध्ययन यह बताते हैं कि जब व्यक्ति कार्य को पसन्द नहीं करता है और उसे कोई प्रेरणा नहीं मिलती है तब उसे थकान जल्दी होती है। उच्च स्तर के उत्प्रेरक की सहायता से कार्य को सरल एवं शक्ति व्यय को कम किया जा सकता है।

जब व्यक्ति लक्ष्य को स्पष्ट रूप से देखता है तब कार्य जल्दी से एवं रुचिकर बनाया जा सकता है। लक्ष्य और कार्य के जितने छोटे भाग होते हैं, कार्य उतनी ही आसानी से कर सकते हैं। जहाँ एक ओर एक भाग के खत्म होने पर आनन्द की अनुभूति होती है वहीं दूसरा भाग जल्दी खत्म हो इसकी इच्छा होती है। कई कार्यों में थकान होती है और किसी की सहायता से थकान दूर की जा सकती है।

3. ज्ञानात्मक योगदान—ज्ञान (Knowledge), विचार (Idea), सोचना (Thinking), याद करना (Memorize), कल्पना करना (Imagine), आदि साधन के रूप में गृह-प्रबन्ध में दर्शाये गये हैं। कार्य विशेषज्ञों का सोचना है कि गृहिणी को किसी कार्य को पूरा करने का ज्ञान, कौशल एवं कार्य निपुणता हो तब वह उसके सफल परिणाम की आशा रख सकती है। नये कार्य को सीखने और साथ ही दूसरे कार्यों में गति लाने से भी कार्यों के परिणाम सुधारे जा सकते हैं ज्ञानवर्धन करने से, सोच-विचार कर कार्य करने से कार्य को सरल बनाया जा सकता है और साथ ही अन्य साधनों की बचत की जा सकती है।

(a) निपुणता–कार्य करने की अच्छी आदत का विकास करने के लिए अभिवृत्ति, भावनाएँ, मौखिक निर्देश एवं क्रियाओं को करने में भी सुधार करने की जरूरत है। किसी कार्य को दोहराने और निरन्तर सुधार लाने से निपुणता आती है। बौद्धिक विकास और इच्छाओं को प्रबल करने से कार्य कुशलता में वृद्धि होती है।

(b) नेत्र प्रयास–आँखें तथा गतिविधियों का निर्देशन व्यक्ति को सजग रखती है। नेत्र संचालन, देखना, खोजना, निरीक्षण करना, दूरी एवं प्रकाश की स्थितियों में समायोजन करना आदि का कार्य लगातार करते रहते हैं।

4. मानसिक योगदान—विचारना, तर्क करने, निर्णय करना जैसे मानसिक कार्य हैं और गृहिणी को कार्य सफलता के लिए इस तरह के प्रयास करने होते हैं। गृहिणी का यह योगदान मानसिक योगदान कहलाता है।

कार्यकर्ता की क्रियाशीलता के निर्धारक तत्त्व

शरीर यांत्रिकी

शरीरिक ऊर्जा का अवलोकन करते समय शारीरिक यांत्रिकी पर ज्यादा जोर देना जरूरी है। यह शरीर की खड़ी मुद्रा एवं क्रियाशीलता से सम्बन्ध रखती है। अपने शरीर का महत्त्व जानने के लिए यह जरूरी है कि निपुणता में वृद्धि एवं उचित प्रयास के उपयोग के साथ-साथ शारीरिक यांत्रिकी में सुधार लाना जरूरी है तथा इसके लिए पाँच सिद्धांत हैं—

1. शरीर के अंगों की उचित मुद्रा,
2. मांसपेशियों का कुशलतापूर्वक प्रयोग,
3. लय में कार्य करना,
4. गुरुत्त्वाकर्षण केन्द्र का ध्यान रखना,
5. वेग का लाभ उठाना।

1. शरीर के अंगों की उचित मुद्रा—शरीर की स्थिति मुद्रा से तात्पर्य है कि शरीर को अवस्था में रखना जिससे शारीरिक वजन स्थिर रहे। शारीरिक स्थिरता रखने मांस-पेशियों पर खिंचाव होता है। खड़े होते समय या बैठते समय सही मुद्रा होनी चाहिए तथा कार्यक्षेत्र विस्तृत होना चाहिए। इससे कार्य करते समय मुद्रा में आवश्यक बदलाव ला पाने में सक्षम हो सकते हैं।

लगातार साधारण ऊँचाई वाली टेबल पर आयरन करने से उच्च रक्त चाप (High Blood Pressure), उच्च हृदय गति (High Heart Rate), और अन्य कई परिवर्तन आ जाते हैं। उसी तरह से शारीरिक मुद्रा स्थिति का प्रभाव रक्त परिभ्रमण और तन्त्रिका पेशियों पर प्रभाव डालता है। अतः कार्य के करते समय स्थिति पर अधिक महत्त्व देना चाहिए।

2. मांसपेशियों का कुशलतापूर्वक प्रयोग—कार्य करने में बड़ी एवं मजबूत मांसपेशियों का उपयोग अधिक हो तब कार्य सरलता से हो सकता है। भार उठाते समय पेशी का चुनाव कर लेना चाहिए और पैरों की माँसपेशियों का उपयोग होना चाहिए क्योंकि वह मजबूत होती हैं। कमर से झुककर उठाने में अधिक मेहनत

करनी पड़ती है, इसके अलावा एक घुटना जमीन पर टेक कर बच्चे को या वजन को उठाना चाहिए।

छोटी मांसपेशियों के उपयोग से शक्ति व्यय कम होता है, लेकिन लगातार प्रयोग से ऊर्जा व्यय बढ़ जाता है इसलिए बड़ी मांसपेशियों का उपयोग अधिक करना चाहिए, जैसे—सब्जी काटते समय लकड़ी के पट्टे पर काटना चाहिए और पॉलिश करते समय बाँहों का प्रयोग करना अधिक उत्तम रहता है।

3. लय में कार्य करना—शारीरिक क्रियाओं में लय का प्रयोग एक ही क्रिया को बार-बार कुछ समय बाद दोहराने से है। लय का महत्त्व कलात्मक तो अवश्य है, जैसे—संगीत, नृत्य, आदि में, परन्तु लय का सम्बन्ध मनोरंजन एवं प्रसन्नता से होता है। लय में किये गये कार्यों में थकान नहीं होती, गृह कार्यों को पूरा करने में भी लय का उपयोग किया जा सकता है, जैसे बर्तन धोते समय एक जैसे बर्तन एक ही क्रम में धोना चाहिए ताकि हाथ और भुजाओं में गति होती है। इसी तरह से सफाई, पोंछा लगाते समय गति निमयानुसार एवं लयबद्ध होनी चाहिए।

4. गुरुत्वाकर्षण केन्द्र का ध्यान रखना—कार्य करते समय किसी वस्तु को उठाते समय, सहारा लेते समय, वजन उठाकर ले जाते समय किसी जगह पहुँचने में गुरुत्वाकर्षण का ध्यान रखना चाहिए। गुरुत्वाकर्षण, पृथ्वी का यह दबाव केन्द्र है जो वस्तु को नीचे की ओर आकर्षित करती है, जिसके कारण भार महसूस होता है। जितना अधिक वस्तु का वजन या भार होगा उतनी ही तेजी से वह पृथ्वी की ओर खिंचेगा। गुरुत्वाकर्षण के विपरीत कार्य करने पर शरीर को अधिक शक्ति व्यय करनी पड़ती है। अतः वजन को जितना शरीर से लगा हुआ या समीप रखेंगे, उतनी ही सरलता से उठा सकेंगे। वजन को हाथों की अपेक्षा पीठ पर उठाना अधिक आसान होता है जैसे बच्चे स्कूल का बस्ता हाथों की अपेक्षा यदि पीठ पर लटकायें तब वजन का एहसास कम होगा क्योंकि वजन गुरुत्वाकर्षण की सीध या पंक्ति में आ जाता है।

5. वेग का लाभ उठाना—वेग का अर्थ है कि लगातार गति करना। कार्य जब एक बार लगातार किया जा रहा हो या आरम्भ हो पर व्यवधान हो तब ऊर्जा व्यय अधिक होती है। स्वच्छन्द शारीरिक क्रिया करने से थकान का अनुभव कम होता है। एक गति के समाप्त होने पर दूसरी गति स्वतः ही आरम्भ हो जाती है। जैसे किसी वस्तु या सतह को कपड़े से पोंछते समय हाथ को आगे-पीछे लाने से गति अपने आप ही होती है क्योंकि ऐसा करने से वेग उत्पन्न होता है। झटके से गति करना, रुक जाने से कार्य सम्पादन में कठिनाई होती है; कार्य जल्दी से नहीं होता।

जब गति स्वतः ही होती है तब वेग उत्पन्न होता है और ऊर्जा का व्यय कम होता है। इसी वेग का लाभ उठाकर हमें कार्य आराम से करना चाहिए जिससे वेग पूर्ण कार्य समाप्त हो जाए।

कार्य क्षेत्र

कार्यकर्ता के साथ कार्य क्षेत्र में भी जरूरी परिवर्तन कर शक्ति व्यवस्थापन को लयबद्ध किया जा सकता है। कार्य क्षेत्र की व्यवस्था सुविधानुसार होनी चाहिए। कार्य स्थान में संगृहित क्षेत्र की व्यवस्था भी जरूरी है। कार्य करने की ऊँचाई, मेज व अन्य उपकरणों की व्यवस्था भी कार्य कुशलता पर प्रभाव डालती है। कार्य क्षेत्र की व्यवस्थित कार्य शैली, मकान व कमरे की स्थिति, शारीरिक संरचना और रहन सहन के तरीके पर निर्भर करती है।

कई कार्य खड़े होकर उचित ऊँचाई के पत्थर या मेज पर किये जाते हैं तब सरलता रहती है, जैसे—लकड़ी के पट्टे पर सब्जी काटना, आयरन करना आदि। फर्नीचर का चयन व्यक्ति की लम्बाई के अनुसार करना चाहिए। कार्य क्षेत्र की व्यवस्था ऐसी हो जिसमें बार-बार झुकना नहीं पड़े और कार्य की जरूरत के अनुसार सामान की व्यवस्था होनी चाहिए। जिस सामान की आवश्यकता बार-बार होती है उसे इस तरह रखा होना चाहिए कि वह आसानी से देखा व उठाया जा सके।

जब कार्य खड़े होकर करने का हो तब उसके आसपास ऐसे कार्यों का क्षेत्र बनाना चाहिए कि एक साथ 2-3 कार्य किये जा सकते हों। एक ही क्षेत्र से सम्बन्धित सामग्री उसके पास ही करनी चाहिए जिससे जरूरत पड़ने पर निकाली जा सके।

रसोईघर में कार्य करने के लिए पत्थर बहुत नीचे होने पर गृहिणी को झुककर कार्य करना पड़ेगा और कमर की मांसपेशियों पर अधिक बल पड़ेगा। यदि पत्थर बहुत ऊँचा है तो बाँहें और कंधे ऊँचे करने पड़ते हैं और मांसपेशियों पर तनाव रहेगा। पत्थर की चौड़ाई अधिक होने पर आगे की ओर झुक कर पहुँचने में श्रम एवं शारीरिक तनाव होता है। अतः कार्य क्षेत्र की व्यवस्था पर ध्यान देना अति आवश्यक है।

सामान नीचे की ओर रखा होना चाहिए। इसके अलावा आले या शेल्फ की ऊँचाई एवं गहराई कार्यकर्ता की लम्बाई के अनुसार होना चाहिए। घरेलू उपकरण उचित एवं ठीक से काम करने वाले होने चाहिए ताकि कार्य करने वाले का व्यर्थ समय और ऊर्जा व्यय न हो।

14

घरेलू कार्य प्रबन्ध

समय और ऊर्जा में आपसी सम्बन्ध होते हुए भी दोनों का अपना अलग-अलग भी महत्त्व है। जब कोई कार्य किया जाता है तो समय और शक्ति दोनों खर्च होते हैं। इन दोनों साधनों में सामूहिक रूप से किस प्रकार बचत की जाती है, कार्य सरलीकरण में मापा जाता है। कार्य को सरलता एवं कुशलता से पूरा करना जरूरी है।

कार्य सरलीकरण से लाभ

कार्य सरलीकरण से होने वाले लाभ हैं–

1. गृहिणी के पास किस समय अत्यधिक कार्य भार (Peak load) है तब कार्य को सरल बनाकर, या कुछ अनावश्यक कार्य हटाकर अपने कार्य भार को कम कर सकती हैं।
2. एक कार्य को करने में समय की कटौती कर सकती हैं, कुछ घरेलू उपकरणों का प्रयोग करके समय में कटौती कर सकती हैं।
3. एक कार्य को करने में शारीरिक गति का मूल्यांकन कर गति और वेग में सुधार लाया जा सकता है। एक विशिष्ट कार्य में अनावश्यक क्रियाओं को हटा कर सुधार कर सकते हैं।
4. दैनिक दिनचर्या में बदलाव कर नीरसता दूर कर सकते हैं, नवीनता ला सकते हैं। ऐसा करने से मनोवैज्ञानिक थकान नहीं होती।
5. कार्य कुशलता में करने के लिए सरल करने की विधियों को जान लेना बढ़ोत्तरी है। कार्य लगातार करने से वह एक आदत का रूप ले लेता है। आदत को बदलना कठिन होता है, लेकिन कार्य विधि में कोई कमी है, तो ऊर्जा खर्च अधिक होती है और बदलना जरूरी हो जाता है। किसी कार्य को करते समय यदि गलत या अनुचित शारीरिक मुद्रा स्थिति में अधिक समय तक रहना पड़ता है तब कठिनाई होती है और मांसपेशियों में तनाव रहने के

कारण पीड़ा होती है, साथ ही रक्त परिभ्रमण और तन्त्रिकाओं पर भी जोर पड़ता है। कार्य का मूल्यांकन कर इसे सुधारा जा सकता है।

6. कार्य के सरलीकरण से कार्य क्षेत्र एवं संग्रहीत क्षेत्र को क्रमबद्ध किया जाता है। ऐसा करने से समय और ऊर्जा की बचत होती है।

कार्य सरलीकरण की अध्ययन तकनीक

गृहिणी के कार्य करने के जरूरी तरीकों में सुधार के लिए प्रयासरत रहना है। कार्य के अध्ययन करने से किसी भी कार्य का मूल्यांकन करना आसान हो जाता है। अध्ययन करने की तकनीक मूल रूप से दो प्रकार की है—

1. औपचारिक तकनीक
2. कलम एवं पेन्सिल तकनीक

1. औपचारिक तकनीक—औपचारिक तकनीक के कुछ उदाहरण निम्नलिखित हैं—

क. स्टॉप वॉच तकनीक
ख. मेमोमोशन अध्ययन
ग. साइक्लोग्राफ
घ. माइक्रोमोशन फिल्म

2. कलम एवं पेन्सिल तकनीक—कलम एवं पेन्सिल तकनीक के कुछ उदाहरण निम्नलिखित हैं—

क. पाथवे चार्ट
ख. मल्टीमैन चार्ट
ग. ऑपरेशन चार्ट
घ. प्रोसेस चार्ट

औपचारिक तकनीक

औपचारिक तकनीक प्रयोगशाला में की जाती है जिसमें उपकरणों की जरूरत होती है। कुछ मुख्य औपचारिक तकनीक इस प्रकार से है—

1. माइक्रोमोशन फिल्म विश्लेषण—कार्य का गतीय चित्र सामान्य स्थितियों में सम्पन्न किया जाता है। चित्र या फिल्म का एक स्थायी रिकार्ड रखा जाता है। कार्य समाप्ति पर एक चार्ट के द्वारा विश्लेषण किया जाता है। कार्य समाप्ति पर एक चार्ट के द्वारा विश्लेषण किया जाता है और हाथ एवं शरीर के अन्य भागों द्वारा की गयी क्रियाओं का अध्ययन किया जाता है। कार्य सम्पादन को सरल बनाकर

गलतियों को सुधार कर पुनः गतीय चित्र उतारा जाता है और कार्य सरलीकरण का प्रयास किया जाता है।

2. साइक्लोग्राफ विधि—वह एक फोटोग्राफिक यन्त्र है जिसका उपयोग किसी कार्य को करने के लिए जाने वाली गतियों के अध्ययन से किया जाता है। जब इस यन्त्र को शरीर के किसी भाग में जोड़ा जाता है तो उस भाग की क्रियाओं को बल्ब के प्रकाश का रेखीय चित्र बताता है। कार्य में सुधार किस प्रकार लाया जा सकता है अध्ययन कर पुनः रेखीय चित्र उतार कर कार्यकर्ता कार्य का मूल्यांकन कर सकता है।

3. मेगोमोशन अध्ययन—इस अध्ययन में विश्लेषण को सरल कर कुल गतियों पर प्रकाश डाला जाता है। फिल्म का विश्लेषण प्रतीकों के उपयोग द्वारा किया जाता है। इसमें भी समय को नापने के लिए उपकरण का उपयोग किया जाता है।

4. स्टॉप वॉच तकनीक—इस तकनीक में कार्य का अध्ययन सेकण्ड् समय के भागों का रिकार्ड रखा जाता है। कार्य में अलग-अलग क्रियाओं में लगे समय को समय मापक इकाई (T.M.U.–Time Measurement Unit) में दर्शाया जाता है। एक T.M.U. एक सेकण्ड् का 0.036 भाग होता है या एक मिनट का 0.0006 भाग होता है। सुधार लाने में यह लाभदायक है।

पेन और पेन्सिल तकनीक

गृहिणी स्वयं अपने द्वारा किये गये कार्य का विश्लेषण एवं उसमें सुधार लाकर कार्य सरलीकरण करे इसी उद्देश्य से कुछ सरल अध्ययन विधियाँ हैं।

1. प्रोसेस चार्ट (Process Chart)—प्रोसेस चार्ट में कार्यकर्ता के प्रत्येक चरण का विवरण दिया जाता है। यह विधि एक शोध अध्ययन है जिसमें विभिन्न क्रियाओं को प्रतीकों के रूप में दर्शाया गया है। कुछ प्रतीक इस प्रकार हैं—

प्रतीक	*प्रतीक का नाम*
●	एक स्थान से दूसरे स्थान पर जाना
❒	काम करने का प्रकार
✻	रुकावट
▼	क्रिया और गति साथ करना

छोटा गोला दर्शाता है कि कार्यकर्ता एक स्थान से दूसरे हाथ से काम हो रहा है बड़ा गोला यह है कि एक ही स्थान पर खड़े होकर हाथ के लिए गमन कर आयात

मात्रा और गुणों की जाँच करने को बताता है। त्रिभुज देरी अथवा कुछ नहीं होना बताना है। इसी तरह से वर्ग चलने की क्रिया के साथ-साथ हाथ की गत्यात्मकता को बताता है।

प्रोसेस चार्ट

क्रम	*एक स्थान से दूसरे स्थान जाना*	*हाथ की क्रिया*	*रुकावट*	*निरीक्षण*	*विवरण*
1.	●	❐	✻	▼	टेबल की ओर जाना
2.	●	❐	✻	▼	ट्रे में बर्तन, मेट,
3.	●	❐	✻	▼	चम्मच आदि
4.	●	❐	✻	▼	निकालना
5.	●	❐	✻	▼	दुविधा
		❐	✻	▼	चद्दर निकालना
			✻	▼	टेबल की ओर जाना
				▼	टेबल सजाना
				▼	निरीक्षण करना
					● –2, ❐–3,
					✻ –1, ▼–1=7

प्रोसेस चार्ट को देखकर गृह कार्य में से किसी एक कार्य का अध्ययन कर यह पता किया जा सकता है कि कार्य करने में कौन सा भाग अधिक है और उनका क्रम क्या है? गृह कार्यों को सम्पन्न करते समय कार्यकर्ता का निरीक्षण किया जाता है। अतः इस चार्ट को "प्रोसेस चार्ट व्यक्ति विश्लेषण" कहा जाता है। चार्ट का मूल्यांकन कर कार्य की क्रियाओं को क्रमबद्ध कर जो जरूरी क्रियाओं को हटा कर तथा दो क्रियाओं का एक साथ काम सरलीकरण किया जा सकता है। पुनः चार्ट द्वारा अध्ययन कर दोनों की तुलना की जाती है।

2. ऑपेरशन चार्ट (Operation Chart)—ऑपरेशन चार्ट प्रोसेस चार्ट के समान ही होता है और वही चिन्हों या प्रतीकों का प्रयोग होता है। विभिन्नता मात्र इतना है कि प्रोसेस चार्ट पूरे कार्य का मूल्यांकन करता है और ऑपरेशन चार्ट में दोनों हाथों की क्रिया का अध्ययन किया जाता है। छोटा वृत्त भुजाओं की गति एवं बड़ा वृत्त उँगलियों की गति को प्रदर्शित करता है। त्रिभुज विभिन्नता भुजा एवं उँगलियों दोनों का आलस्य दर्शाता है। इसमें प्रोसेस चार्ट की तुलना में अधिक

कौशल की जरूरत होती है। हाथ का अलग-अलग निरीक्षणकर्ता द्वारा निरीक्षण किया जाना चाहिए।

ऑपेरशन-चार्ट

बायाँ हाथ			दायाँ हाथ
विवरण	प्रतीक	प्रतीक	विवरण
1. सब्जी निकालना			हाथ बर्तन के किनारे रखना
2. सब्जी बनाने के लिए			बर्तन को पकड़ना
भगोना उठाना			सब्जी डालना
3. सब्जी हिलाना			सब्जी छौंकना

3. मल्टीमैन चार्ट (Multiman chart)—यह प्रोसेस चार्ट के समान होता है। यह एक ऐसी क्रिया के अध्ययन के लिए प्रगोय किया जाता है जिसमें एक समय में ही दो अथवा दो से अधिक काम करते हों। इसमें समान प्रतीकों का उपयोग होता है। इसमें कार्य का विश्लेषण तुलनात्मक रूप से किया जाता है।

4. पाथवे चार्ट (Pathway Chart)—इस विधि में कमरे का नक्शा माप से बनाया जाता है। पिन और धागे की मदद से एक ड्राईंग बोर्ड पर नक्शे में जिस स्थान से कार्यकर्ता, कार्य शुरू करता है, पिन लगा दी जाती है। जैसे ही गृहिणी दूसरे स्थान पर जाती है वहीं पर पिन लगा कर उसके चारों ओर धागा लपेटा जाता है। काम के अन्त में पूरे धागे की लम्बाई माप कर दूरी का पता चलता है। कार्य प्रणाली में सुधार लाने के बाद यही प्रक्रिया दुबारा की जाती है।

मण्डल के परिवर्तन की श्रेणी

काम को आसान करने के लिए कार्य में बदलाव लाना जरूरी है। हर आदमी के कार्य करने का तरीका अलग-अलग होता है। यह उस आदमी पर निर्भर करता है कि वह अपने कार्य और दिनचर्या को किस प्रकार से आसान बनाकर क्रमबद्ध करता है। एक गृहिणी के लिए एक कार्य के लिए एक कार्य विधि सरल हो सकती है दूसरे के लिए नहीं। गृहिणी को स्वयं यह सोचना होगा कि वह किस तरीके से काम में सुधार लाकर काम को सरल बना सकती है।

मण्डल ने कार्य सरलीकरण को तीन बदलाव के श्रेणियों में विभाजित किया जा सकता है–

श्रेणी I हाथ और शरीर के तरीकों में बदलाव।

श्रेणी II काम, संग्रहीकरण क्षेत्र और उपकरण में बदलाव।

श्रेणी III उत्पादन में बदलाव।

श्रेणी I हाथ और शरीर के तरीकों में बदलाव–इस श्रेणी में हाथ और शरीर के तरीकों में बदलाव विभिन्न प्रकार से कर सकते हैं–

(a) काम की गति को कम करके, शुरू में क्रिया को हटाकर काम को आसान किया जा सकता है। गति हमेशा लयपूर्ण ढंग से करनी चाहिए, बार-बार रुकावट लाने से कार्य दुबारा शुरू करने में ज्यादा काम खर्च होता है।

(b) रोज का काम व्यवस्थित कर काम की तरक्की में सुधार लाया जा सकता है। एक कार्य को पूरा करने में कई क्रियाएँ करनी पड़ती हैं। इन क्रियाओं को व्यवस्थित कर, सोच-विचार कर कार्य करने से क्रियाओं की संख्या में कमी की जा सके। एक क्रिया सम्पादन करने के समय अगली क्रिया के बारे में सोच-विचार कर लेना चाहिए ताकि आगे कार्य बिना अवरोध हो सके।

(c) कई बार 2-3 कार्य या क्रियाएँ एक साथ कर लेने से भी कार्य को आसान किया जा सकता है। ऐसा कार्य जिसमें कम देख-रेख रखनी पड़ती हो, उसके साथ-साथ दूसरा कार्य भी समाप्त किया जा सके। यदि दिमाग में कार्य प्रणाली एवं कार्य को क्रमबद्ध किया जाए। ताकि 2-3 काम एक साथ करना सम्भव हो जाए।

श्रेणी II काम, संग्रहीकरण क्षेत्र और उपकरण में बदलाव–कार्य आसान कर संग्रहीत एकत्रित करने से काम के स्थान की व्यवस्था महत्त्वपूर्ण स्थान रखती है। इससे जगह स्थान में संग्रहीत स्थान की व्यवस्था, उपकरण लगाने की ठीक जगह, कार्य क्षेत्र की ऊँचाई एवं चौड़ाई पर ज्यादा बल दिया जाता है।

कार्य से सम्बन्धित सभी सामग्री एवं वस्तुएँ कार्य क्षेत्र के आसपास ही एकत्रित करनी चाहिए। संग्रहीत क्षेत्र में वस्तुएँ इस प्रकार से व्यवस्थित करनी चाहिए कि पहले काम में आने वाली वस्तुएँ आगे और सामने तथा कभी-कभी काम में आने वाली वस्तुएँ पीछे की ओर रखनी चाहिए। सामग्री एवं वस्तुएँ ऐसे एकत्रित करनी चाहिए कि आसानी से देखी एवं निकाली जा सकें। लेबल लगा कर या पारदर्शी कांच या प्लास्टिक के डिब्बे/शीशी में एकत्रित करें।

घर का जरूरी सामान कार्य क्षेत्र के आस पास ही एकत्रित करना चाहिए। उपकरण को काम पड़ने पर निकालना व दुबारा अन्दर रखने में समय और शक्ति का बेकार उपयोग होता है। उपकरण यदि बिजली से चलने वाला है तब बिजली के प्लग प्वांट व बोर्ड की व्यवस्था अलग होनी चाहिए, ताकि काम पड़ने पर जल्दी सुविधापूर्वक ढंग से काम में लिया जा सके। घरेलू उपकरण का ज्यादा उपयोग करने से कार्य जल्दी से होता है साथ ही समय और शक्ति की भी कमी होती है।

कार्य क्षेत्र की ऊँचाई, चौड़ाई काम को सरल करने में बहुत महत्त्व रखती है। कार्य क्षेत्र की ऊँचाई, कार्यकर्ता की ऊँचाई तथा उसकी शारीरिक संरचना के अनुसार होनी चाहिए। रसोईघर में सबसे उपयुक्त ऊँचाई रखने के लिए पत्थर अलग-अलग ऊँचाई पर लगाना चाहिए। कई कार्य ऐसे होते हैं जिनमें दबाने के लिए जोर लगाना पड़ता है। जैसे आटा गूँथना जैसी प्रक्रिया को नीचे या कम ऊँचाई वाले पत्थर पर करना आसान रहता है अन्यथा कन्धे की मांसपेशियों पर ज्यादा जोर देने से दर्द होने लगता है। छोटे कार्य जैसे मिलाना, सब्जी काटना, आदि को करने के लिए ऊँचा पत्थर आसान रहता है। कार्यकर्ता की लम्बाई (Height) भिन्न होती है लम्बे व्यक्ति को ऊँचा पत्थर उपयुक्त लगता है। ठीक ऊँचाई न होने पर झुककर काम करना पड़ता है और कमर की मांसपेशियों पर जोर पड़ता है बदलाव की जरूरत को समझ कर काम का स्थान बनवाना चाहिए। यदि ऊँचाई में परिवर्तन करना खर्चीला और असम्भव है तो पत्थर या पट्टे का उपयोग करना उचित रहता है।

कार्यक्षेत्र की ज्यादा चौड़ाई या गहराई होने पर आगे की ओर झुकने की तथा पहुँचने की क्रिया ज्यादा होगी जिससे बेफिजूल की ऊर्जा खर्च और असुविधा होती हैं। वस्तुएँ, सामग्री, छोटे उपकरण और बर्तन या अन्य वस्तुएँ ऐसे स्थान पर इकट्ठी करनी चाहिए जहाँ पर आराम से पहुँचा जा सके। भारी सामान व बर्तन को नीचे की ओर और हल्का ऊपर के भागों में व्यवस्थित करना चाहिए। कार्य क्षेत्र से सम्बन्धित सामग्री उसी में रखनी चाहिए। जिससे कार्य को आसान किया जा सके।

वर्ग III—उत्पादन में बदलाव—उत्पादन में बदलाव परिवार के आर्थिक साधन की उपलब्धता और काम के स्तर पर निर्भर करता है। अगर परिवर्तनशील स्तर हो तब केवल उत्पादित वस्तु के परिणामों पर ज्यादा बल दिया जाता है। किन्तु परम्परागत स्तर में बदलाव सम्भव नहीं होता है; वे स्थिर रहते हैं।

तकनीक विकास के कारण निजी वस्तुएँ एवं सामग्री बाजार में पर्याप्त मात्रा में उपलब्ध होती जा रही है। ये वस्तुएँ कार्य को आसान बनाती हैं। उदाहरण के लिए नायलॉन के कपड़ों को काम में लेने से ज्यादा आइरन करने की जरूरत नहीं होती,

साथ ही साथ उसे धोना भी आसान होता है। ऐसी वस्तुओं का उपयोग ज्यादा करने से समय और शक्ति दोनों कम खर्च होती है। साथ ही शारीरिक क्रिया भी कम करनी पड़ती है।

कार्य शक्ति व्यवस्थापन का मूल्यांकन

कार्य शक्ति व्यवस्थापन का मूल्यांकन निम्नलिखित बिन्दुओं के तहत किया जा सकता है—

1. इसमें लक्ष्य निर्धारित कर शक्ति का उपयोग किया जाता है।
2. शक्ति व्यय का प्रारूप तैयार कर घरेलू एवं बाह्य क्रियाओं में संतुलन स्थापित किया जाता है।
3. इसमें थकान को कम करने के लिए तरह-तरह के उपाय खोजे जाते हैं।
4. थकान को कम करने के लिए प्रभावशाली विधि का उपभोग किया जाता है।

15

घरेलू उपकरण प्रबन्ध

समय और शक्ति की बचत के लिए गृहिणी द्वारा विभिन्न प्रकार के उपकरण उपयोग में लाये जाते हैं। ये उपकरण सिर्फ काम को ही आसान नहीं करते हैं, बल्कि उसकी गुणवत्ता में भी बढ़ोत्तरी करते हैं। इन उपकरणों के प्रयोग से एक निश्चित समय में अनेक कार्य पूरे हो जाते हैं तथा गृहिणी को अन्य व्यक्ति की मदद की जरूरत नहीं महसूस होती। कहने का आशय यह है कि यह समय व शक्ति दोनों के व्यवस्थापन में मदद करता है। इसे विलासिता की वस्तुओं की श्रेणी में न रखकर जरूरत की वस्तुओं की श्रेणी में रखना चाहिए। ये ऐसे उपकरण होते हैं जिससे गृहिणी को अपने परिवार के लिए सर्वोत्तम सुविधा उपलब्ध कराने में सहायता मिलती है।

अब यहाँ एक महत्त्वपूर्ण बात है घरेलू उपकरण का चयन करना। इसके चयन में घर की जरूरतों को ध्यान में रखना चाहिए जिससे कि सही प्रकार से उसका उपयोग हो तथा उसका भली प्रकार से रख-रखाव भी हो सके। उपकरण के अंगों एवं उसकी कार्य प्रणाली का ज्ञान होना बहुत ही जरूरी है। जानकारी के अभाव में उपकरण का सदुपयोग नहीं हो सकता है। इसलिए गृहिणी को बहुत सोच-विचार कर इस सम्बन्ध में निर्णय लेना चाहिए।

सोलर कुकर

सोलर कुकर नई तकनीक से बना नया साधन है जिसमें गैर परम्परागत स्रोत से मिलने वाली सौर्य विकिरणों से भोजन पकाया जाता है। समय, ईंधन और धन की बचत के लिए सौर ऊर्जा से संचालित कुकर का प्रयोग करना ज्यादा लाभप्रद रहता है। हमारे देश की भौगोलिक स्थिति ऐसी है कि यहाँ साल में लगभग 300 दिन सूर्य की धूप रहती है ऐसी स्थिति में सौर कुकर से खाना पकाकर ऊर्जा संरक्षण में सहयोग किया जा सकता है।

बनावट—सोलर कुकर की बनावट बहुत ही आसान है। यह एक एल्यूमिनियम बक्से के रूप में होता है। इसमें दो तरह के ढक्कन होते हैं। पहले ढक्कन में साधारण पारदर्शी (Transparent) काँच लगा होता है। ऊपर का बड़ा ढकन बाहर से एल्यूमिनियम का ही होता है। इस बड़े ढक्कन के अन्दर की तरफ साधारण दर्पण (Mirror) लगा होता है। इस ढक्कन को एक क्लिप की मदद से विभिन्न (Angle) कोण पर खोलकर फिक्स कर सकते हैं। यह ढक्कन को खोलकर एक नियत कोण पर इस तरह व्यवस्थित किया जाता है कि सूर्य की किरणें सीधी पहुँचती हैं और दूसरे ढक्कन पर लगे पारदर्शी काँच पर पड़ती हैं। बक्से के अन्दर एल्यूमिनियम की दीवारों पर काला रंग किया होता है। इस बक्से में एल्यूमिनियम के 4 डिब्बे रख दिये जाते हैं। इन डिब्बों में विभिन्न भोजन सामग्री रखी जाती है। इन डिब्बों को बाहर की तरफ से काला रंग दिया जाता है।

काला रंग करने का मुख्य कारण उसकी अवशोषण क्षमता (Absorption Capacity) में बढ़ोत्तरी करता है। क्योंकि काले रंग में 100 % ताप को अवशोषित करने की क्षमता होती है। सौर चूल्हे के बक्से के नीचे गोलाकार में चार पहिये लगे होते हैं जिससे चूल्हे को एक स्थान से दूसरे स्थान पर आराम से ले जाया जा सकता है।

भोजन पकाने की विधि—सोलर कुकर से जो भी व्यंजन तैयार करना हो उसकी सामग्री को मात्रा के अनुपात में डिब्बों का ढक्कन बन्द कर सौर कुकर में रख दिया जाता है। फिर सौर कुकर को धूप में खुली जगह पर रख दिया जाता है। कुकर को इस प्रकार से रखें कि उसका दर्पण सूर्य के सामने हो एवं सूर्य की किरणों का प्रतिबिम्ब (Reflection) नीचे वाले पारदर्शी शीशे के ढक्कन पर दिखाई दे। प्रत्येक 25-30 मिनट के बाद कुकर की दिशा आवश्यकतानुसार इस तरह घुमावें कि दर्पण पर धूप सामने से पड़े।

सौर चूल्हे में पकाने का समय और कार्य क्षमता सूर्य के ताप एवं भोजन की किस्म पर निर्भर करता है। सौर चूल्हे में भोजन बनाने से उपयुक्त समय निम्न प्रकार से है—

1. सर्दी के मौसम में सुबह 10 बजे से दोपहर 3 बजे तक।
2. गर्मी के मौसम में सुबह 9 बजे से शाम 4 बजे तक।

सौर चूल्हे का उपयोग केवल धूप के दिनों में ही हो सकता है। अतः खाना पकाने के पारम्परिक साधनों की जगह नहीं ले सकता।

भोजन पकाने के समय बरती जाने वाली सावधानियाँ—सोलर कुकर से भोजन बनाते समय निम्नलिखित बातों को ध्यान में रखनी चाहिए—

1. शीशे के ढक्कन और शीशे के बाहरी परावर्तक हिस्से को नरम साफ कपड़े से साफ करना चाहिए।
2. जब भोजन तैयार हो जाए, तब ढक्कन को पूरी तरह खाल देना चाहिए। ढक्कन खोलते समय भाप निकलती है जो बहुत गर्म होती है और जलने का खतरा रहता है।
3. कुकर ठण्डा होने पर अन्दर रखना चाहिए।
4. भोजन पकाने के लिए जितने पानी की जरूरत हो उतना ही उपयोग करें।
5. सौर चूल्हे में रखे जाने वाले डिब्बों को बन्द करना जरूरी नहीं है।
6. डिब्बों में भोजन तैयार हो जाये, तब ढक्कन को पूरी तरह खोल देना चाहिए।
7. एक बार पकाने वाले बर्तनों को चूल्हे के अन्दर रखने पर ढ़क्कन को नहीं खोलना चाहिए।

लाभ—सौर कुकर के निम्नलिखित लाभ हैं—

1. इसमें बना खाना 4-5 घण्टे गर्म रह सकता है।
2. आग, गैस, बिजली आदि के समान दुर्घटना होने की सम्भावना नहीं होती है।
3. इससे बर्तन जलते नहीं हैं तथा काले नहीं होते हैं।
4. इसमें दाल, दूध, खीर आदि बनाते समय उफन कर बाहर निकलने का डर नहीं रहेगा।
5. सौर कुकर पर किसी प्रकार के पारम्परिक ईंधन या विद्युत खर्च नहीं होती है।
6. यह पर्यावरण को दूषित नहीं करता है तथा इससे धुआँ व दुर्गन्ध नहीं निकलती है।
7. सौर कुकर में खाना बनाते समय लगातार देख-रेख की जरूरत नहीं होती है।
8. सौर कुकर को एक साथ 3-4 चीज बनाने के लिए उपयोग किया जा सकता है।

समस्या-समाधान—सोलर कुकर में कई समस्याएँ पैदा हो जाती हैं इसके समाधान के लिए निम्नलिखित कदम उठाये जा सकते हैं—

1. सोलर कुकर के बॉक्स और बर्तन का काला ताप उड़ जाने काला पेन्ट अथवा ब्लैक बोर्ड पेन्ट कर लें।

2. सोलर कुकर के फोम सीलिंग से ताप निकलने पर फोम सीलिंग बदल लें।
3. सोलर कुकर को सदैव सूर्य की किरणों के सामने बदलते रहना चाहिए। अगर ऐसा नहीं किया गया तो भोजन नहीं पकेगा।
4. जहाँ तक सम्भव हो सोलर कुकर के ढक्कन को कम से कम खोलना चाहिए।

प्रेशर कुकर

प्रेशर कुकर विज्ञान व तकनीकी उन्नति का ही प्रतिफल है। ये आधुनिक उपकरण घरेलू कार्यों में मेहनत बचाने में मदद करते हैं। खुले बर्तन में पकाने की तुलना में प्रेशर कुकर में पकाने से औसतन 53% कम समय लगता है। इसमें कुकर को पूरे प्रेशर पर लाने में लगने वाला समय और फिर पूरे प्रेशर पर पकाने के समय, दोनों ही शामिल हैं। देर से पकने वाले भोज्य पदार्थ को भी प्रेशर कुकर कम समय में पका देता है।

बनावट–प्रेशर कुकर की बनावट का वर्णन निम्नलिखित भागों में विभक्त कर सरलता से किया जा सकता है–

1. मूल भाग–प्रेशर कुकर के मूल भाग का नीचे का हिस्सा भगोना के जैसा होता है। यह एल्युमिनियम या स्टील का बना होता है। कुछ में ताँबे का तला लगा होता है। एल्युमिनियम धातु में संवाहकता ज्यादा (Conductivity) होती है तथा उच्च ताप व दबाव को बनाकर रख सकता है। साथ ही एल्युमिनियम वजन में हल्का होता है और सस्ता पड़ता है। कुकर बॉडी के साथ हैंडल लगा होता है जो एक कुचालक प्लास्टिक का बना होता है। इसके साथ बॉडी से धातु का एक और सहायक हैंडल लगाया जाता है। यह सहायक हैंडल जो एक कुचालक प्लास्टिक का बना होता है, इसके साथ बॉडी से धातु का एक और सहायक हैंडल लगाया जाता है। इस सहायक हैंडल के कारण जब कुकर भरा हुआ हो तो उसे उठाने में आसानी होती है।

2. ढक्कन–यह प्रेशर कुकर का एक बहुत ही उपयोगी और महत्त्वपूर्ण भाग है। इसे खास तौर पर इस तरह से बनाया गया है कि यह कुकर के मुँह में अन्दर की तरफ अथवा किसी में बाहर की तरफ से बन्द हो और जब कुकर में भाप का दबाव बने तो उसके दौरान ढक्कन बॉडी के मुंह के साथ कसकर बन्द रहें। ढक्कन के किनारे-किनारे रबड़ गास्केट लगाने के किनारे मुड़े होते हैं।

3. रबड़ गास्केट–रबड़ गास्केट भी प्रेशर कुकर का एक महत्त्वपूर्ण अंग है। यह अन्दर के वाष्प को बाहर जाने से रोकने में मदद करता है। रबड़ गास्केट ढक्कन

के मुड़े किनारे में बैठता है। वेंट ट्यूब पर वेट लगा के गास्केट आराम से निकाला जा सकता है और साफ करने के बाद इसे आसानी से चढ़ाया भी जा सकता है। ढक्कन के हैंडल में से गास्केट डालकर मुड़े किनारे पर सभी ओर से दबाकर बिठाया जाना चाहिए। ठीक से न बैठने पर वाष्प संगृहीत नहीं हो पाता है।

4. वेंट ट्यूब—वेंट ट्यूब एक ऐसी नलिका है जिसमें से अतिरिक्त वाष्प बाहर निकलता है। इसी स्थान पर ढक्कन का हैंडल लगा होता है। यह ढक्कन के ठीक मध्य भाग में स्थित होता है। जब खाद्य-पदार्थ और पानी से भरा हुआ कुकर बन्द करके गर्म किया जाता है तो कुकर की बॉडी में भाप बननी शुरू हो जाती है। धीरे-धीरे भाप का दबाव बढ़ जाता है और अपने निर्धारित परिणाम जो प्रतिवर्ग सेंटीमीटर पर एक किलोग्राम या 15 पौण्ड प्रति वर्ग इंच है, से बढ़ जाता है तो वेंट अपने आप ऊपर उठता है और अतिरिक्त भाप वेट ट्यूब से बाहर निकलती है। जब कुकर के अन्दर भाप का दबाव अपने निर्धारित तल पर लौट जाता है तो वेंट फिर अपनी सही स्थिति में आ जाता है। इस तरह भोजन पकाते समय अन्दर का दबाव सदैव स्थिर बना रहता है। इस स्थिर दाब पर भोजन जल्दी ही पक जाता है।

5. सेफ्टी वाल्व—कभी-कभी ऐसा होता है कि वेंट ट्यूब अवरुद्ध हो जाता है। ऐसी स्थिति में कुकर के अन्दर का दाब बहुत अधिक बढ़ जाता है। प्रेशर इतना अधिक बढ़ जाता है कि कुकर फट सकता है। इस दुर्घटना को टालने के लिए प्रेसर कुकर में एक सेफ्टी वाल्व लगाया जाता है। यह एक मिश्र धातु का बना होता है जो एक निश्चित तापमान पर अपने आप पिघल जाता है। इसके पिघलने से अन्दर का दाब कम हो जाता है और कुकर फटने से बच जाता है।

6. ग्रिड तथा सेपरेटर—ग्रिड प्रेशर कुकर का एक महत्त्वपूर्ण भाग होता है। यह कुकर के तल में भरे पानी से भोज्य पदार्थ को अलग रखने के लिए और ऐसे व्यंजन जिनमें भाप देनी हो और पानी से अलग रखना हो, के लिए काम में लाई जाती है। सेपरेटर भी कुकर का एक अंग है। इसका उपयोग दो या दो से अधिक पकवान एक साथ पकाने के लिए किया जाता है। कुकर के साथ सेपरेटरों का एक सेट और स्टैंड भी आता है जिस पर यह सेपरेटर आसानी से कसा जा सकता है।

कार्य सिद्धान्त—इसका कार्य सिद्धान्त एकदम आसान होता है। इसमें भोजन वाष्प के दबाव में पकाया जाता है। जब कुकर के अन्दर का दबाव बनने लगता है तब वह दबाव वायुमण्डलीय दबाव की तुलना में ज्यादा हो जाता है। जैसे ही दबाव बढ़ता जाता है वैसे ही पकाने के ताप में भी बढ़ोत्तरी हो जाती है। उच्च ताप एवं

नमी से पकाने की प्रक्रिया अधिक तीव्र गति से होने लगती है। फलतः वस्तु जल्दी ही पक जाती है।

लाभ—प्रेशर कुकर के निम्नलिखित लाभ हैं—

1. प्रेशर कुकर से भोजन पकाने पर समय की बचत होती है। समय की बचत, अनाज, दालें, सब्जियाँ और मांस पकाने में 55% से 83% तक होती है। गृहिणी इस समय का उपयोग अन्य कार्यों में कर सकती है।

2. इससे भोजन पकाने से पैसे की बचत होती है। क्योंकि भोजन जल्दी पक जाने से ईंधन की बचत होती है। प्रेशर कुकर में सेपरेटर के इस्तेमाल से एक साथ कई पकवानों को पकाने से और ज्यादातर मांसाहारों को पकाने से इसकी उपयोगिता ज्यादा होती है। यह उपकरण मांस के सख्त हिस्सों को भी मिनटों में नरम कर स्वादिष्ट बना देता है। जो इसकी सबसे बड़ी उपयोगिता है।

3. इससे भोजन पकाने पर उसकी उपयोगिता और गुणवत्ता दोनों बनी रहती है, क्योंकि पौष्टिक तत्त्व नष्ट नहीं होते हैं। विटामिन और प्रोटीन जैसे कुछ पौष्टिक तत्त्व साधारण कुकिंग की अपेक्षा ज्यादा देर तक बने रहते हैं। हल्की भाप से पके भोजन कैलोरी से भरपूर होते हैं।

4. इस उपकरण से पके भोजन के स्वाद में बढ़ोत्तरी होती है। अधिक गरम भाप में तेज लेकिन सुगम रीति से पकाने से सब्जियों एवं अन्य भोज्य सामग्री के प्राकृतिक स्वाद और रस-गंध भी अच्छी तरह उभर आते हैं। प्रेसर कुकर से पके दाल और मांस पक कर घुल जाते हैं तथा रसीली बन जाती है। अच्छे स्वास्थ्य को सुरक्षित रखने में प्रेशर कुकर का बड़ा महत्त्वपूर्ण योगदान है। प्रेशर कुकर में भोजन 121 डिग्री. सेंटीग्रेट ताप पर पकता है जिससे सारे के सारे हानिकारक कीटाणु खत्म हो जाते हैं।

5. यह एक ऐसा उपकरण है जिसका प्रयोग स्ट्रलाइजर के रूप में भी किया जा सकता है। इसका सबसे बड़ा कारण यह है कि कीटाणु पानी के क्वथनांक (100 डिग्री सेंटीग्रेट) पर उबाले जाने पर खत्म नहीं होते हैं। प्रेशर कुकर 121 डिग्री सेंटीग्रेट ताप पर काम करता है इस लिए इस ताप पर सारे हानिकारक कीटाणु नष्ट हो जाते हैं। अतः बच्चों की दूध की बोतलें, मांस, जैम बनाने के लिए बोतलें, बर्तन आदि अनेकों वस्तुएँ जो पूरी तरह कीटाणु मुक्त करने में यह उपयोगी है।

6. 15 मिनट तक प्रेशर कुकर के अन्दर पानी को उबालने पर वह पूर्णरूप से कीटाणु मुक्त हो जाता है। इसलिए जनसाधारण के लिए यह और भी उपयोगी हो जाता है।

उपयोग की सावधानियाँ—प्रेशर कुकर को काम में लाते समय निम्नलिखित सावधानियाँ बरतनी चाहिए—

1. पकाते समय वेंट वेट के ऊपर कुछ नहीं रखना चाहिए।
2. व्यंजन विधि के अनुरूप प्रेशर कुकिंग करने से पहले प्रेशर कुकर में पानी हमेशा डालना चाहिए।
3. हमेशा प्रेशर कुकर को दो-तिहाई भाग ही भरना चाहिए।
4. प्रेशर कुकर को कभी जोर से नहीं खोलना चाहिए।
5. प्रेशर कुकर को तभी खोलना चाहिए जब तक वह ठंडा न हो जाए।
6. सेफ्टी वाल्व के फट जाने पर तुरन्त ही उसे बदलें। बदलने के बाद ही उससे काम लें।
7. गर्म द्रव से भरे प्रेशर कुकर को उठाते समय सावधानी बरतनी चाहिए।
8. प्रेशर कुकर को उसके निश्चित काम के अलावा किसी अन्य काम में उपयोग में नहीं लाएँ।
9. यह उपकरण दबाव के द्वारा भोजन पकाता है इसलिए इसका सदैव सही तरीके से उपयोग करें। गलत तरीके से इसको उपयोग में लाने पर भोजन पकाने वाले के शरीर का कोई अंग झुलस सकता है।
10. प्रेशर कुकिंग के लिए ढक्कन बन्द करने से पूर्व यह निश्चित रूप से जाँच लें कि वेंट ट्यूब साफ है या नहीं। अगर साफ नहीं है तो साफ करके ही ढक्कन बन्द करें।

गैस चूल्हा

एल.पी.जी. एक मोटी दीवार वाले धातु के सिलिंडर में ज्यादा दबाव के साथ बन्द करके संग्रह की जाती है। गैस तरल अवस्था में होती है तथा वाल्व खुल जाने पर दबाव कम हो जाता है। दबाव कम हो जाने पर गैस फैलती है और गैस अवस्था में बदल जाती है। यह ज्वलनशील गैस मोटे रबड़ के पाइप के सरलता से गैस स्टोव तक जाती है। गैस बर्नर पर पहुँचने पर कई छोटे छिद्रों में से निकल कर यह जलती है। कई बर्नरों में एक छिद्र के जरिए हवा पहले ही गैसों के साथ मिल जाती है और गैस की लपट नीले रंग की होती है।

गैस चूल्हा के प्रमुख अंग—इसके प्रमुख अंग निम्नलिखित हैं—

(1) चूल्हा—चूल्हा लोहे का बना होता है और उसकी सतह पर एनेमेल अथवा क्रोम पॉलिश की जाती है। कुछ चूल्हों में बर्नर के चारों तरफ ड्रिप ट्रे लगी

होती है। इसे हटाकर साफ किया जा सकता है। यह एक या दो बर्नर का हो सकता है।

(2) बर्नर—बर्नर धातु का बना होता है इसमें बारीक छिद्र होते हैं जिसे लौ निकलता है। बर्नर एक या दो हो सकते हैं लेकिन हर के साथ एक ताप नियन्त्रक लगा होता है। बर्नर के छोटे छिद्रों को साफ करते रहना चाहिए। कभी-कभी निकाल कर साबुन के पानी में कुछ देर उबाल कर धूप में सरलतापूर्वक लगा देना चाहिए।

(3) गैस का सिलिंडर—गैस का सिलिंडर धातु का बना होता है। इसकी परत मोटी होती है। आकार ज्यादातर बेलनाकार होता है। ऊपर में एक रेगुलेटर लगा होता है जिसमें एक रबड़ की नली लगी होती है। इस बेलनाकार सिलिंडर में उच्च दाब पर एल.पी.जी. भरा रहता है।

(4) नली—रेगुलेटर से रबड़ की नली लगी होती है। रबड़ नली का दूसरा सिरा चूल्हे से जुड़ा होता है। यह एल.पी.जी. संवहन का कार्य करता है। इस नली को समय-समय पर साबुन के पानी से साफ कर देना चाहिए। टूटने या छेद होने पर पानी में इसमें बुलबुले उठेंगे। ऐसी रबर की नली को तुरन्त बदल देना चाहिए। गैस के सिलिन्डर में आइसो बूटेन और आइसो प्रोपेन गैस दबाव के साथ भरी होती है। लीक होने पर यह वायु से भारी होने के कारण यह धरातल के पास ही फैल जाता है। यह काफी ज्वलनशील होती है, इसलिए सिलिंडर को लीक होने से बचाना चाहिए। लीक होने पर पता चले इसके लिए इसमें गंध युक्त गैस भी मिलाई जाती है। सिलिंडर लीक होने से बचाने के कार्य खत्म होते ही बटन बन्द कर देना चाहिए।

जब कभी भी नया सिलिंडर लगाये लीक अवश्य चेक कर लेना चाहिए। यह गैस की बदबू तीव्र होने की वजह से आसानी से पता लगा सकता है। गैस लीक होने पर खिड़की दरवाजे खोल देने चाहिए। यदि लीक ठीक न हो सके तो सिलिंडर खुले स्थान पर रख देना चाहिए और गैस वितरक से मदद लेनी चाहिए। गैस लीक को कभी भी माचिस जलाकर जाँच नहीं करनी चाहिए।

गीजर

गीजर एक ऐसी युक्ति है जिससे पानी गर्म किया जाता है। इसमें गर्म करने के लिए तार लगे होते हैं। तार मिश्र धातु का बना होता है जिसमें 60% निकिल, 25% लोहा एवं 15% क्रोमियम होता है। जब बिजली इन तारों में से निकलती है तो यह उच्च ताप पर गर्म हो जाता है और अपने चारों ओर के पानी को गर्म कर देता है। यह तार एक धातु की पाइप अथवा केसिंग में बन्द होती है।

इसका आकार गोल होता है। यह विभिन्न वाट और क्षमताओं का होता है। गीजर दीवार में पाइप लाइन के साथ ही लगा दिए जाते हैं। इसकी दीवारों के मध्य में एक ऊष्मा विरोधक तत्त्व भरा होता है जो लगभग 3 इंच मोटा होता है। गीजर के बीच में गर्म करने की रॉड लगी होती है जो गरम होकर पानी को गरम करता है। गीजर दो पाइप लाइन से जुड़ा होता है एक घर की टंकी से जुड़ा होता है जिससे ठण्डा पानी अन्दर आता है। दूसरा नल से जिसके द्वारा गर्म पानी बाहर जाता है। गीजर में हमेशा थोड़ा सा पानी बाहर जाता है। गीजर में हमेशा थोड़ा सा पानी भरा रहता है अन्यथा इसके जलने का डर रहता है। लाल लाइट लगे रहने से पता चल जाता है कि पानी गर्म हो रहा है।

कपड़े धोने की मशीन

कपड़ा धोने और उसे सुखाने के लिए इस उपकरण का प्रयोग किया जाता है। इस युक्ति में पानी डालकर कपड़ा को स्वतंत्रतापूर्वक घुमाया जाता है। इससे कपड़ा साफ हो जाता है। इसमें कपड़ा को पानी के अन्दर स्वतंत्रता से चलना तथा पानी कपड़ों में से स्वतंत्रतापूर्वक गुजरना चाहिए। इस तरह से कपड़ा गीला हो जाता है। घूमने की क्रिया से कपड़े साबुन के पानी में घूमते हैं तथा मैल नीचे लगे पाइप से बाहर निकल जाता है।

कपड़े धोने की मशीन में कपड़े ऊपर की ओर से डाले जाते हैं। कपड़ों को गोल घुमाने की प्रक्रिया विलोडक पर निर्भर करती है जो 180 डिग्री के गीले के रूप में चलता है। यह एल्युमिनियम, स्टील या प्लास्टिक की बनी होती है। कपड़ों को पानी में संचालित करने के लिए पंखुडियाँ, पंखे तथा अन्य साधन उसके आकार पर निर्भर करते हैं। विलोडक जो क्षैतिज दिशा में स्थित होता है वह अधिक गति से पानी व कपड़ों को घुमा सकता है।

इस उपकरने में घूमने की प्रकिया प्रति मिनट घटती बढ़ती रहती है। इसकी गति 50 से 100 चक्कर प्रति मिनट के बीच रहती है। धावन की गति कपड़े की बनावट व भार पर निर्भर करती है। यदि कपड़े कम हैं तथा उनकी बनावट मुलायम जैसे नायलॉन, टेरीकाट आदि तब गति कम रखनी चाहिए। भारी कपड़े जैसे चद्दर, पर्दे आदि तथा अधिक मैले कपड़ों को धोने के लिए ज्यादा गति व लम्बे समय तक चलानी चाहिए।

इस उपकरण में जल के तापमान का कपड़े के तन्तु के आधार पर किया जाता है। कपड़ा, सिलाई, गन्दगी आदि के प्रकार तथा मात्रा अथवा भार पर भी जल का

तापमान निर्भर करता है। इसी तरह से रंगीन कपड़ों का ठण्डे पानो में ही धोना जरूरी रहता है। कई धावन में ठण्डे पानी में धोने के बाद गुनगुने पानी में खंगालने का स्वचालित प्रावधान होता है।

जलापूर्ति पर लगाम लगाने के लिए नियंत्रण के लिए वाल्व अथवा पाइप लगे होते हैं। कुछ उपकरण ऐसे भी होते हैं जिनमें जल ऊपर से अलग पाइप से भरना पड़ता है। लेकिन जो स्वचालित मशीन होते हैं उनमें पाइप लगा होता है और जलापूर्ति का बटन दबाने पर ही पानी भरने की सुविधा रहती है। इस उपकरण में कपड़े खंगालने के लिए ठण्डा अथवा गरम अर्थात् गुनगुना पानी भरा रहता है।

मिक्सी

मिक्सर को दूसरे शब्दों में मिक्सी भी कहा जाता है। यह मूल रूप से रसोई के कार्यों को आसान करने के लिए उपयोग में लाया जाता है। इससे किये जाने वाले प्रमुख कार्य हैं–आटा लगाना, सूखे मसाले पीसना, भीगी दाल, प्याज, लहसुन, अदरक आदि को कुचलना, आलू या अन्य खाद्यान्नों के चिप्स बनाना, कद्दू कस करना, चटनी बनाना, फलों का रस निकालना।

बनावट–यह एक बिजली से चलने वाला सयंत्र है इसमें मोटर लगी होती है जो एक रॉड अथवा शाफ्ट को घुमाने का कार्य करती है। मोटर की गति को कम अथवा ज्यादा किया जा सकता है। इसमें मोटर के ऊपर प्लास्टिक या स्टील के बने जार लगे होते हैं। इसमें कार्य के अनुरूप स्टील की ब्लेड भी लगा दी जाती है। मोटर के चलाने पर जार में रखा भोजन भी गोल घूमता है तथा दीवार से टकराकर बीच में गिर जाता है इस प्रकार से लगातार ब्लेड से टकराने से भोजन पिस जाता है।

लाभ–इसके प्रमुख लाभ निम्नलिखित हैं–

1. इस उपकरण से मसाले या अन्य भोज्य पदार्थ महीन पिस जाता है जिससे भोजन का स्वाद बढ़ जाता है।
2. इस उपकरण से भोजन मुलायम बन जाने के कारण रोगी व वृद्धावस्था सब के लिए उपयुक्त हो जाता है।
3. इस उपकरण के उपयोग से काम में लेने पर गृहिणी के समय एवं कार्य शक्ति दोनों में बचत होती है।

उपयोग की सावधानियाँ–इस उपकरण को उपयोग में लाते समय निम्नलिखित बातों पर ध्यान देना चाहिए–

1. मिक्सी के जार में आवश्यकता से अधिक अथवा बहुत कम भोजन नहीं रखना चाहिए। यदि बहुत कम भोजन रखा गया या अधिक रखा गया तो मोटर पर भार बढ़ जाता है। इससे मोटर के खराब होने का भय रहता है।
2. भोज्य पदार्थ को एक रबड़ के पलटे से चलाते व निकालते रहना चाहिए।
3. जार, ढक्कन और ब्लेड को काम में लाने के बाद जल्दी से धोकर साफ कर देना चाहिए।
4. मोटर पर पानी नहीं गिरने देना चाहिए इसलिए इसे हल्का गीला कपड़े से पोंछ कर साफ कर देना चाहिए।
5. उपयोग में लाने के पश्चात् मोटर को ढंककर रखना चाहिए।
6. चलती मोटर पर जार नहीं रखना चाहिए और नहीं उसे हटाना चाहिए। जार रखते और हटाते समय हमेशा मोटर को बंद कर देना चाहिए।
7. गीले हाथ से मोटर को नहीं चलाना चाहिए।
8. उत्पादक के निर्देशक के अनुरूप ही भोजन की मात्रा रखनी चाहिए।

ओवन

यह विद्युत से चलने वाली ऐसी युक्ति है जिसमें सूखे ताप का प्रयोग कर भोजन पकाया जाता है। इसका उपयोग ब्रेड, बिस्कुट, केक आदि के निर्माण में किया जाता है।

बनावट—इसका आकार गोल होता है। यह केबिनेट के रूप में भी होता है। इसके किनारे-किनारे गर्म होने वाले तार लगे रहते हैं। ये तार नइक्रोम के बने होते हैं जिनकी क्षमता बहुत अधिक होती है। इन तारों की एक विशेषता यह भी है कि ये जल्दी से गर्म हो जाते हैं। ओवन के केबिनेट में यह तार ऊपर और नीचे दोनों ओर लगा होता है।

केबिनेट ओवन में ट्रे रखी जा सकती है और जाली के ऊपर भोज्य सामग्री रखी जाती है। गर्म करने के तार दोनों ओर अर्थात् ऊपर-नीचे लगे होते हैं ताकि भोज्य सामग्री पर चारों ओर से बराबर की गर्मी आए। एक तापस्थापी लगा होता है जो ताप को स्थिर रखता है।

उपयोग की सावधानियाँ—इसके उपयोग में निम्नलिखित बातों का ध्यान रखना चाहिए—

1. ओवन को काम में लाने से 10 मिनट पहले गर्म कर लेना चाहिए।
2. भोजन की सामग्री उतने समय के लिए रखनी चाहिए जब तक वह पक न जाए अथवा जैसा उत्पदाक द्वारा निर्देश दिया गया है।

3. भोजन निकाल लेने के बाद ओवन को ठण्डा होने देना चाहिए।
4. उपयोग के बाद इसे गीले कपड़े से साफ करके रखना चाहिए।
5. दरवाजे एवं ढ़क्कन को ज्यादा देर नहीं खोलना चाहिए।
6. इस पर लगे कांच का प्रयोग देखने के लिये करना चाहिए।
7. ओवन केबिनेट में रखी ट्रे का उपयोग भोज्य सामग्री को रखने में करना चाहिए।

भाप आयरन

कुछ कपड़े तो तन्तु के बने होते हैं जिन्हें आयरन करने से पहले पानी का छींटा डाल कर नम करना जरूरी होता है। उदाहरण के लिए सूती कपड़े। इन कपड़ों के आयरन के लिए भाप आयरन को उपयोग में लाया जा सकता है। भाप आयरन के प्लेट में छोटे-छोटे छेद होते हैं जिनसे भाप निकलती रहती है। भाप निकालने के लिए हैण्डल पर बटन लगे होते हैं। इसमें प्लेट के ऊपर के भाग में पानी रखने की व्यवस्था होती है। ये पानी गर्म होता रहता है। गर्म हो कर यह पानी भाप बन जाता है। हैण्डल पर लगे बटन दबाने पर प्लेट के नीचे बने छोटे-छोटे छेदों में वाष्प कपड़े पर निकल कर आता है। इस तरह यह उपकरण कार्य करता है।

विद्युत आयरन

धुलने के बाद कपड़े के तन्तु सिकुड़ जाते हैं। ऐसी स्थिति में उसपर आयरन करके उसे चमकदार बनाया जाता है। सूती कपड़ा के लिए तो यह नितांत ही आवश्यक होता है। कई बार क्रीज बनाने के लिए भी आयरन की जाती है। इसके लिए विद्युत से चलने वाला आयरन भी प्रयोग में लाया जा सकता है। विद्युत आयरन में नाइक्रोम के तार लगे होते हैं जो विद्युत धारा प्रवाहित करने के साथ ही गर्म हो जाते हैं। इनके नीचे धातु की प्लेट लगी होती है जो गर्म होकर कपड़े तन्तुओं को चमकदार बनाने के काम में आती है।

गर्म प्लेट आयरन

आरम्भ में इस्त्री में एक भारी लोहे अथवा स्टील की प्लेट होती थी तथा उस पर एक लकड़ी का हत्था लगा होता है। कोयले जलाकर इसमें भर दिये जाते हैं। ढक्कन में लकड़ी का हत्था लगा होता है। कोयले को जलाने के लिए हवा की जरूरत होती है, जिसके लिए छेद रखे जाते हैं। नायलॉन के कपड़े अधिक उपयोग होने से

कोयले की चिनगारी से छेद हो जाने के कारण इस इस्त्री का उपयोग कम होता गया। इसके अतिरिक्त गर्म करने में समय लगता है तथा समय और शक्ति ज्यादा खराब होती है।

कोयले की इस्त्री

जिन क्षेत्रों में विद्युत आपूर्ति में बाधा पहुँचती है वहाँ इस आरन का ज्यादा उपयोग किया जाता है। कहने का आशय यह है कि ग्रामीण क्षेत्रों में इसका उपयोग ज्यादा किया जाता है। ऐसे शहरों में भी इसका चलन है लेकिन उतना नहीं। इस आयरन में प्लेट के ऊपर एक कोयले के लिए केबिनेट बना होता है। कोयले जला कर इसमें भर दिये जाते हैं। ढक्कन में लकड़ी का हत्था लगा होता है। कोयले को जलाने के लिए हवा की जरूरत होती है, जिसके लिए छेद रखे जाते हैं। नायलॉन के कपड़े अधिक उपयोग होने से कोयले की चिनगारी से छेद हो जाने के कारण इस इस्त्री का उपयोग कम होता गया। इसके अतिरिक्त गर्म करने में समय लगता है तथा समय और शक्ति ज्यादा खराब होती है।

स्वचालित एवं अस्वाचलित आयरन

दोनों तरह के आयरन बिजली से संचालित होती है। प्लेट के ऊपर माइका की शीट लगी होती है जिस पर तार बँधे होते हैं। यह तार बिजली से गर्म होकर लाल हो जाते हैं और प्लेट को गर्म करते हैं। स्वचालित इस्त्री में ऊष्मा-नियंत्रक या ताप-स्थायी लगा होता है जो एक निश्चित ताप पर स्थिर रखता है। कपड़े के तन्तु के आधार पर ऊनी, सूती, रेशम, नायलॉन आदि अंकित रहते हैं। इस्त्री का हैण्डल बेकेलाइट तत्त्व का बना होता है जो बिजली एवं ताप का कुचालक होता है अर्थात् अपने अन्दर से बिजली व ताप को गुजरने नहीं देता।

रेफ्रिजरेटर

इसका उपयोग ऊष्मा को कम करने में किया जाता है, क्योंकि ऊष्मा का प्रभाव हानिकारक होता है। कई ऐसे कार्य होते हैं जहाँ ऊष्मा को कम करने की जरूरत होती है। उदाहरण के लिए खाद्य परिरक्षण करने के लिए कम ताप का उपयोग किया जाता है। सूक्ष्म जीव जैसे फफूँदी (Molds), खमीर (Yeast), जीवाणुओं (Bacteria) के कारण खाद्य पदार्थ खराब होते हैं। फफूँदी व खमीर जब संख्या में बढ़ जाते हैं, तथा जीवाणुओं का आकार बड़ा हो जाता है तो खाद्य पदार्थों

में रासायनिक बदलाव होता है जिससे उसका स्वाद बदल जाता है और वह स्वास्थ्य के लिए खतरनाक हो जाता है। ताप को कम करके इनकी वृद्धि व गुणन को रोका जा सकता है। इन सभी कार्यों में रेफ्रिजरेटर का उपयोग किया जाता है।

प्रशीतन के कार्य—प्रशीतन के प्रमुख कार्य निम्नलिखित हैं—

1. यह खाद्य पदार्थों को ठण्डा रखता है जिससे वे जल्दी खराब नहीं होते।

2 यह खाद्य पदार्थों की पौष्टिकता बनाए रखता है।

3. यह परिरक्षण का कार्य करता है एवं खाद्य पदार्थों का प्राकृतिक स्वरूप बनाए रखता है।

4. यह उपकरण भोजन को धूल एवं गन्दगी से दूर रखता है।

बनावट—यह इस्पात के चादर का बना होता है। इसकी दीवारें मोटी तथा ऊष्मा रोधी होती हैं। इसके लिए इसमें ऊष्मा के कुचालक पदार्थों का उपयोग किया जाता है। यह रोधन पदार्थ गर्म हवा को दीवारों के अन्दर से जाने से रोकता है। द्वार के चारों और गैस्केब लगा होता है जिससे दरवाजा पूर्ण रूप से सील हो जाता है। कुछ प्रशीतकों में इसके अन्दर चुम्बक भी लगा रहता है जिससे चारों ओर से यह अच्छी तरह बन्द हो जाता है। प्रशीतन के अन्दर भण्डारन दराजों में होता है। शेल्फ शलाकानुमा होती है जिससे वायु-परिचलन ठीक ढंग से होता रहता है। इसमें एक काँच की शैल्फ भी होती है। शैल्फ में बर्तन रखने के लिए अधिक स्थान भी बनाया जा सकता है। दरवाजे के अन्दर दूध, फल, पेय की बोतलें, पनीर, मक्खन एवं अण्डे रखे जा सकते हैं।

इसे घर के सबसे उण्डे स्थान पर रखना चाहिए। इसे ऐसे स्थान पर रखना चाहिए जहाँ का फर्श समतल हो, क्योंकि समतल फर्श पर द्वार की सील ठीक प्रकार से बन्द हो जाती है। शीत का तात्पर्य है ऊष्मा की अनुपस्थिति। ऊष्मा हमेशा गर्म वस्तु से ठंडी वस्तु की ओर चलती है तथा यह प्रक्रिया तीन विधियों के द्वारा सम्पन्न होती है—विकिरण (Radiation), चालन (Convection) एवं संवहन (Conduction)। ठोस और तरल रखी गई खाद्य वस्तुओं से गर्म हवा विकिरण द्वारा हल्की होने के कारण ऊपर की ओर उठती है। बर्फ से टकराकर वजन में भारी हो जाती है और ठण्डी होने पर नीचे की ओर आती है इस हवा के चक्र को चालन चक्र (Convection Current) कहते हैं। बार-बार दरवाजा खोलने से यह वायु का चालन टूट जाता है और अन्दर हुई सारी ठण्डी हवा बाहर निकल जाती है। ऐसी स्थिति में प्रशीतन को दुबारा कार्य करना पड़ता है इस वायु को ठण्डा करने के लिए

और इससे बिजली की खपत भी बढ़ जाती है। इसी कारण दरवाजे को कई बार नहीं खोलना चाहिए। इसके लिए खाद्य पदार्थ को कमरे के तापक्रम पर ठण्डा होने पर ही रखना चाहिए। फ्रिज के अन्दर थाली, ट्रे अथवा अन्य बड़े बर्तन नहीं रखने चाहिए क्योंकि ऐसा करने से वायुचक्र अवरुद्ध होता है। सब्जियों को रखने के लिए विशेष वाष्प और आर्द्रता रोधी थैली अच्छी रहती है क्योंकि ये फ्रिज में बहुत कम स्थान घेरते हैं। तीव्र गन्ध वाले पदार्थ फ्रिज की वायु को खराब कर देते हैं। इसी कारण इनको प्लास्टिक अथवा ढक्कनदार बर्तन में रखना चाहिए। ऐसे पदार्थों में प्याज, लहसुन, तरबूज, मांस, मछली आदि आते हैं।

प्रशीतन का रखरखाव—फ्रिज का मुख्य उद्देश्य भोजन की देख-रेख करना है इस कारण उसको हमेशा स्वच्छ एवं सूखा रखना चाहिए। इस प्रक्रिया में बाहरी सतह को गीले कपड़े व साबुन से साफ भी किया जा सकता है। बाहरी सतह पर गीले साबुन के कपड़े से साफ कर पॉलिश कर लेनी चाहिए। शेल्फ और दीवारें सूखी रहनी चाहिए। फ्रिज की बर्फ को हटाना परम आवश्यक होता है क्योंकि कुण्डलियों पर जमी हुई बर्फ ऊष्मारोधी का काम करती है। इस स्थिति में मोटर को ज्यादा समय तक चलना पड़ता है। कुछ मॉडल में वितुषारण अर्थात् बर्फ हटाने की जरूरत नहीं रहती वह वाष्प द्वारा खुद ही हट जाती है।

फ्रिज के अन्दर खाद्य सामग्री रखने के लिए काँच, प्लास्टिक, एल्युमिनियम पत्री का उपयोग करना चाहिए।

टोस्टर

इस उपकरण का उपयोग ब्रेड के टुकड़े को सेंकने के लिए किया जाता है। टोस्टर ज्यादातर बिजली से संचालित होने वाला यंत्र है। इसके दो प्रकार होते हैं—स्वचालित तथा अस्वचालित। दोनों ही प्रकार के टोस्टर में ब्रेड स्लाइस रखने के लिए एक स्प्रिंग लगा होता है जिसे ऊपर-नीचे किया जा सकता है। गर्म होने वाले तार एक सनमाइका की पत्री पर लगा होता है। गर्म होने वाले तार टोस्टर के बीच में और स्वचालित टोस्टर में दोनों दीवारों के साथ भी लगा होता है। इस बनावट का एक फायदा यह है कि इसमें दो स्लाइस एक साथ सेंकी जा सकती हैं। स्वचालित टोस्टर में एक ताप स्थापी लगा होता है जिस पर 1, 2 अथवा 3 नम्बर अंकित रहते हैं। उस ताप स्थापी के अनुसार सही ताप पर स्लाइड को सेंका जाता है। ताप स्थापी के बन्द होते ही बिजली कट जाती है और साथ ही स्प्रिंग ऊपर हो जाने से ब्रेड स्लाइस भी ऊपर की ओर आ जाती है। इस कारण इसमें कांटा-छुरी आदि डालने

की आवश्यकता नहीं होती और ऐसा करना भी नहीं चाहिए। इसको उपयोग में लाते समय सूखे हाथ होने चाहिए। टोस्टर को किसी कुचालक ऐस्बसटॉस शीट पर रखना चाहिए। ठण्डा होने पर इसे ढँककर रख देना चाहिए।

कूलर

कूलर गर्मी से राहत दिलाने वाला बहुत ही लोकप्रिय उपकरण है। इसके सम्बन्ध में हम यह भी कह सकते हैं कि घर के अन्दर के जलवायु के नियन्त्रण में ताप ठण्डा करने की व्यवस्था या संवातन व्यवस्था के उपकरण कई तरह के होते हैं, कूलर इन्हीं में से एक है। घर में सुविधाजनक वातावरण उत्पन्न करने के लिए यह जरूरी है कि शरीर को मौसम के अनुसार ठण्डा अथवा गर्म रखा जाए। गर्मियों में शरीर के पास का तापमान कम होना चाहिए तथा सर्दियों में अधिक होना चाहिए। गर्मियों में ताप के साथ-साथ नमी पर ध्यान देना चाहिए। नमी कम होने से नाक और गले में सूखापन का एहसास होता है तथा शरीर की वाष्पन की गति बढ़ जाती है। हवा में नमी की कमी होने से घर के अन्दर लकड़ी का फर्नीचर सूख कर सिकुड़ जाता है। कम्बल और कालीन रोएँदार बन जाते हैं।

आधुनिक युग में ज्यादातर घरों में कूलर का उपयोग होता है। सही मायने में कूलर एक प्रकार का पंखा है।

बनावट—यह एक टिन और इस्पात का बना डिब्बा जैसा होता है जिसकी एक दीवार पर एक छोटा पंखा लगा होता है। पंखे की पंखुडियाँ छोटी और चौड़ी होती हैं। इनकी यह विशिष्ट संरचना अधिक से अधिक हवा बाहर से अन्दर कमरे में फेंकने के लिए बनाई जाती है। कूलर की तीन दीवारों को जालीनुमा बनाया जाता है तथा उस पर अन्दर की ओर से घास लगा दी जाती है। हम ये भी कह सकते हैं कि तीनों दीवारों के चारों ओर घास की चटाई लगी होती है। कूलर के अन्दर पानी की एक छोटी टंकी भी होती है जिससे पम्प के सहारे तीनों दीवारों पर लगी घास की चटाई को लगातार नम रखा जाता है।

कार्य विधि—यह वायु के ताप को नमी द्वारा अवशोषित कर शीतलता प्रदान करने के सिद्धान्त पर कार्य करता है। जब हम कूलर का पंखा चलाते हैं तब पंखा डिब्बे के अन्दर व दीवारों में से शुद्ध हवा को सोख कर अन्दर फेंकता है। पंखे द्वारा फेंकी गई हवा घास की नम चटाई से होकर आती है जिससे उसमें उपस्थित धूल और गन्दगी छन जाती है साथ ही पानी के सम्पर्क में आने पर ताप भी अवशोषित हो जाता है।

देखभाल—इसके रखरखाव के लिए निम्नलिखित बातों पर ध्यान देना चाहिए—

1. कूलर के पानी को हमेशा बदलते रहना चाहिए।

2. घास अगर नीचे की ओर लटक गई है तो उसे सरकाकर बाँध देनी चाहिए।

3. घास को भी साफ पानी से साफ करना चाहिए जिससे कि उसमें फँसी धूल व गन्दगी हट जाए और छिद्र खुल जाएँ।

4. पंखे और पम्प में समय-समय पर तेल अथवा ग्रीस देना जरूरी है।

□□□